# Que É Literatura Comparada?

Coleção Estudos
Dirigida por J. Guinsburg

Equipe de realização – Tradução: Célia Berrettini; Revisão: Geraldo Gerson de Souza; Produção: Ricardo W. Neves e Sergio Kon.

**P. Brunel, C. Pichois e
A. M. Rousseau**

## QUE É LITERATURA COMPARADA?

Tradução de Célia Berrettini

 PERSPECTIVA

Título do original em francês

*Qu'est-ce que la littérature comparée?*

© Armand Colin Éditeur, Paris, 1983

CIP-BRASIL. CATALOGAÇÃO-NA-FONTE
SINDICATO NACIONAL DOS EDITORES DE LIVROS, RJ

B919q

Brunel, Pierre
    Que é literatura comparada? / P. Brunel, C. Pichois e A. M. Rousseau ;
tradução de Célia Berrettini. - [2.ed.]. - São Paulo : Perspectiva, 2012.
        (Estudos ; 115)

    Tradução de: Qu'est-ce que la littérature comparée?
    Inclui bibliografia
    ISBN 978-85-273-0033-9

    1. Literatura comparada. I. Pichois, Claude. II. Rousseau, André M. III. Título.
IV. Série.

| | | |
|---|---|---|
| 12-4473. | CDD: 809 | |
| | CDU: 82.09 | |

28.06.12  10.07.12                               036851

2ª edição
[PPD]

Direitos reservados em língua portuguesa à
EDITORA PERSPECTIVA LTDA.

Av. Brigadeiro Luís Antônio, 3025
01401-000 – São Paulo – SP – Brasil
Telefax: (0-11) 3885-8388
www.editoraperspectiva.com.br

2019

*Este livro é dedicado a*
*René Pintard,*
*que foi seu padrinho.*

# Sumário

| | |
|---|---:|
| INTRODUÇÃO | XV |
| 1. NASCIMENTO E DESENVOLVIMENTO | 1 |
| A História | 1 |
| *A Coisa e a Palavra* | 1 |
| *Os Pioneiros* | 4 |
| *Primeiras Conquistas* | 6 |
| *A Literatura Comparada como Ciência* | 8 |
| O Presente | 11 |
| *A Expansão do Pós-Guerra* | 11 |
| *A Era dos Congressos Internacionais* | 12 |
| *O Desenvolvimento das Associações Nacionais* | 13 |
| *A Política dos Centros de Pesquisa* | 14 |
| *Escola "Francesa" e Escola "Norte-Americana"* | 14 |
| *Progressos Passados e Futuros* | 16 |
| 2. OS INTERCÂMBIOS LITERÁRIOS INTERNACIONAIS | 19 |
| O Conhecimento das Línguas | 20 |
| Os Homens e Seus Testemunhos | 22 |
| *Os Viajantes* | 22 |
| *A Influência das Viagens* | 24 |
| *O Papel das Coletividades* | 27 |
| Os Instrumentos | 30 |
| *A Literatura Impressa* | 30 |
| *Traduções e Adaptações* | 31 |
| *Obras de Iniciação* | 35 |
| *A Imprensa* | 37 |
| Fortuna, Sucesso, Influências, Fontes | 39 |

## XII QUE É LITERATURA COMPARADA?

A Fórmula X e Y e Sua Extensão . . . . . . . . . . . . . . . . . 48
Imagens e Psicologia dos Povos . . . . . . . . . . . . . . . . . 52

3. A HISTÓRIA LITERÁRIA GERAL . . . . . . . . . . . . . . 57
A Razão das Analogias . . . . . . . . . . . . . . . . . . . . . . 58
*Os Gêneros Literários* . . . . . . . . . . . . . . . . . . . . . . 58
*As Concepções de Vida* . . . . . . . . . . . . . . . . . . . . . 60
*Os Estilos* . . . . . . . . . . . . . . . . . . . . . . . . . . . . 61
Rumo à Literatura Universal . . . . . . . . . . . . . . . . . . 62
*Grandes Conjuntos Literários* . . . . . . . . . . . . . . . . . 64
*Os "Eons" Literários* . . . . . . . . . . . . . . . . . . . . . . 67
Os Problemas da Periodização . . . . . . . . . . . . . . . . . 68
*A Periodização Internacional a Curto Prazo* . . . . . . . . . 69
*As Gerações* . . . . . . . . . . . . . . . . . . . . . . . . . . . 71

4. HISTÓRIA DAS IDÉIAS . . . . . . . . . . . . . . . . . . . . 73
*Idéias Filosóficas e Morais* . . . . . . . . . . . . . . . . . . . 74
*Idéias Religiosas* . . . . . . . . . . . . . . . . . . . . . . . . . 76
*Idéias Científicas* . . . . . . . . . . . . . . . . . . . . . . . . 77
*Idéias Políticas* . . . . . . . . . . . . . . . . . . . . . . . . . 79
*Tradições e Correntes de Sensibilidade* . . . . . . . . . . . . 80
*Literatura e Belas-Artes* . . . . . . . . . . . . . . . . . . . . 82
*Perigos e Limites* . . . . . . . . . . . . . . . . . . . . . . . . 84

5. UMA REFLEXÃO SOBRE A LITERATURA . . . . . . . . 87
A Literatura Geral . . . . . . . . . . . . . . . . . . . . . . . . 88
Epistemologia . . . . . . . . . . . . . . . . . . . . . . . . . . . 92
Rumo à Teoria da Literatura . . . . . . . . . . . . . . . . . . 96
*Teorias a Respeito da Literatura* . . . . . . . . . . . . . . . . 96
*A "Literariedade"* . . . . . . . . . . . . . . . . . . . . . . . . 97
*Coesão/Desvio/Densidade* . . . . . . . . . . . . . . . . . . . 99
*Os "Níveis de Literatura"* . . . . . . . . . . . . . . . . . . . 100

6. TEMÁTICA E TEMATOLOGIA . . . . . . . . . . . . . . . 103
O Método Temático . . . . . . . . . . . . . . . . . . . . . . . 104
*Temática e Tematologia* . . . . . . . . . . . . . . . . . . . . . 105
*Especificidade da Análise Temática* . . . . . . . . . . . . . . 108
*Modalidades do Estudo Temático* . . . . . . . . . . . . . . . 111
O Estudo dos Mitos Literários . . . . . . . . . . . . . . . . . 114
O Estudo dos Motivos . . . . . . . . . . . . . . . . . . . . . . 118
O Estudo dos Temas . . . . . . . . . . . . . . . . . . . . . . . 120

7. POÉTICA . . . . . . . . . . . . . . . . . . . . . . . . . . . . . 125
Morfologia Literária . . . . . . . . . . . . . . . . . . . . . . . 126
*Formas de Composição* . . . . . . . . . . . . . . . . . . . . . 126
*Formas de Elocução* . . . . . . . . . . . . . . . . . . . . . . . 129
*Fenomenologia da Transposição Literária* . . . . . . . . . . . 130
*Estética da Tradução* . . . . . . . . . . . . . . . . . . . . . . 132
*Análise Preliminar e Interpretação* . . . . . . . . . . . . . . 133
*Um Novo Critério: a Infidelidade Significativa* . . . . . . . . 134

## SUMÁRIO                                                    XIII

*Tradução e Alquimia do Verbo* . . . . . . . . . . . . . . . 136
*A Tradução Automática* . . . . . . . . . . . . . . . . . . . 137
Estruturas Permanentes e Variantes Particulares . . . . . . . . 137
RUMO A UMA DEFINIÇÃO . . . . . . . . . . . . . . . . . . 139
ELEMENTOS DE BIBLIOGRAFIA . . . . . . . . . . . . . . . 145

# Introdução

"Um dos melhores meios para introduzir uma palavra nova, escrevia Jean-Paul, é pô-la na página de título"*. Inscrita na capa deste livro, a expressão "Literatura Comparada" encontraria com isso mesmo sua justificação. Mas ela não é nova: é uma criação do século XIX. O meio tampouco é novo: desde a obra de Posnett, *Comparative Literature*, em 1886, até a sexta edição, remanejada, de *La Littérature comparée* de Marius-François Guyard, em 1978, os manuais com esse título se multiplicaram. O nosso não constitui exceção à regra. Após *La Littérature comparée* (1931) de Paul Van Tieghem e *La Littérature comparée* (1967) de Claude Pichois e André-Michel Rousseau, publicadas pelo mesmo editor, e retomando numerosos elementos desse último livro, tentamos responder à pergunta "Que é literatura comparada?"

A essa pergunta os livros precedentes haviam tentado responder, como este aqui pretende fazê-lo. Mas desde 1931, e sobretudo desde 1967, os estudos de literatura comparada se foram obscurecendo. Será, como pretendia em 1971 um de seus adversários, porque ela "possui a particularidade de ser, na divisão das Letras, a disciplina onde reina o maior confusionismo"?[1] Será porque ela quer abarcar demais: todas as literaturas de todas as línguas em todos os países do

---

\* Johan Paul Friedrich Richter, mais conhecido como Jean-Paul, na França (1763-1825), é o autor mais humorístico da literatura alemã; sabe associar à sensibilidade e à malícia uma fria razão. (N. da T.)

1. Didier Naud, na revista de inspiração marxista *Littérature/ Science/ Idéologie. Programme d'analyses*, 2, pp. 42-48. "Littérature comparée I. Sur quelques contradictions d'un manuel d'orientation".

XVI QUE É LITERATURA COMPARADA?

mundo, e mesmo todas as formas de expressão infra ou paraliterárias? Será porque, há quinze anos, ela tendeu a evoluir para o que se chama "literatura geral"? Depois de 1968, as cátedras de "literatura geral e comparada" sucedem às velhas cátedras de "literatura comparada" ou de "literaturas modernas comparadas". Em 1974, Étiemble, professor da Sorbonne Nova (Paris III), quer contribuir para uma "literatura (verdadeiramente) geral". Como se, aqui e em qualquer outra parte, se acreditasse no dever de colocar-se na linha americana e como se fosse um meio de pôr termo a uma querela entre os comparatistas dos dois lados do Atlântico, a *general Literature* faz irrupção, associando-se à literatura comparada, às vezes para escudá-la, outras para suplantá-la.

Que nos entendam bem. Não se trata de conversa de conservadores para defenderem um antigo livro, que foi considerado como novo em seu tempo, ou tradições de menos de um século. A experiência provou no curso destes últimos anos que, graças à literatura geral, a literatura comparada tinha conquistado terreno ou, antes, público na França, e que, quando ela queria dialogar, não era mais um diálogo de surdos. Mas sua extensão obriga mais que nunca a extrair do título sóbrio de outrora, *literatura comparada*, a pergunta implícita que ele continha. O exemplo vem de Jean-Paul Sartre, seguramente, de "Que é literatura?" (em *Situations II*, 1947). Vem também dos Estados Unidos e do livro de S. S. Prawer, *Comparative Literary Studies* (Harper & Row, 1973), que estava organizado numa síntese para responder à pergunta inicial: "What is Comparative Literature?" Modestamente, esse livro trazia como subtítulo *An Introduction*. Da mesma forma, o de Hugo Dyserinck, *Komparatistik: Eine Einführung* (Bonn, Bouvier Verlag, 1977). Parece que já passou bem o tempo dos tratados.

Que se entende por literatura comparada? O amador culto que pedisse aos repertórios correntes a resposta a uma tão elementar indagação ficaria bem decepcionado. Não falemos do *Petit Larousse Illustré*. Apesar de seus seis grandes volumes, o clássico *Larousse du XXe siècle*, mesmo dedicando (no verbete "Comparé") algumas linhas de definições a diversos tipos de conhecimentos comparados, nada diz sobre aquilo que nos interessa. O mesmo silêncio em quase todos os outros dicionários ou enciclopédias, não apenas franceses. O *Grand Larousse encyclopédique* em dez volumes, além de uma definição sumária, mas aceitável (sempre no verbete "Comparé", 1962), dedica ao comparatismo uma boa meia-coluna no fim do verbete "Littérature", com bastante entusiasmo, para apresentá-lo como o final, quase o coroamento, de todo estudo da literatura em geral. A *Encyclopaedia Universalis* (volume X, 1971) propõe uma nota substancial e rica de observações diversas, em que Étiemble se vê entretanto constrangido a confessar seu embaraço em presença de várias denominações. Ele conclui que "as incertezas da linguagem exprimem neste caso particular os escrúpulos e as dúvidas legítimas que preocupam mais de um

INTRODUÇÃO                                                    XVII

comparatista contemporâneo", e opta por um emprego provisório da expressão consagrada.

Após oitenta anos de prática oficial e regular (se negligenciarmos longos preliminares), não houve ainda o entendimento quanto a uma definição simples e definitiva. Acreditava-se tê-la às vésperas da última guerra, mas vivas controvérsias fizeram renascer o problema. Retornou a calma. Não devemos, no entanto, interrogar-nos sobre uma tal instabilidade, procurar-lhe as causas, tentar pôr fim à questão?

Em 1951, temos a primeira surpresa de uma comparação negativa. Prefaciando a primeira edição do "Que sais-je?" de M.-F. Guyard, Jean-Marie Carré, professor da Sorbonne e mestre incontestado da disciplina na época, escrevia que "a literatura comparada não é a comparação literária". E acrescentava:

> Não se trata de transpor simplesmente para o plano das literaturas estrangeiras os paralelos das antigas retóricas entre Corneille e Racine, Voltaire e Rousseau, etc. Não gostamos de deter-nos nas semelhanças entre Tennyson e Musset, Dickens e Daudet, etc.

Estranha literatura comparada que não compara! O dogma era sem dúvida muito constrangedor. Se "comparação não é razão", como lembrou por sua vez Étiemble num panfleto célebre, em 1963 (reed. 1977), se ela não é mesmo a razão de ser da literatura comparada, fornece pelo menos uma matéria que deve ser usada com discernimento. Entre muitas relações falaciosas, encontrar-se-á uma que conduzirá à descoberta de uma influência ou que iluminará o campo do imaginário. A comparação pode ter uma função heurística em literatura comparada. Foi assim que Michel Van Helleputte, comparando onze *Judiths* diferentes, constatou que, cada vez que Giraudoux se afasta da tradição bíblica em sua *Judith*, está seguindo Friedrich Hebbel e a ele só[2]. E, conduzida de uma maneira rigorosa, a comparação pode ser o próprio fundamento de um estudo de literatura comparada: Julien Hervier bem o provou com seu *Drieu La Rochelle et Jünger – Deux individus contre l'Histoire* (1978), assim como Jean Weisgerber, autor de um *Faulkner et Dostoievski – Confluences et Influences* (1968).

Os desenvolvimentos recentes da literatura comparada (ou pretensa literatura comparada) nos oferecem uma outra surpresa. Um só leva em consideração a história em quadrinhos; outro estende sua pesquisa para o lado dos selos de correio; outro ainda inventa a semiologia das capas de discos. A literatura comparada quer comparar, mas não quer mais ser literária. Ou, antes, ela desconfia e escolhe a marginalidade. Talvez, para dizer a verdade, lhe falte sobretudo confiança

---

2. Ver Jacques Body, *Giraudoux et l'Allemagne*, Didier, coll. "Études de littérature étrangère et comparée", 1975, p.335.

XVIII                    QUE É LITERATURA COMPARADA?

em si própria e, deixando aos "especialistas" os pontos culminantes, *A Divina Comédia*, *D.Quixote* ou *À Procura do Tempo Perdido*, ela pensa que deve alimentar-se com as obras reputadas como menores. Está fora de dúvida que esses vastos domínios menos explorados merecem sê-lo pelo comparatista. Mas quando René Guise dedicou uma tese monumental ao romance-folhetim, ao fundar em 1982 na Universidade de Nancy II um centro de pesquisa sobre o romance popular, ele não perdia de vista seu caro Balzac e bem sabia que era uma outra maneira de recolocá-lo na produção literária de seu tempo e de melhor valorizá-lo.

A literatura comparada permanece literatura, e não lhe é proibido comparar. Eis dois truísmos aparentes, duas verdades primeiras que devem ser no entanto lembradas porque um abandono às seduções do paradoxo poderia fazer esquecê-las.

Gostaríamos porém de tomar outro ponto de partida, de procurar saber, antes de qualquer trabalho comparatista, qual pode ser a vocação da literatura comparada e o que a torna necessária.

Os universos literários são murados [verificava Claude-Edmond Magny[3]; eles] se comunicam tão pouco entre si quanto o fazem as consciências nas filosofias pessimistas, e que duvidam do homem. Reclusas elas mesmas, as obras tendem a aprisionar também seu "consumidor" se ele próprio não se tornar crítico, recriando-as na sua singularidade, *percebida como tal*.

O crítico poderá ajudá-lo, e é por isso que a crítica literária pode ser definida como "um vasto empreendimento de 'desreclusão' da literatura". Mas estamos no direito de pensar que existe uma outra tarefa de "desreclusão", da crítica literária esta vez. A literatura comparada é um dos esforços realizados neste sentido.

No dia 16 de fevereiro de 1980, no seu penúltimo curso no Collège de France, Roland Barthes explicava que um escritor de hoje não é mais arrastado por líderes, como o foram entre as duas guerras Gide, Valéry ou Claudel, e ainda Malraux numa data mais recente. O fim do tempo da *leadership* corresponderia à crise da literatura.

Mesmo escolhendo, para exprimir-se, este *franglês** que Étiemble denunciou, parecia que Barthes negligenciava um fato essencial: o problema da *leadership* não pode mais se colocar no espaço fechado de uma determinada área nacional ou lingüística. É para Jorge Luis Borges, por exemplo, que se voltará o apaixonado da literatura. O aprendiz-contista nele encontrará uma incitação constante para criar o fantástico. O poeta nele verá, como disse Alain Bosquet, "um Góngora ou um Valéry de hoje". O semiólogo considerará sua obra como "um jogo que perverte sistematicamente a economia clássica da es-

---

3. *Littérature et critique*, Payot, 1971, p.436.
\* *Franglais*, mescla de francês e inglês (N. da T.).

critura"[4]. E um dos que se esforçaram por introduzi-lo na Itália, Leonardo Sciascia, não hesitará em nele reconhecer "o teólogo de nosso tempo, um teólogo ateu, isto é, o signo mais elevado da contradição em que vivemos". Que Borges seja um "nobelizável" sem Prêmio Nobel e que se tenha às vezes considerado na América do Sul que os países da Europa construíram seu "mito", tudo isso nada muda na questão: seu prestígio é o que já se tem o direito de chamar um fato comparatista.

O exemplo é tanto mais surpreendente que não existe provavelmente escritor que tenha estado mais aberto às literaturas estrangeiras do que Borges. Professor de inglês como seu pai (a primeira novela do *Livro de Areia* o mostra ainda às margens do Rio Charles, em Cambridge, Massachusetts, no tempo em que era titular da cátedra Charles Eliot Norton de poesia, na Universidade de Harvard), sentiu-se encarcerado nos mesmo labirintos que Joyce e atraído pela arte de escrever de G.K. Chesterton. Compôs, em colaboração, um ensaio sobre as antigas literaturas germânicas. Foi o tradutor de Wilde, (*The Happy Prince*, desde 1905) e de Kafka (*Die Verwandlung*, 1943). E com justiça é que, ainda vivo, foi-lhe dedicada uma tese de literatura comparada – a de Michel Berveiller – com o estudo de seu cosmopolitismo, termo, aliás, recusado por esse argentino convicto.

Barthes, convidando os escritores futuros, sobretudo se não escrevem bastante ou se escrevem demais, a seguirem o conselho de Julio Cortázar – começar por traduzir –, no mesmo dia, encontrava um outro fato comparatista. Os melhores poetas deste tempo são tradutores de grande talento: é o caso de Yves Bonnefoy que, talvez pela primeira vez, apresentou versões satisfatórias de Shakespeare em francês; é o caso de Philippe Jaccottet, a propósito de quem Jean Starobinski falou em "mediação inventiva".

Que é traduzir – acrescentava ele – senão fazer-se receptivo, não ser de início senão um ouvido atento a uma voz estrangeira, depois dar a essa voz, com os recursos de nossa língua, um corpo no qual sobrevive a inflexão primeira? Toda tradução verdadeiramente acabada instaura uma transparência, inventa uma nova linguagem capaz de veicular um sentido antecedente: assim acontece com Musil, Ungaretti, Novalis, Hölderlin, Rilke, quando Philippe Jaccottet os aproxima de nós.

As atas do *Colloque sur la traduction poétique* (publicadas em 1978) organizado por Étiemble na Sorbonne Nova, em dezembro de 1972, no quadro da U.E.R. de literatura geral e comparada, mostram muito bem a importância do problema para os comparatistas, a amplidão do domínio (húngaro, árabe, malgaxe, hebreu, turco, persa, bengali, chinês, japonês) e os resultados aos quais pode chegar uma equipe de pesquisadores, quando animada por alguém que tem fé.

4. Antoine Compagnon, *La Seconde Main ou le travail de la citation*, Le Seuil, 1979, p.370.

XX QUE É LITERATURA COMPARADA?

A literatura comparada nasce, primeiro, de uma prática empírica da literatura; e de uma cultura literária. A expressão pode parecer desusada hoje e pretexto para dissertações. O fato, felizmente, ainda existe. Quando Roland Barthes, no curso ao qual já nos referimos, se pôs a citar as *Cartas a um Jovem Poeta* de Rilke e o *Diário* de Kafka, tanto quanto os ensaios de Maurice Blanchot para ilustrar o obscuro, o torturante desejo da obra, ele praticou também comparatismo, sem sabê-lo. Era reconhecer, com efeito, que, mesmo escrevendo numa língua dada, pode-se partilhar a experiência adquirida pelos criadores em língua estrangeira. Henry Miller reconhece ter-se inspirado para o *Trópico de Câncer* no emprego que Céline fazia da linguagem falada em *Viagem ao Fim da Noite*. Na mesma ocasião em que Alfred Döblin começou a redação de *Berlin Alexanderplatz*, descobre Joyce e encontra em *Ulisses* "um bom vento para as suas velas".

O fato cultural, fundador, nos dois casos citados, de uma influência literária permitirá ao comparatista conduzir sua pesquisa, se ele for, como escrevia comicamente Simon Jeune, este "fiscal da literatura que vigia nas fronteiras a passagem dos livros" e segue "o jogo das influências, diretas, indiretas, recíprocas"[5]. Mas ele deve, muito freqüentemente, desenrolar novelos de associações, sendo o autor estudado o primeiro comparante. O narrador de *À Procura do Tempo Perdido* não se contenta com passar da *Sonata* de Vinteuil à partitura de *Tristão e Isolda*, enquanto espera, com uma angústia dissimulada, Albertina, que saiu para o vesperal do Trocadéro; indaga-se, a partir daí, sobre "esse caráter de serem – se bem que maravilhosamente – sempre incompletas, que é o caráter de todas as grandes obras do século XX": *A Comédia Humana*, *A Legenda dos Séculos*, *A Bíblia da Humanidade*, a *Tetralogia* ou *Tristão*[6]. Mas não é ou não será (os editores de Proust o sabem) o caso da própria obra que ele projeta escrever e para a qual lhe serão necessárias cem, mil, mil e uma noites? Tal nova Xerazade, ele ata os fios de seu relato a cada dia interrompido, mas também tece novas associações:

> E eu viveria na ansiedade de não saber se o Mestre de meu destino, menos indulgente que o sultão Sheriar, pela manhã, quando eu interrompesse meu relato, quereria adiar a sentença de minha morte e me permitiria retomar a seqüência na noite seguinte. Não que eu pretendesse refazer, em qualquer coisa que fosse, as *Mil e uma Noites*, não mais que as *Memórias* de Saint-Simon, escritas elas também à noite, não mais que nenhum dos livros que eu tinha amado, na minha ingenuidade de criança, supersticiosamente apegado a eles como a meus amores, não podendo sem horror imaginar uma obra que fosse diferente deles. Mas, como Elstir Chardin, não se pode refazer o que se ama senão a ele renunciando. Seria um livro tão longo quanto as *Mil e Uma Noites* talvez, mas totalmente diferente[7].

5. *Littérature générale et Littérature comparée. Essai d'orientation*, Lettres modernes, 1968, coll. "Situation" nº 17, pp. 36 e 39.

6. *La Prisonnière*, em *A la recherche du temps perdu*, "Bibliothèque de la Pléiade", Gallimard, 1954, t.III, pp.100-162.

7. *Le temps retrouvé*, ed.cit., t.III, p. 1043. Contraprova: numa página

## INTRODUÇÃO

O crítico, ele também, se encontra preso na rede de associações semelhantes. Multiplica as aproximações para melhor envolver seu objeto. Marcel Ray, na carta que dirige a Valery Larbaud, no dia 6 de setembro de 1910, sugere que "Barnabooth poderia ser um dos grandes mitos literários, como D.Quixote, Gulliver, Gargantua, etc."[8]. O próprio Larbaud, bom conhecedor, como se sabe, das literaturas estrangeiras, coloca *O Retrato do Artista quando Jovem*, de Joyce, "na linha de *A Educação Sentimental* e da trilogia de Vallès. É a história do esforço do espírito para se sobrepujar, para sobrepujar seu meio social, sua educação e mesmo sua nacionalidade"[9]. Étiemble, que quer que o comparatista seja um homem de cultura e de gosto, "*amador* de poemas, de teatro e de romances", se compraz em aproximar os contos e romances chineses do século V ao XVIII, do picaresco espanhol, da libertinagem do *Decameron*, de *Gil Blas*, de *Tom Jones* ou de *Moll Flanders*[10].

Poder-se-ia dizer da literatura comparada o que Sartre disse do existencialismo: que ela é um "novo humanismo". Étiemble afirmou isso numa fórmula-título[11] que fez escola. Mas a expressão, que é, como lembrou oportunamente Harry Levin, uma criação do século XIX aplicada a uma época muito amplamente anterior[12], não deixa de ser ambígua. O comparatista será um Pico della Mirandola dos tempos modernos?* Ou, colocando-se acima da confusão dos conflitos internacionais, esforçar-se-á por preservar os valores que fazem a grandeza do homem? De fiscal de alfândega ele se tornaria então diplomata, e sua tarefa, que S.S.Prawer declara "vital"[13], seria a de orientar-nos num concerto de vozes discordantes.

Um escritor-diplomata, Paul Claudel, quis crer que "do coração de uma nação ao de uma outra, a despeito das diferenças de línguas e de tradições, pode ser encontrada uma estrada, que não poderia ser pisada por canhões e regimentos em marcha". O comparatismo de antes e de depois da Segunda Guerra Mundial está animado (como o

---

sinfônica de Vinteuil, o narrador descobre "todas as pedrarias das *Mil e Uma Noites*" (*La Prisonnière*, p. 254).

8. Valery Larbaud-Marcel Ray, *Correspondance 1899-1937*, ed. Françoise Lioure, Gallimard, t.II, 1980.

9. Frédéric Lefèvre, *Une heure avec*, 2a. série, NRF, 1924, p. 222.

10. *Comparaison n'est pas raison*, Gallimard, 1963, coll. "Les Essais", pp. 84, 90-99.

11. *Idem*, p. 20, "La Littérature comparée, c'est l'humanisme".

12. *Grounds for Comparison*, Harvard University Press, 1972, p. 30.

* Giovanni Pico della Mirandola (1463-1494) é um sábio italiano, nascido no castelo della Mirandola, que se distinguia pela *extensão de seus conhecimentos* e por sua precocidade, ao mesmo tempo que pela ousadia de suas teses filosóficas e teológicas (N. da T.)

13. *Comparative Literary Studies: an Introduction*, New York, Barnes & Noble, 1973, p. 169.

**XXII**                    QUE É LITERATURA COMPARADA?

existencialismo de Sartre) por um nobre sentimento de boa vontade. Mas não é tampouco com bons sentimentos que se pratica a boa literatura comparada. E é talvez a principal dificuldade que ela encontra e que se encontra quando se quer situá-la. Bem acolhida como instrumento de cultura geral, a literatura comparada procura ainda, na França, o seu programa de alta pesquisa científica. As instituições não a favoreceram muito. Ela mesma parece oscilar entre suas duas vocações essenciais: de uma parte, uma ampla iniciação ao humanismo sob todas as suas formas; de outra, uma ciência.

A reunião dessas duas vocações pode ser feita, em nossa opinião, sob o conceito de método. "Hoje – escreviam R.Wellek e A.Warren – do que os estudos literários têm grande necessidade é (...) de um *organon* de métodos"[14]. É verdade. Mas o alerta de Boris Eikhenbaum, no momento dos ataques contra o formalismo, merece ser lembrado:

> A idéia de "método" conheceu nestes últimos anos uma extensão absurda – pôs-se a tudo chamar "método". (O "método formal" é uma combinação de palavras tão desprovida de sentido quanto a expressão absurda de "método materialista histórico".) A "metodologia chegou a devorar a própria ciência" – eis o impasse ao qual a antiga história da literatura nos conduziu. É preciso devolver à palavra "método" seu primeiro e humilde sentido de forma de pesquisa sobre tal ou tal problema concreto[15].

Não é seguro que "a antiga história da literatura" conduza ao impasse da metodomania, como tendia a sugerir Eikhenbaum, há mais de cinqüenta anos. É antes, ao nosso ver, o estado de indecisão permanente em que hoje se comprazem muitos espíritos sempre prontos a tudo reconsiderar, inclusive eles mesmos. Não se pode permanecer eternamente na fase dos "tateios pré-científicos"[16]. Esta indecisão, aliás, vai a par, de um novo dogmatismo que se abriga voluntariamente sob o jargão, como os médicos de Molière sob seus chapéus e seu latim de cozinha.

Nestas páginas tratar-se-á mais modestamente da questão de método no sentido em que Descartes empregava o termo no seu famoso

---

14. *Theory of Literature*, trad. J.-P. Audigier e J.Gattégno, *La Théorie littéraire*, ed. du Seuil, 1971, p. 22. Em português: *Teoria da Literatura*, Lisboa, Publ. Europa-América, 1962, p. 22. (Traduzimos esta citação do livro de Wellek e Warren, bem como as outras dos mesmos autores que aparecem ao longo do texto francês, colocando porém a página correspondente à edição portuguesa.)

15. *Les Formalistes en question*, texto liminar de um debate sobre o método formal publicado em *Pietchat' i Revoloutsia* (*Presse et Révolution*), 1924, nº 5. Trad. G.Conio, em *Le Formalisme et le Futurisme russes devant le marxisme*, Lausanne, ed. L'Age d'homme, 1975, p. 24.

16. A.J.Greimas, *Sémantique structurale*, Larousse, 1966, p. 7. Em português: *Semântica Estrutural*, São Paulo, Cultrix, 1973, p. 14.

# INTRODUÇÃO

*Discurso*: o "verdadeiro método", aquele que deve permitir "alcançar o conhecimento de todas as coisas de que (um) espírito seria capaz"*. Nós nos absteremos de todo terrorismo. Não temos a intenção, de forma alguma, de apresentar aqui a participação do desaparecimento do "falecido comparatismo" ou denunciar seus "falsos remédios", como fez o redator da Introdução do primeiro número da revista *Poétique*, em 1970. Mas não cremos tampouco que se possa improvisar o comparatismo, introduzindo num conjunto de estudos e de reflexões sobre a literatura uma pitada de Henry James e uma lasquinha de Velimir Khlébnikov.

É nossa intenção descrever uma disciplina que não está mais nos seus primeiros passos e cujo desenvolvimento nos dois últimos decênios é particularmente notável. Foi mesmo tão rápido que se pode experimentar a impressão de uma certa profusão desordenada. Donde a nossa constante preocupação taxinômica: estamos à procura de uma ordem, mas de maneira alguma desejosos de proceder a uma reordenação qualquer. Enfim, deseja-se evitar que se considere este livro uma apologia da literatura comparada. A *ilustração* passará aqui antes da *defesa*.

---

\* São e serão traduzidos para o português apenas os títulos de obras cuja tradução conhecemos. Os demais, franceses ou outros (já ou não vertidos para o francês), serão mantidos como aparecem no original deste livro. (N. da T.)

# 1. Nascimento e Desenvolvimento

A HISTÓRIA

*A Coisa e a Palavra*

*Literatura comparada* é uma expressão ao mesmo tempo tão viciosa e tão necessária quanto "história literária" e "economia política". "Que literaturas o senhor compara?", é o que se ouve perguntar, com freqüência, uma vez que a expressão é espontaneamente compreendida no plural, mais lógica à primeira vista, e aliás em uso em algumas universidades francesas. Sem levar em consideração esta lógica e a gramática, o singular reflete um outro ponto de vista, que exige no entanto – é o objeto deste livro – inúmeras explicações. De resto, no singular como no plural, "literatura(s) comparada(s)" define um aspecto duradouro do espírito humano, aplicado ao estudo das letras, uma necessidade bem anterior à criação deste pequeno monstro lexicológico.

Expressão viciosa, porque é ambígua – mas necessária, visto que seu emprego é secular –, poderia ceder seu lugar a um vocábulo menos desconcertante e misterioso? Porém todos os substitutos propostos, longos demais ou abstratos demais, não se impuseram. E muitas línguas sentem a mesma dificuldade, já que elas mesmas imitaram o francês: *letteratura comparata* (italiano), *literatura comparada* (espanhol), *hikaku bungaku* (japonês). O inglês tem *comparative literature* ("literatura comparativa" é a fórmula que Littré teria desejado) e o alemão, ainda mais explícito: *vergleichende Literaturwissenschaft* ("ciência comparante da literatura", em que "comparante" sublinha o

# QUE É LITERATURA COMPARADA?

ato, isto é, o método, em detrimento do objeto passivo; notemos, de passagem, a variante *vergleichende Literaturgeschichte*, "história literária comparante", adequada ao fim do século XIX); o holandês *vergelijkende literaturwetenschap* está calcado no alemão. Não é preciso manifestar novamente: a expressão recebeu direitos de cidade.

"O advento do nome – escrevia Marc Bloch – é sempre um grande feito, mesmo que a coisa o tenha precedido; porque ele marca a época decisiva da tomada de consciência." Isto não é totalmente verdade no que diz respeito à literatura comparada, que viveu nos limbos dos paralelos literários antes de ser batizada e que, após seu batismo, conheceu durante alguns decênios uma adolescência colorida de diletantismo e isenta de uma real tomada de consciência.

A pré-história da literatura comparada correria o risco de ser confundida com a pré-história simplesmente. Desde que duas literaturas existiram conjuntamente, compararam-nas para apreciar seus méritos respectivos: a grega e a latina, a francesa e a inglesa nos séculos XVIII e XIX. Afirmação ou recusa de uma primazia nacional, a literatura comparada, na idade positivista e mesmo científica, nunca esqueceu suas origens. A reivindicação nacionalista é condenável, tanto mais que, sendo política, é freqüentemente acompanhada de pretensões a superioridades étnicas: o desprezo que os nazistas sentiram pela "arte decadente" corresponde à destruição sistemática dos judeus alemães e europeus. Contra esta atitude anti-humanista se levantam os que revelaram a seus compatriotas recursos estrangeiros destinados à regeneração da literatura e à ampliação do tesouro de idéias de sua própria nação: Du Bellay, inspirando-se na Grécia, em Roma, na Itália do Renascimento; Voltaire, mostrando que na Inglaterra se desenvolve a idéia de tolerância e apresentando Shakespeare, ainda que com reservas às vezes minuciosas, como um vigoroso motor destinado a impelir a tragédia clássica para fora do caminho onde ela andava a solavancos; Lessing, invocando a esse mesmo Shakespeare contra a galomania esmagadora em que se compraziam os alemães em 1760; Mme de Staël, oferecendo as riquezas do além-Reno aos súditos de Napoleão I e ouvindo a resposta do ministro da polícia, que ordenava a destruição de *De l'Allemagne*: "Não estamos ainda reduzidos a procurar modelos nos povos que a senhora admira". O que prova que não é sem perigo propor aos seus compatriotas que se enriqueçam.

Exercício acadêmico menos perigoso e análogo aos paralelos, a literatura comparada foi de início um meio escolar, senão escolástico, de apreciar a originalidade de cada literatura. Ela merecia então o nome de "estudo comparado das literaturas nacionais", expressão que Étiemble retoma, por falta de outra melhor, na sua nota da *Encyclopaedia Universalis*. Certamente, comparar literaturas não é fazer literatura comparada. De qualquer forma, no entanto, é preparar-se para fazê-lo e é necessário talvez também chegar a essa comparação,

## NASCIMENTO E DESENVOLVIMENTO

se se quiser determinar a contribuição insubstituível de cada literatura nacional para o fundo comum da Literatura, para essa *Weltliteratur*, palavra à qual, desde Goethe, tem-se atribuído muitos sentidos e que pode receber o de Panteão vivo em que se multiplicam os contrastes.

Para que nascesse a expressão "literatura comparada", não bastava que reinasse um espírito que já se poderia qualificar de europeu, um espírito de cosmopolitismo, de liberalismo, de generosidade, negando todo exclusivismo, todo "isolacionismo", este espírito que inspirou Voltaire, Rousseau, Diderot e mais fortemente Goethe, este espírito que reuniu em Coppet, ao redor de Mme de Staël, suíços, franceses, alemães e ingleses, apegados a confrontações ininterruptas. Foi preciso também que os franceses parassem de proclamar a superioridade do gosto clássico e de impor este gosto à Europa; foi preciso que fosse reconhecida a existência dos gostos e a sua relatividade – conseqüência da "Querela dos Antigos e dos Modernos", como da teoria dos climas, muito considerada pelo Abade Du-Bos e Montesquieu, dos quais Mme de Staël é a esse respeito a discípula – e que, todos se esforçassem antes para compreender que julgar, elogiar ou condenar; em resumo, que se pudesse dizer, com Benjamin Constant: "Sentir as belezas por todas as partes onde elas se encontram não é uma delicadeza a menos, mas uma faculdade a mais" (prefácio de *Wallstein*, 1809). Foi preciso sobretudo que o século dos nacionalismos, exaltando o sentido da história, as tradições, o folclore, e chamando à vida literaturas agonizantes, obrigasse cada povo, cada grupo étnico, a tomar consciência de sua unicidade no quadro da humana comunidade. Pensemos em Herder, nos irmãos Grimm, nos irmãos Schlegel, em Fichte, em Hegel, e mesmo em Bouterwerk (*Geschichte der Poesie und Beredsamkeit seit dem Ende des 13. Jahrhunderts*, 1801-1819). Enfim, um exemplo era necessário: o desenvolvimento do comparatismo nas ciências naturais.

Comparar estruturas ou fenômenos análogos, destacados, sob certos aspectos, do conjunto ou do grupo aos quais pertencem, para pôr em evidência caracteres comuns e deles tirar leis – "Se os animais não existissem, o homem seria menos conhecido" (Buffon) –, este esforço é antigo. O inglês N. Grew publica, em 1675, *The Comparative Anatomy of Truncks*, primeiro atestado da existência desta ciência nova que Marco Aurélio Severino (1580-1656) já tinha praticado sem nomeá-la. Foi Cuvier que lhe deu seu verdadeiro método, com o tratado de *Anatomie comparée* (1800-1805). Sob o mesmo impulso se desenvolvem a fisiologia comparada (1833) e a embriologia comparada. Esses progressos são acompanhados, com atenção, por grandes escritores (Goethe, Balzac), preocupados em nada deixar fora do campo do humanismo ou em reconstituir, seguindo nisso os preceitos dos Iluminados, a unidade do mundo pela analogia. François Raynouard, em 1821, publica uma *Grammaire comparée des langues de l'Europe latine dans leurs rapports avec la langue des troubadours* (tomo VI de seu

# 4 QUE É LITERATURA COMPARADA?

*Choix de poésies originales des troubadours*). Certamente, seu patriotismo provençal o engana, fazendo-o crer que a antiga "língua dos trovadores", nascida do latim da decadência, seria a mãe de todas as línguas românicas; no entanto, é a ele que cabe a "idéia verdadeiramente genial", segundo a qual "o método comparativo devia renovar o estudo histórico das línguas" (Alfred Jeanroy). O estema real da evolução românica será apresentado em 1836, por Friedrich Diez, criador deste ramo da filologia, a quem Goethe assinalara os trabalhos de Raynouard e que conservou sempre uma admiração sincera pelo iniciador da filologia românica. A mitologia comparada, a história comparada (o *Essai sur les révolutions* será qualificado por Chateaubriand, nas *Mémoires d'outre-tombe*, como "obra sobre as revoluções comparadas"), e a geografia comparada (a partir de 1817, Carl Ritter publica sua monumental obra: *Die Erdkunde, im Verhältnis zur Natur und zur Geschichte des Menschen, oder allgemeine vergleichende Geographie*, da qual é traduzida uma parte, em 1835-1836, por Eugène Buret e Édouard Desor, sob o título de *Géographie générale comparée*) já tomaram seu impulso.

*Cours de littérature comparée*: tal é o título geral de uma coleção de trechos escolhidos, destinados aos estudantes, por François Noël e seus colaboradores (1816-1825). Título enganador, pois este curso se contenta com justapor *lições francesas, latinas, inglesas, italianas*. Inversamente, ao mesmo tempo, um holandês, Willem de Clercq, publica autênticos trabalhos comparatistas.

Na França, os verdadeiros iniciadores da literatura comparada são: Abel Villemain, Jean-Jacques Ampère e Philarète Chasles.

## Os Pioneiros

Villemain ministrou na Sorbonne, durante o semestre de verão de 1828 e no semestre seguinte, um *Cours de littérature française*, do qual uma parte seria publicada em 1828 e 1829, a partir de textos estenografados e revistos: ele trata da influência que a Inglaterra e a França exerceram uma sobre a outra e da influência francesa na Itália, durante o século XVIII. O "Prefácio dos Editores", no começo do segundo volume, indica que a nova orientação dos escritores no século XVIII favorecia "esse estudo comparado das literaturas, que é a filosofia da crítica". O quarto volume, contendo a primeira parte do curso, não apareceria senão em 1838: Villemain emprega, no prefácio, a expressão "literatura comparada"; no próprio curso, ministrado em 1828, ele dizia que queria mostrar "por um quadro comparado o que o espírito francês tinha recebido das literaturas estrangeiras, e o que ele lhes dera". O autor deixava de lado a Alemanha, porque ignorava sua língua e porque Mme de Staël já lhe explorara os recursos.

Depois de Paris, vejamos Marselha onde, no fim da Restauração, se funda um Ateneu, imitando o que na capital tinha tomado o lugar

## NASCIMENTO E DESENVOLVIMENTO

do velho Liceu de la Harpe, isto é, uma espécie de faculdade livre, uma cátedra que pregava idéias liberais, sob a capa das letras e das ciências. Jean-Jacques Ampère (o filho do grande físico e matemático), familiar e apaixonado de Mme Récamier, herdeiro ele também do cosmopolitismo de Coppet, e que, desde 1826, queria dedicar-se à "literatura comparada de todas as poesias" (carta de 26 de outubro, a V.Cousin), lá pronuncia, no dia 12 de março de 1830, sua aula inaugural, antes de dissertar sobre a poesia do Norte desde o *Eda* até Shakespeare. Se a literatura é uma ciência, declara Ampère, ela pertence à história e à filosofia. É ainda prematuro entregar-se à filosofia da literatura e das artes que estudará a natureza do belo (o vocábulo "estética", um germanismo, penetra lentamente na França). Prioridade, pois, para a história: "É da história comparativa das artes e da literatura de todos os povos que deve sair a filosofia da literatura e das artes". Chamado dois anos depois para a Sorbonne, Ampère lá exclamava, no final de seu discurso de abertura intitulado "De la littérature française dans ses rapports avec les littératures étrangères au Moyen Age":

> Nos o faremos, Senhores, esse estudo comparativo, sem o qual a história literária não está completa; e se, na seqüência das aproximações a que ele nos engajar, julgarmos que uma literatura estrangeira nos vence em algum ponto, reconheceremos, proclamaremos imparcialmente essa vantagem; somos ricos demais de glória para ficarmos tentados com a de alguém; somos altivos demais para não sermos justos.

Notemos que a criação de nossa disciplina se deve a liberais, tanto no sentido dessa palavra em política interior, como na acepção generosa que deveriam atribuir-lhe espíritos submissos à influência de Coppet, diretamente ou por intermédio de Chateaubriand. Enfim, que, no seu nascimento, a literatura comparada não se acreditava obrigada a escolher entre a Idade Média e a época moderna; é verdade que a cultura e a eloqüência então dispensavam, muito freqüentemente, precisões e verificações necessárias.

Sainte-Beuve, nos seus artigos da *Revue des deux mondes*, de 15 de fevereiro de 1840 e de 1º de setembro de 1868, atribui todo o mérito da fundação da "história literária comparada" (1840) a Ampère, e o elogia por ter sido um grande viajante, um espírito pleno de generosidade. É uma injustiça, não somente em relação a Villemain, mas também a Chasles, que percorreu tantos livros e soube resumir as aspirações da "literatura estrangeira comparada" em fórmulas surpreendentes, por ocasião de uma aula inaugural pronunciada a 17 de janeiro de 1835, no Ateneu de Paris e publicada, no mesmo mês, na *Revue de Paris*: "Nada vive isolado; o verdadeiro isolamento é a morte". "Todos tiram de todos: este grande trabalho de simpatias é universal e constante." Chasles propunha não separar a história da literatura da história da filosofia e da história política. Em resumo, queria fazer a

6 QUE É LITERATURA COMPARADA?

história do pensamento e mostrar as "nações agindo e reagindo umas sobre as outras", tarefa que ele realizou com mais habilidade que seriedade, nas suas aulas do Collège de France (1841-1873), durante as quais esteve próximo, algum tempo, de Edgar Quinet. A este couberam as literaturas do Sul; a Chasles, as do Norte. Reconheceu-se a distinção que Mme de Staël considerava importante.

"Todo povo – tinha também declarado Chasles na sua aula inaugural de 1835 – todo povo sem intercâmbio intelectual com os outros não é senão uma malha rompida da grande rede". Esta última frase se encontra, no mesmo ano, em epígrafe, na *Revue du Nord*, fundada sob sua égide, e será citada, no dia 15 de novembro de 1847, na *Revue des deux mondes*, por Charles Louandre, que canta vitória: "Hoje nós proclamamos o livre intercâmbio", acrescentando: "O estudo comparado das literaturas pôs em circulação uma multidão de idéias novas". A partir do dia 1º de março de 1844 (*Revue des deux mondes*), Blaze de Bury, também um pioneiro, ironizara sobre "essas conversas de literatura comparada, bastante na moda, hoje". Por volta de 1840, a existência da literatura comparada está, pois, bem atestada: como prova, a *Histoire comparée des littératures espagnole et française* de Adolphe de Puibusque (1843), a *Histoire des Lettres* de Amédée Duquesnel, que teve como subtítulo, primeiro, *Cours de littérature* (1836-1844), e depois, numa reedição parcial, o de *Cours de littératures comparées* (1845), prejudicada infelizmente por uma intenção apologética confessada; mais tarde, a obra de E.J.B.Rathery, *Influence de l'Italie sur les lettres françaises, depuis le XIIIᵉ siècle jusqu'au règne de Louis XIV* (1853), esperando o livro *Corneille, Shakespeare et Goethe* de W.Reymond (1864, prefaciado por Sainte-Beuve). A era das grandes construções se fecha então na França; vai começar a inclinar-se para o pormenor dos empréstimos, seguindo a lição de Sainte-Beuve. Toda ciência começa, assim, por ambiciosas sínteses antes de perceber a necessidade prévia de pacientes análises. A Universidade francesa não tinha aliás reconhecido, com a criação de cátedras, a existência da jovem ciência e se contentava com fazer ensinar as "literaturas estrangeiras". Tal é o título das cátedras ocupadas por Edgard Quinet em Lião (1838), antes de reunir-se a Chasles no Collège de France, e por Xavier Marmier em Rennes (1839). Algumas foram aliás confiadas a estrangeiros naturalizados: a de Caen, em 1867, a Alexandre Büchner, irmão do autor de *A Morte de Danton*.

*Primeiras Conquistas*

O centro de gravidade se deslocou para a Suíça romanda; foi um retorno às fontes que tinham visto nascer *De l'Allemagne* e a obra de Sismondi, *De la littérature du midi de l'Europe* (1813; 2ª ed., 1819; 3ª ed., 1829). Na Academia de Lausana, Joseph Hornung, historiador comparatista do direito, é chamado em 1850 para ministrar um curso

# NASCIMENTO E DESENVOLVIMENTO 7

de literatura comparada. Na Universidade de Genebra, é ministrado um ensino análogo, a partir de 1858, por Albert Richard, o amigo de Amiel, na sua cátedra de literatura moderna, antes que se criasse para ele (1865) uma cátedra de literatura moderna comparada, na qual foi sucedido, em 1871, por Marc Monnier, que teve, por sua vez, Édouard Rod por sucessor (1886-1895). A cátedra foi suprimida em seguida. Mas Genebra tinha assim assegurado a sobrevivência de uma disciplina ainda frágil.

Na Itália, De Sanctis é nomeado professor de literatura comparada, em Nápoles, em 1863. Abandona sua cátedra em 1865, a fim de dedicar-se à vida política; mas retoma-a de 1871 a 1877, ministrando um ensino fecundo, voltado sobretudo para a literatura italiana. Nos anos 70, Emilio Teza ministra, na Universidade de Pisa, cursos sob o título: "Línguas e Literaturas Comparadas", salientando a filologia germânica. Um pouco mais tarde, em Turim, Arturo Graf inaugura um comparatismo mais positivo, sem abster-se de paralelos audaciosos. Estes nomes dispensam que se insista no conteúdo da obra de Serafino Pucci, *Principii di Letteratura Generale Italiana e Comparata* (1879): título enganador, princípios ultrapassados.

A primeira revista apareceu na Hungria, no dia 15 de janeiro de 1877, pelos cuidados de Hugo Meltzl, professor de origem germânica na Universidade de Kolozsvár, amigo de Petöfi e de Nietzsche, e em colaboração com Samuel Brassai. Redigido em seis línguas, depois em dez, este *Journal de littérature comparée* foi substituído em 1882, e até 1888, pelas *Acta comparationis litterarum universarum*. Não se poderia também qualificar de primeiro encontro comparatista o Congresso Internacional das Letras que se realizou em Paris, no dia 16 de junho de 1878? Victor Hugo o presidia. Turgueniev tomou a palavra. Mas não se tratava ainda senão de uma fraternidade de escritores vivos, análoga ao nosso atual Pen-Clube. A idéia, no entanto, é reveladora.

Foi no curso daqueles anos que a literatura comparada tomou consciência de si mesma como ciência, na Inglaterra e na Alemanha. Matthew Arnold, que havia traduzido em 1848 a expressão francesa, lutou contra uma insularidade nefasta, usando da literatura comparada como de uma arma; seus herdeiros (Morley, Saintsbury, Gosse, Lee) constituirão uma prestigiosa geração de historiadores e críticos, sem igual em seu tempo. Mas é à *Introduction to the Literature of Europe in the 15th, 16th and 17th Centuries* de Henry Hallam (1837) – uma obra comparável às grandes construções de Guizot – que é preciso remontar para compreender a intenção de Hutcheson M. Posnett, professor da Universidade de Auckland, ao publicar em Londres, em 1886, sua *Comparative Literature*, ensaio histórico sobre a origem e o desenvolvimento das literaturas do mundo inteiro, que usa do método analógico a fim de extrair as leis genéticas dos gêneros literários, tais como eles são determinados por estruturas sociais. Este determinismo

# 8 QUE É LITERATURA COMPARADA?

é bem da idade positivista, como é da idade do liberalismo a finalidade atribuída à evolução: a diferenciação das obras pelo desenvolvimento total dos indivíduos libertos das pressões que lhes impõe a coletividade. É interessante notar que Posnett, apesar de sua preferência pela civilização greco-romana, vai freqüentemente procurar seus elementos de comparação longe da Europa, até no México dos astecas, e reconhece nas literaturas da Índia e da China o estatuto de *world literature*. Esta legítima ousadia será esquecida em outras sínteses em que se elabora, acima das histórias particulares das literaturas nacionais, a história global das literaturas ocidentais, programa que será realizado, no início do século XX, pela coleção *Periods of European Literature*, publicada em Edimburgo, sob a direção de G.Saintsbury, à espera da *Histoire littéraire de l'Europe et de l'Amérique de la Renaissance à nos jours*, de Paul Van Tieghem (1941).

Ao mesmo tempo que Posnett abria caminho para a história geral, Moritz Carrière dedicava, em Munique, uma série de cursos e de conferências à evolução da poesia, estudos que ele retomou em 1884 (depois em suas *Obras Completas*, 1886-1894), sob o título *Die Poesie, ihr Wesen und ihre Formen mit Grundzügen der vergleichenden Literaturgeschichte*, e com os quais procurava integrar a literatura comparada na história geral da civilização.

Ele precedia de pouco Th. Süpfle, cuja *Geschichte des Deutschen Kultureinflusses auf Frankreich mit besonderer Berücksichtigung der litterarischen Einwirkung* (Gotha, 1886-1890) permanece uma obra de base; a idéia, transformada, ampliada, será retomada por um suíço, Virgile Rossel, que confirma assim a vocação natural de seu país (*Histoire des relations littéraires entre la France et l'Allemagne*, 1897). Ao mesmo tempo que a literatura comparada se definia pelo estudo das influências, ela cobria o vasto domínio dos temas e motivos (*Stoffgeschichte*), um domínio particularmente explorado pelos alemães, desde aproximadamente 1850.

## A Literatura Comparada como Ciência

Essas duas orientações de pesquisas estão bem representadas na *Zeitschrift für vergleichende Literaturgeschichte* que Max Koch funda em 1886 – a primeira revista importante, que será seguida da coleçao dos "Studien zur vergleichenden Literaturgeschichte" (1901-1909) e que cessará sua publicação em 1910.

Em 1895, aparecem duas teses cujas virtudes são ainda grandes: a de Louis Paul Betz (nascido em Nova York, de pais alemães, estudante em Zurique), *Heine in Frankreich*; e a de Joseph Texte, *J.-J. Rousseau et les origines du cosmopolitisme littéraire*. No ano seguinte, ambos são nomeados professores de literatura comparada em Zurique e em Lião (primeira cátedra francesa). Texte morre prematuramente, em 1900. O alsaciano Fernand Baldensperger (*Goethe en France*, 1904) foi seu su-

# NASCIMENTO E DESENVOLVIMENTO

cessor, antes de alcançar a Sorbonne, onde uma cátedra foi criada em 1910. Morto também muito cedo (1903), Betz publicara em 1897 a primeira bibliografia de literatura comparada que teve várias edições; a última (1904, 6000 títulos) foi terminada por Baldensperger. Frédéric Loliée, cronista dos fastos e das galanterias do Segundo Império, revelou a jovem ciência ao grande público (*L'Evolution historique des littératures, histoire des littératures comparées, de origines au XX^e siècle*, 1904; tradução em língua inglesa, Londres e Nova York, 1906, sob um título mais explícito: *A Short History of Comparative Literature*).

Na Rússia, um dos primeiros comparatistas foi Alexandre Veslovski, especialista em temas folclóricos nos anos 70, que teve, como toda a sua época, o defeito de querer extrair leis orgânicas de observações dispersas e de fazer da arte da comparação uma ciência rigorosa demais. Seu nome ainda provoca discórdia.

Na passagem do século, os Estados Unidos já conhecem a literatura comparada: Departamentos de Literatura Comparada são criados em Colúmbia (1899), em Harvard (1904) e depois em Dartmouth College (1908). George E. Woodberry funda, em 1903, em Colúmbia, o *Journal of Comparative Litterature*, que teve somente três números. Irving Babbitt exercerá, por sua personalidade e seus trabalhos, uma influência decisiva; lembramo-nos dos seus *Masters of French Criticism* (1913), de seu *Rousseau and Romanticism* (1919), assim como do volume de 1940, *Spanish Character and Other Essays*, que contém uma bibliografia de suas obras. Após a pausa da Primeira Guerra Mundial, o ímpeto recrudesceu. Foram sucessivamente criadas as cátedras de North Carolina (1923), Southern California (1925), Wisconsin (1927), sendo que as duas primeiras foram dirigidas por Baldensperger, entre as duas guerras.

Na primeira fase de seu desenvolvimento científico, a literatura comparada tinha pois adquirido, graças em particular aos homens das fronteiras, na Europa Ocidental e Central, tanto quanto na América, seu atestado de nobreza: dispunha de um ensino regular em algumas universidades, de uma revista, de uma bibliografia. E foram vistos grandes historiadores das literaturas nacionais ajudando os esforços dos especialistas; a literatura comparada aparecia então como um ramo da história literária. Na Ecole Normale Supérieure, Brunetière ministrou, em 1890-1891, um curso de literatura comparada; no Congresso Internacional de História Comparada, que se realizou em Paris, por ocasião da Exposição Universal de 1900, ele foi eleito presidente da seção de História Comparada das Literaturas (Presidente de honra: Gaston Paris). Queria que se escrevesse a história dos grandes movimentos literários no mundo ocidental, já que sentia a insuficiência das histórias literárias nacionais diante de várias questões que se lhes apresentam; entregamo-nos à política interior sem preocupação com incidências da política estrangeira sobre os negócios do país? Lanson, no curso dos mesmos anos, se interessa, como conhecedor, pela in-

10    QUE É LITERATURA COMPARADA?

fluência da literatura espanhola sobre as letras francesas clássicas. Mais tarde, sua edição das *Lettres philosophiques*, cuja atualização em 1964 testemunhava seu valor duradouro, é, por seus comentários, a obra de um mestre comparatista. Nesta trilha, inúmeros são os professores de literatura francesa que, pela necessidade e ao mesmo tempo por estudos literários, se tornam excelentes comparatistas; pode-se gravar com letras douradas, sobre várias cátedras de francês, estas palavras de Jean Fabre: "A literatura comparada é uma disciplina de coroamento". A Brunetière e a Lanson juntar-se-á Emile Faguet, diretor da *Revue latine*, publicada de 1902 a 1908, e que, apesar de seu título restritivo, obedecia ao mesmo estado de espírito, marcado pelo subtítulo: *Journal de littérature comparée*.

Imediatamente após a Primeira Guerra Mundial, alguns franceses, animados por um forte espírito de irenismo* e de cosmopolitismo, consideraram que a literatura comparada era uma das disciplinas mais apropriadas para a abertura das fronteiras e, no momento em que na *Nouvelle Revue française* reatava-se, ao redor de Gide, o diálogo com a Alemanha de Ernst Robert Curtius e de Thomas Mann, em que Robert de Traz lançava a lúcida e pacífica *Revue de Genève*, Fernand Baldensperger e Paul Hazard fundavam a *Revue de littérature comparée* (1921). A esta se associou uma coleção, a "Bibliothèque de la *Revue de littérature comparée*" que, em 1939, contava mais de cento e vinte volumes. Estrasburgo, fato simbólico, havia recebido da França, a partir de 1919, uma cátedra de literatura comparada, acrescentando-se às de Lião e de Paris que J.-M. Carré ocupou sucessivamente.

As novas nações resultantes dos tratados de Versalhes se entregaram com ardor ao comparatismo, a partir de 1930, vendo nele a marca e o privilégio de uma "maioridade" cultural longa e dolorosamente esperada. Ao mesmo tempo que se modelavam os traços ainda vagos de cada literatura nacional, esforçavam-se por definir parentescos e influências, por integrar-se às grandes correntes exteriores.

Na União Soviética, a literatura comparada conheceu, de 1917 a 1929, uma relativa tolerância, que foi seguida pela idade de ouro do formalismo até 1945.

Em Oslo, em 1928, no VI Congresso das Ciências Históricas e por iniciativa de Paul Van Tieghem, havia sido fundada a Comissão Internacional de História Literária Moderna, e projetada a redação coletiva de obras de referências; uma única veio à luz – mas que útil! –, o *Répertoire chronologique des littératures modernes* (1937), publicado sob a direção do promotor, por historiadores de mais de vinte e cinco nações. Penúltima manifestação de um ecumenismo sobre o qual a Segunda Guerra esteve prestes a desfechar um golpe fatal. A última foi a reunião em Lião, em 1939, da Comissão anteriormente citada,

---

\* Irenismo, do grego *eirene* ("paz"), significa "pacifismo". (N. da T.)

# NASCIMENTO E DESENVOLVIMENTO

que havia nesse ínterim realizado congressos em Budapeste (1931) e Amsterdã (1935).

Em 1939, a literatura comparada podia honrar-se de um balanço amplamente vantajoso: história dos intercâmbios literários internacionais e, particularmente, pesquisa das fontes e das influências, individuais ou gerais; estudo dos temas e motivos; história geral da literatura ocidental, de suas grandes épocas e de seus gêneros literários – tais são os principais títulos do balanço. A pertinência dessas aquisições foi posta em discussão há uns vinte anos; censurou-se nos comparatistas o fato de sacrificarem a estética aos princípios de um positivismo em desuso. Esta crítica é parcialmente justificada. Mas o que foi feito e bem feito merece permanecer. As mais recentes aquisições devem muitíssimo aos esforços e aos êxitos dos primeiros pesquisadores. O domínio cresceu; não é uma razão para condenar suas partes mais antigas.

Com muito maior razão, porque as mais recentes às vezes não aparecem como tais senão graças a um efeito de óptica. A obra de Benedetto Croce é bem anterior à Segunda Guerra; e também os inícios de Lukács. Mas a crítica de Croce, contemporânea dos primeiros trabalhos de Texte e de Lanson, de fato não perturbou os comparatistas, fora da Itália pelo menos, senão quarenta anos mais tarde; e os trabalhos de Lukács ficaram longe, depois de 1920, de provocar a repercussão que, desde 1945, rodeia seu nome e sua obra: de resto, entre essas duas épocas, ele havia mudado seu sistema. Enfim, se o formalismo russo dos anos 20 chegou até nós, foi em parte graças ao elo que o *New Criticism* americano constitui.

Sem esquecer a data na qual se inscrevem essas tentativas, importa, pois, levá-las em consideração sobretudo quando se faz o balanço do presente. A mesma observação se aplica às pesquisas nacionais tanto quanto às visões teóricas de conjunto. A Polônia, a Romênia, a Iugoslávia praticaram o comparatismo entre as duas guerras, mas foi preciso o recuo atual para evidenciar sua originalidade.

## O PRESENTE

### A Expansão do Pós-Guerra

Entre o momento em que escrevemos estas linhas e aquele em que o público as lerá, sem dúvida ter-se-ão já produzido mudanças, tão depressa evolui um tipo de pesquisa profundamente dinâmico. Este capítulo não pretende, pois, nada mais do que captar no vôo, muito provisoriamente, a imagem de uma situação em movimento.

Internacional, universal mesmo, por definição e por vocação, a literatura comparada não mantém de fato suas promessas senão há uns

12      QUE É LITERATURA COMPARADA?

trinta anos. Se seus fundadores, franceses principalmente[1], retornassem à terra, verificariam que as gerações seguintes, partindo de uma fórmula e de alguns trabalhos exemplares, instituíram um ensino completo, formaram discípulos que, por sua vez, se dispersaram por toda a superfície do globo, e reagruparam suas forças em associações vivas. A uma lenta maturação sucedeu uma bela expansão.

Para abolir, de fato, os isolamentos e as ignorâncias mútuas que a literatura comparada só abolia teoricamente no fim do século passado, não eram necessários menos que os progressos de um ensino generalizado das línguas vivas, o uso já banal da aviação comercial duplicado por grandes facilidades de viagens, o desenvolvimento dos procedimentos técnicos de reprodução e gravação, a criação de organismos culturais internacionais permanentes, de escritórios de tradução e de difusão em grande escala, de equipamentos para a informática; em resumo, todas as realizações recentes que reduziram o planeta ao tamanho do homem. Depois de cinqüenta anos de luta heróica contra condições materiais hostis, os comparatistas dispõem, enfim, de instrumentos quase iguais às suas ambições. Se deles não tiram sempre o melhor proveito, a culpa recai nos obstáculos morais, que não se deixam sempre transpor tão facilmente.

## A Era dos Congressos Internacionais

Depois de uma interrupção causada pelos acontecimentos políticos, a atividade prosseguiu com o IV Congresso da Comissão Internacional de História Literária, realizado em Paris, em 1948. Pela primeira vez, um delegado americano participava.

No V Congresso (Florença, 1951), essa Comissão, que se tornara obsoleta, cedia o lugar à Federação Internacional das Línguas e Literaturas Modernas (FILLM), que agrupava então uma dúzia de associações científicas internacionais de estudos literários, e que não parou de crescer desde então. Dependente do Conselho Internacional da Filosofia e das Ciências Humanas (CIPSH), a FILLM manteve regularmente seus congressos trienais, desde o de Oxford (1954) até o de Fênix, Arizona (1981).

Os temas escolhidos para esses encontros testemunharam, desde a origem, a preocupação de focalizar os grandes problemas literários, na sua mais elevada generalidade: métodos, estilo, críticas, relações com as outras formas de expressão etc. O ponto de vista comparatista aí se inscreveu espontaneamente, mas não de maneira exclusiva. Foi a

---

1. É curioso verificar o atraso que existe na informação, na China Popular, por exemplo. Um artigo intitulado "La littérature comparée: les écoles françaises et américaines", publicado na revista trimestral *Les Recherches de la littérature étrangère*, nº 3, 1981, indica Paul Van Tieghem, J.-M. Carré e M.-F. Guyard como os únicos representantes contemporâneos da "Escola francesa".

## NASCIMENTO E DESENVOLVIMENTO

origem do desejo de uma seção especializada, situada num mesmo nível de universalidade, cujas grandes linhas foram esboçadas à margem do Congresso de Oxford, sob o impulso de Charles Dédéyan, e os estatutos adotados em 1955, em Veneza, local do primeiro Congresso da bem jovem Associação Internacional de Literatura Comparada (AILC). Os congressos seguintes, de Chapel Hill (em 1958) ao de Nova York (em 1982), todos provaram a pertinência do empreendimento e o vigor da idéia.

Foi, pois, uma estrada muito longa percorrida desde a tentativa sem futuro do ano de 1900. Em nossa época, sem dúvida, um congresso internacional nada mais tem de extraordinário. Todas as profissões, mesmo as mais inesperadas, os mantêm com zelo. A corrente política e cultural de nosso século vai neste sentido. Porém, mais que qualquer outra forma de pensamento ou de ação, a literatura comparada sente uma necessidade vital de congressos. Privada de intercâmbios, fechada pelo isolamento do nacionalismo, ela vegeta ou se paralisa em academismo. Fazer reuniões, dir-se-á, não está isento de uma certa trivialidade. Tal é, no entanto, o preço inevitável de todo comércio intelectual fecundo.

### O Desenvolvimento das Associações Nacionais

A AILC não se contenta com reagrupar membros isolados. Seus fundadores a tinham encarregado de "encorajar a criação de associações nacionais".

Em 1954, era fundada a Société Française de Littérature Comparée que, em 1973, foi dotada de novos estatutos e se tornou a Société Française de Littérature Générale et Comparée (SFLGC). Ela publica um *Bulletin* e *Cahiers*. Organiza congressos nacionais que até aqui se realizavam em cidades do interior.

Nos Estados Unidos, onde conferências e colóquios se multiplicam, constituiu-se em caráter privado, em 1945, e em caráter oficial, em 1947, uma seção comparatista da Modern Language Association, à qual se anexou o Comparative Literature Committee do National Council of Teachers of English. Em 1960, nascia a American Comparative Literature Association (ACLA), que realizou seu primeiro congresso trienal em setembro de 1962. Os Estados Unidos publicam três dos quatro periódicos comparatistas de difusão internacional.

Em 1948, era fundada a Sociedade Nacional Japonesa de Literatura Comparada, a primeira do gênero. Assim se manifestava a vitalidade do comparatismo japonês, que tomou seu impulso a partir de 1945 e que tinha sido preparado pelas novas relações do Japão moderno com o Ocidente, no curso da era Meiji (1868-1912). Esta corrente cosmopolita e internacionalista permitiu a publicação de um grande número de traduções.

Hoje, outros países possuem uma associação nacional: a Alema-

# 14 QUE É LITERATURA COMPARADA?

nha, Luxemburgo, a Suíça, a Grã-Bretanha, o Canadá, a Austrália e a Nova Zelândia, a Hungria, a Polônia, a Holanda, a Bélgica, o Marrocos, a Nigéria, a África do Sul, a Espanha, Portugal, a China Popular, Hong-Kong, Taiwan, a Coréia do Sul e a Índia.

## A Política dos Centros de Pesquisa

Preocupadas com problemas comparatistas, as associações nacionais não poderiam servir de centros de pesquisa. Uma estrutura de um outro-tipo era, pois, indispensável ao desenvolvimento da literatura comparada. Ela existe em inúmeros países. A França, nisso, estava um pouco atrasada. Mas, nos últimos anos, vários centros foram criados em Paris e no interior. Ora, eles se especializaram no estudo das relações com uma área lingüística (domínio hispânico e português para o centro de Daniel Pageaux, em Paris III; domínio eslavo para o centro dirigido por Michel Cadot, na mesma universidade; domínio germânico para o centro fundado por Victor Hell, em Estrasburgo II). Ora, eles se organizaram ao redor de um gênero (centros de Jean Bessière, na Universidade de Picardia, sobre o romance e o romanesco; centro de René Guise, em Nancy II, sobre o romance popular), ou ao redor de um problema (centro de Jacques Body, em Tours, sobre "Literatura e Nação"; centro de Jean-Marie Grassin, em Limoges, sobre a emergência de novas literaturas) ou de um método aplicado a um período (Centro de Pesquisas de História Literária Comparada, dirigido por Jacques Voisine).

Mais ambicioso, o Centro de Pesquisa em Literatura Comparada, fundado em 1981, em Paris IV, por Pierre Brunel, quer decididamente ser interuniversitário e pluridisciplinar. Não acolhe somente comparatistas de profissão, mas professores de literatura francesa, especialistas de línguas antigas e modernas, filósofos e historiadores. Congrega várias equipes, distribuídas em quatro seções: I. Relações literárias internacionais; II. Modos de expressão; III. Tipologia e semiótica comparatista; IV. Métodos.

## Escola "Francesa" e Escola "Norte-Americana"

Houve uma querela do Comparatismo, como houve uma querela da Nova Crítica. A escola "francesa" foi por muito tempo considerada ferozmente presa à história literária, ao estudo das influências, à pesquisa do fato. Em reação, ora ousada e ora comedida, contra uma ponderação que pode ter parecido pesada, uma tradição considerada como rotina, um positivismo tornado cientificismo, a literatura comparada do além-Atlântico quis apoiar-se em dois princípios. O princípio moral reflete a atitude de uma nação totalmente aberta para o universo, preocupada em conceder a cada cultura estrangeira uma simpatia democrática, porém, ao mesmo tempo, mais consciente de suas

## NASCIMENTO E DESENVOLVIMENTO

raízes ocidentais. O princípio intelectual permite aos norte-americanos o recuo necessário em relação aos vastos panoramas, desde a Antiguidade até o século XX, a preservação ciumenta dos valores estéticos e humanos da literatura ainda sentida como uma conquista espiritual exaltante, e o empreendimento das mais ecléticas experiências de método e de interpretação, sem medo de desvios.

O comparatismo norte-americano é notável por sua riqueza, sua diversidade e, de início, pela própria origem de seus mestres ou pesquisadores. Os mais influentes são checos, como René Wellek (em Yale), alemães como Horst Frenz (Indiana), italianos como Gian Orsini (Wisconsin), poloneses como Zbigniew K. Fokjowski (Pennsylvania), russos como Gleb Struve (Berkeley), suíços como Werner Friedrich ou, mais recentemente, François Jost.

A própria noção de literatura comparada foi examinada com cuidado pelos norte-americanos, durante os últimos anos. Isso é testemunhado pelo livro de Robert J. Clements, *Comparative Literature as Academic Discipline: A Statement of Principles, Praxis and Standards* (1978), que se esforça para pôr um pouco de ordem no desenvolvimento entusiasta, mas às vezes um pouco anárquico da literatura comparada nas universidades americanas. Ora, insiste-se na necessidade da prática de várias línguas; ora, ao contrário, dá-se prioridade à teoria da literatura. É talvez entre essa tecnicidade e essa reflexão geral que oscila, com efeito, a literatura comparada.

Desde 1968, a França não ignora esse dilema. Isso porque, sem dúvida, a literatura dita "geral" conquistou terreno da literatura comparada ortodoxa. O impulso inicial foi talvez dado com a criação do concurso *de agrégation*\* de Letras Modernas, em 1960, com duas provas de literatura comparada (ou antes de "Francês II"), compreendendo textos franceses e traduzidos para o francês. A organização dos ensinos universitários do primeiro ciclo (DUEL, depois DEUG)\*\* deu lugar também a unidades de valor mais "generalizadoras" que propriamente "comparatistas". Algumas vezes, um certificado especializado para a licenciatura – ou mesmo uma licenciatura especializada –, os seminários de licenciatura e de doutorado mantêm o estudo dos textos em língua original. Isso não quer dizer que nesse nível o positivismo retoma necessariamente seus direitos.

Será, entretanto, permanecer tributário da tradição francesa, quando se confessa a necessidade de uma barreira – a história literária – num pulular de experiências pedagógicas apaixonantes, mas felizes

---

\* Trata-se do Concurso de "Agrégation" que recruta professores, com licenciatura, para o ensino secundário e para certas faculdades. (N. da T.)

\*\* DUEL é a sigla de "Diploma Universitário de Estudos Literários" (Diplôme Universitaire d'Etudes Littéraires). DEUG é a sigla do "Diploma de Estudos Universitários Gerais" ("Diplôme d'Etudes Universitaires Générales"). (N. da T.)

16 QUE É LITERATURA COMPARADA?

em graus diferentes, num anexionismo às vezes tentacular? Para que a literatura comparada não seja tudo e qualquer coisa, é ainda necessário partir à procura de uma definição e retornar à pergunta inicial.

## Progressos Passados e Futuros

Vista durante muito tempo como especialidade rara e mesmo esotérica, e às vezes considerada com desconfiança ou ironia, a literatura comparada cessa a partir de agora de ser o privilégio de algumas universidades de vanguarda. Em toda parte ela entrou ou entra neste momento, nos costumes acadêmicos.

Progride rapidamente o número dos que levam oficialmente a etiqueta de "comparatistas". O que vale ainda muito mais é que a idéia comparatista atrai cada vez mais especialistas de todas as disciplinas. Esses profissionais e esses amadores (dois tipos de espírito necessários: os segundos tanto quanto os primeiros) se associam livremente, sem preocupar-se com fronteiras intelectuais ou políticas. Além disso, na França e nos Estados Unidos, o futuro está garantido por uma multidão crescente de estudantes de todos os níveis, viveiro de futuros pesquisadores ou simpatizantes. Vemos uma razão muito simples para essa real popularidade: a literatura comparada não é uma técnica aplicada a um domínio restrito e preciso. Ampla e variada, reflete um estado de espírito feito de curiosidade, de gosto pela síntese, de abertura a todo fenômeno literário, quaisquer que sejam seu tempo e seu lugar. É bom, e mesmo indispensável, que num momento qualquer de seus estudos todo estudante de letras ou de língua conheça e partilhe esse estado de espírito.

Obedecendo ao seu princípio e à sua natureza, cobrindo enfim, hoje, toda a superfície do globo, a literatura comparada se diversificou segundo os territórios. As tradições intelectuais nacionais, as necessidades locais, as civilizações diferentes modelam suas fisionomias. Francesa na origem, eis que ela se tornou universal. Para ser justo, o epíteto de nacionalidade só deveria ter sentido quando designasse pura e simplesmente a língua na qual são redigidos os trabalhos, língua que nem sempre é a língua materna do autor.

Paradoxal é, com efeito, a tarefa de exorcizar pouco a pouco o nacionalismo literário, sem o qual a idéia não teria nascido. Literatura, língua, nação, três entidades independentes durante muito tempo, convergiram no curso do século XVIII e sobretudo no começo do século XIX, até formarem uma única entidade em três noções. Contra essas células fechadas de um tipo novo, a literatura comparada se insurgiu pouco a pouco. Nos países de antiga tradição universitária, amadurecidos por um humanismo tolerante, ela penetrou, desde o primeiro contato, mais facilmente que nas nações mais jovens ou menores, em que o ensino superior e a pesquisa, após os primeiros tateios, se inclinaram sem tardar, com um louvável fervor, para o patrimônio autóctone. Aos olhos destas nações, que se endurecem e se fecham para se conhecerem melhor, a velha Europa e sua altivez algo desencantada passariam facilmente por decadentes.

Deste nacionalismo "primário" ao qual sucede às vezes uma onda de cosmopolitismo nivelador, a literatura comparada tira um nacionalismo "secundário": diversidade na unidade, consciência apaziguada das semelhanças e das diferenças, dos vínculos e das rupturas. Que progresso é possível esperar, em seguida? Ninguém é profeta, mesmo fora de seu país. Sob uma forma ou outra, este movimento perpétuo de sístole-diástole continuará, princípio elementar de toda vida literária.

Último traço da literatura comparada na escala do mundo: este fenômeno intelectual se liga a uma evolução psicológica. Ocupação técnica de um punhado de estudiosos, sem dúvida; mas também reflexo de um trabalho espiritual subterrâneo. Ela pertence não só à vida do espírito, mas simplesmente à vida, com suas complexidades, seus instintos cegos, seus impulsos generosos e seu movimento incessante. No microcosmo comparatista, como o prova a história da Europa do Leste, se lêem os medos e as esperanças, os ódios e os amores dos povos, os sobressaltos políticos, e mesmo os ímpetos religiosos dos Estados e das civilizações. Como a astronáutica ou a física nuclear, porém mais intimamente ainda, a literatura comparada tem sua sorte ligada às paixões dos homens. É por isso que ninguém pode dizer de que será feito o amanhã.

# 2. Os Intercâmbios Literários Internacionais

Primeiro pela antiguidade, majoritário pelo número de publicações, o estudo dos intercâmbios literários internacionais ocupa atualmente um lugar importante. A iniciação dos comparatistas deve por ele passar, sob pena de perder o sentido da realidade. Mas os resultados incontestáveis obtidos nesse domínio não disfarçarão a complexidade mál resolvida de alguns problemas fundamentais – são também os das literaturas nacionais –, encerrados nas palavras "fortuna", "êxito", "influência", ou, num outro registro, "originalidade" e "imitação".

Podem ser agrupados sob o título de "Intercâmbios Literários Internacionais", de uma parte, os veículos que transportam de uma nação para outra idéias e gêneros literários, temas e imagens, obras integrais ou fragmentárias; de outra parte, os próprios objetos que as nações trocam entre si. "Comércio" se diz tanto das *things of beauty* quanto das mercadorias. Essas transferências são uma distribuição que se situa entre a produção (a criação literária dependente da genética e da estética) e o consumo (o público ativo e passivo que é estudado pela sociologia da literatura). Desde Paul Van Tieghem, deu-se aos agentes que os favorecem o nome de intermediários – o escritor ou o país produtor receberam o nome de emissor e o escritor ou o país consumidor, o de receptor.

Oferecer obras e idéias a estrangeiros exige primeiro que haja compreensão. A troca pode acompanhar-se de uma gesticulação muito simples; a literatura requer mais matizes.

## QUE É LITERATURA COMPARADA?

## O CONHECIMENTO DAS LÍNGUAS

Essa questão fundamental é uma das menos bem elucidadas, sem dúvida porque é uma das mais obscuras. Para ser bem tratada exige um longo trabalho de sondagens e inúmeras monografias. Portanto, é desejável que se multipliquem as pesquisas do gênero daquelas de Eric Partridge (*The French Romantics' Knowledge of English Literature (1820-1848) According to Contemporary French Memoirs, Letters and Periodicals*, 1924) e de Paul Lévy (*La Langue allemande en France, Pénétration et diffusion des origines à nos jours*, 1952).

As sondagens devem ter por objeto o conjunto da população e, principalmente, as classes sociais onde se recrutam de preferência os escritores; os programas escolares; os professores estrangeiros (pôde-se dizer que a difusão da língua francesa no mundo muito deve às professoras recrutadas durante dois séculos pelas famílias da aristocracia e da burguesia evoluída de todo o mundo); os institutos em que se ensinam as línguas; a presença de estrangeiros no país (ver a seção seguinte); a recepção dada pela língua às expressões estrangeiras. Os autores de monografias se perguntarão que conhecimento um escritor ou um grupo de escritores teve do inglês ou do alemão. Não se deve fiar nas aparências: Proust pôde traduzir Ruskin sem ter do inglês senão um conhecimento rudimentar; e Edmond Jaloux falou dos românticos alemães, de maneira muito inteligente, embora se contentasse com adivinhar sua língua e utilizasse traduções.

As condições mudam de país para país. Por exemplo, o francês não é só um senhor condecorado que ignora a geografia; é também um senhor que tem a maior dificuldade em aprender línguas estrangeiras e que, espontaneamente, gritaria da mesma forma que o criadinho de Mme de Staël, ao chegar a uma das primeiras estalagens alemãs: "Enfim, Senhora, eu só lhes pedi leite, em francês, e não me compreenderam!" O inglês recebeu o dom das línguas? Pode-se duvidar. Ambos obrigaram a Europa, e depois o mundo, a falar o francês e o inglês. A Europa francesa é uma realidade dos séculos XVIII e XIX, pelo menos no nível das classes sociais mais elevadas, e deve-se reconhecer que Frederico II é um autor francês. O mundo anglo-americano é uma realidade do século XX, à espera de que o mundo venha a falar o russo ou o chinês.

A Rússia e também a Alemanha têm uma bem maior plasticidade lingüística: seus idiomas recebem, de boa vontade, vocábulos estrangeiros, ao contrário do francês saturado muito rapidamente. A Suíça, que admite oficialmente quatro línguas nacionais, constitui um caso privilegiado, que seria também o da Bélgica, se o bilingüismo lá não estivesse envenenado por rivalidades políticas, religiosas e sociais.

As minorias lingüísticas (Holanda, Países Escandinavos, pequenos Estados da Europa Central e Oriental) são geralmente as nações que conhecem o maior número de línguas. Os holandeses e os escan-

## OS INTERCÂMBIOS LITERÁRIOS INTERNACIONAIS 21

dinavos não podem passar sem o inglês e o alemão. Os poloneses, divididos entre o russo e o alemão, são tradicionalmente ligados ao latim e ao francês. Os checos tomaram contato com a poesia húngara; os húngaros com a poesia sérvia etc., por intermédio da literatura alemã. Na África, se constituíram dois grandes blocos: um, anglófono; o outro, francófono.

Está claro que as línguas veiculares têm tendência a transformar-se ou, ao contrário, a estagnar-se (acento e ritmo, vocabulário e sintaxe) na boca dos que as utilizam; pense-se no francês da África Ocidental, que se tornou língua literária, ou ainda no francês tal como é falado no Canadá. Mas ler Racine no original não é aumentar as probabilidades de compreendê-lo e apreciá-lo? Se Shakespeare permaneceu muito tempo estranho aos franceses, se a poesia de Púchkin lhes era, ainda ontem, letra morta[1], é porque tinham sido obrigados a recorrer a medíocres traduções.

Para remediar a confusão das línguas, espíritos tão generosos quanto quiméricos forjaram inteiramente idiomas universais (esperanto, volapuque). No entanto, além de tais idiomas não terem sido ilustrados por nenhuma obra brilhante, estão sujeitos, como o latim, a diferenças de pronúncia que tendem a fragmentá-los em outros tantos dialetos. O *basic English* e o chinês reduzido a seus ideogramas elementares constituem, sem dúvida, para não falar do *pidgin* ou do *sabir*, veículos mais eficazes. Desprovidos de recursos literários, permanecerão entretanto como instrumentos de comunicação utilitários. E, apesar de louváveis esforços, o latim não mais encontrará a situação privilegiada que teve na Idade Média e durante o Renascimento, quando surgiram inúmeros poetas neolatinos, na Itália e na França. O próprio Du Bellay, que tinha condenado o emprego do latim na *Deffence et Illustration*, escreveu em seguida *Poemata*: palinódia que testemunha a poderosa vitalidade da língua de Virgílio, Horácio e Ovídio, a qual é ainda manifesta na época da Contra-Reforma, especialmente em Flandres e na Polônia. Desde então, o latim se refugiou nos colégios, onde se tornou uma tarefa-castigo.

É, pois, necessário decidir-se a aprender as línguas cujas literaturas se quer conhecer, o que, graças aos métodos audiovisuais e à multiplicação dos contatos, se torna uma tarefa menos terrível que no passado. Por falta dos conhecimentos necessários ou por impossibilidade de passar temporadas no estrangeiro, nossos antepassados e mesmo nossos contemporâneos confiaram a intermediários o cuidado de informá-los. Esses intermediários são ou agentes (pessoas e meios humanos) ou instrumentos (obras literárias e artísticas).

---

1. Uma excelente tradução das *Oeuvres poétiques* de Púchkin foi publicada em Lausanne, nas edições L'Age d'homme, em 1981 (2 volumes).

# 22 QUE É LITERATURA COMPARADA?

## OS HOMENS E SEUS TESTEMUNHOS

*Os viajantes*

Todos os homens atentos se assemelham à andorinha de La Fontaine, e o primeiro que, tendo ido ao país vizinho, trouxe algum delicioso relato de costumes novos, foi o primeiro intermediário.

Há duas categorias de viajantes, quanto à nacionalidade: assim, os franceses que vão à Alemanha e os alemães que vão à França, contribuem todos a fazer com que os franceses conheçam a Alemanha e inversamente. Há até viajantes imóveis: os que, como o Des Esseintes de Huysmans, sonham com a lista dos horários de trem; os que, como Xavier de Maistre, fazem a volta do seu quarto; os que, como Colette, lêem numa balsa imóvel a coleção "Tour du Monde". Não são eles os menos ardentes.

Do século XVI ao XIX, a idade de ouro das viagens, nos caminhos da Europa, não só se encontram os "pícaros" levados pela fome, mas também todos os que foram impelidos pela sede de aprender e contemplar as maravilhas da Antiguidade. Roma é a terra prometida dos humanistas que não tiveram a sorte de nascer italianos: Rabelais e Du Bellay para lá se dirigem com um entusiasmo religioso; Montaigne com curiosidade; depois, vários poetas da primeira metade do século XVII – Saint-Amant, Maynard, Scarròn –, sem falar de Tallemant des Réaux e do futuro Cardeal de Retz. É somente sob o reinado de Luís XIV que se interromperá a tradição. Os pintores, antes, durante e após o Renascimento, não crêem que sua formação esteja acabada a não ser que tenham contemplado os tesouros da Cidade Eterna: flamengos, nos séculos XV e XVI; Nicolas Poussin, no século XVII, esperando os artistas que, prêmios de Roma, passam uma temporada na Villa Médicis (Ingres foi um dos seus diretores). Os pintores alemães Overbeck e Cornelius criam lá a escola nazarena, retornando a Rafael antes dos pré-rafaelitas ingleses. O escultor dinamarquês Thorwaldsen lá se instala e não regressa a Copenhague senão para morrer. Inigo Jones, no século XVII, levou para a Inglaterra o estilo de Palladio, o maior arquiteto italiano do século XVI.

Na boa sociedade inglesa, julga-se que a educação de um rapaz deve ser coroada pelo *grand tour* que, no século XVIII, o faz percorrer durante longos meses a França, a Suíça e a Itália, e mais raramente Espanha e Portugal (Beckford). Numerosos são os ingleses, adolescentes ou homens maduros, que se encontram no continente: Thomas Gray, Edward Young, Samuel Roger, Gibbon, Wordsworth; Shelley morre na Itália (como no século XVII, o poeta "metafísico" Crashaw, que se converteu ao catolicismo). A Itália – seu sol, suas mulheres e seus monumentos – exerceu um prodigioso fascínio sobre a Inglaterra, e poder-se-ia citar vários súditos de Sua Majestade britânica que preferiram a vida da península às brumas de seu país (Wal-

OS INTERCÂMBIOS LITERÁRIOS INTERNACIONAIS 23

ter Savage Landor). Mesma atração sobre os alemães dominados por *Wanderlust*, e sobre os nórdicos: Goethe, depois de Winckelmann, descobre na Itália as virtudes do classicismo; Zacharias Werner, os atrativos do catolicimo. E um francês independente, Stendhal, quer ser chamado "Milanese".

No século XVIII, Paris, capital da Europa, faz também afluir estrangeiros. Todos os salões se orgulham de alguns hóspedes exóticos. Alguns se instalam de maneira estável: Grimm, Galiani. Outros percorrem cidades e campos com olhos que o costume não ofusca, tal como Arthur Young, que nos deixou o melhor quadro da França às vésperas da Revolução. Os franceses tampouco são sedentários: o Abade Prévost e Voltaire passam temporadas na Inglaterra; Montesquieu para lá viaja, assim como pela Itália; Falconet e Diderot vão até a Rússia, terra desconhecida; quanto ao suíço Jean-Jacques Rousseau, não pára de levar uma existência errante.

No século XIX, o raio de ação aumenta. Astolphe de Custine descreve, no local, *La Russie en 1839* (1843), país que Balzac percorrerá. Inversamente, Tolstoi visita Paris; Turgueniev aí faz figura de autóctone. Andersen, que tanto viajou pelas regiões imaginárias, não desdenha de percorrer a Europa, não mais que seu compatriota Oehlenschläger. Delacroix traz de Marrocos álbuns de croquis. Chateaubriand, Lamartine, Nerval, Flaubert realizam périplos mediterrâneos. Na medida em que o romantismo se confunde com a cor local, cada um se precipita no país vizinho, mas sobretudo na Espanha (Chateaubriand, Mérimée, Th. Gautier, Hugo, o norte-americano Washington Irving, e o inglês George Borrow, que troca vantajosamente bíblias por elementos da língua romani). E Veneza, de Musset a Wagner, enquanto não chega Thomas Mann, tende a suplantar Roma.

Os séculos XVIII e XIX conheceram um tipo de viajante particular: rico e um tanto excêntrico, sentindo-se em casa por toda a parte, ou antes, melhor entre os outros que entre os seus; Beckford e o príncipe de Pückler-Muskau testemunharam, nos seus relatos, a facilidade com que se adaptavam aos costumes estrangeiros. Qualquer pessoa se locomovia então de país para país (exceto a Rússia), sem ser vítima de dificuldades burocráticas, policiais e alfandegárias. E instalava-se onde desejava, sem ter de exibir um contrato de trabalho. Os estrangeiros residentes foram intermediários muito eficientes, mas nem sempre é fácil apreciar essa eficiência. Sabe-se, pelas obras do Barão de Eckstein, de Heine e de Börne que viviam em Paris como dois irmãos inimigos, o que levaram aos franceses; em compensação, quem dirá o que os franceses devem às idéias sustentadas pelo médico magnetizador Koreff?

Esses estrangeiros representam um papel particularmente importante quando estão em estreita relação com revistas. Pensemos em Mme Blaze de Bury, nascida (misteriosamente) Rose Stuart, e que ti-

24 QUE É LITERATURA COMPARADA?

nha vivido em Weimar, aliada ao diretor da *Revue des deux mondes*. Como não teria orientado as curiosidades estrangeiras de Buloz?

No século XX, os navios e depois os aviões abarcam o planeta com sua rede cada vez mais densa e provocam esta constatação desalentada de Paul Morand: *Nada senão a terra*. Encontram-se Claudel e Malraux na China; Gide no Congo. A tradição da viagem pela Europa é a nova forma que toma o *grand tour* para os americanos do Norte (Henry James, Hemingway) ou do Sul (Asturias, Borges).

Ao lado dos que viajam para sua instrução ou para seu prazer, é necessário citar outro tipo de viajantes. Nem sempre são os que retiram o menor proveito de seus deslocamentos: soldados das cruzadas (Villehardouin); capitães das intermináveis guerras da Itália (Guillaume Du Bellay, senhor de Langey); vítimas da Inquisição espanhola e judeus sefarditas de Portugal (dos quais descende Montaigne pelo lado materno); proscritos por causa de religião (Marat passa um tempo em Ferrara e de lá adota o soneto); refugiados protestantes na Inglaterra, na Holanda, na Prússia, após a revogação do Edito de Nantes (voltaremos ao assunto); exilados políticos (sem as bastonadas do Cavalheiro de Rohan, não teríamos as *Lettres philosophiques*), muito numerosos no século XIX (Ugo Foscolo ruge sua cólera em Londres que, sob o Segundo Império, vai, tanto quanto Genebra, tornar-se a capital da Revolução; Goya morre em Bordeaux e muitos de seus compatriotas vivem em Paris); mais numerosos ainda no século XX: israelitas alemães e austríacos expulsos pela barbárie nazista e alcançando a França, depois os Estados Unidos; exilados, voluntários ou não, dos países do Leste (Soljenitsin) ou dos regimes militares da América do Sul (Cortázar). Sem contar os que investiram contra o respeito hipócrita às conveniências e que perderam a reputação (Byron que, depois de uma carreira de D. Juan na Itália, irá morrer no sítio de Missolonghi; Liszt, raptando a condessa de Agoult e vivendo maritalmente com ela, na França e na Itália).

## A Influência das Viagens

Essas viagens voluntárias e involuntárias, que se sacrificam à moda ou cedem à necessidade, produziram uma literatura abundante: coisas vistas e ouvidas, contadas oralmente ao retorno, que puderam fecundar imaginações, mas das quais se perdeu a pista; ou consignadas no papel, em formas diversas, desde as simples notas rabiscadas num pequeno caderno (Montesquieu) até o relato de viagem (Chateaubriand), passando pelo diário de viagem (Montaigne) e pela carta (de Brosses), sem esquecer o panfleto enraivecido (*Pauvre Belgique!*, de Baudelaire; as páginas de Léon Bloy e de Céline contra a Dinamarca). Com o *Sentimental Journey* de Sterne, sobretudo com a *Italienische Reise* de Goethe e o *Itinéraire de Paris à Jerusalém* de Chateaubriand, a "viagem" se torna um gênero literário muito bem atestado

## OS INTERCÂMBIOS LITERÁRIOS INTERNACIONAIS 25

na época romântica e ainda no século XX (Loti, Francis de Croisset, Morand, Michel Tournier, os *Retours du monde* de Étiemble). Este pitoresco parece agora esgotado; lunar ou marciano, é necessário algo novo.

Obras fundamentais focalizam os intercâmbios internacionais, a psicologia dos povos, a constituição de mitos de um novo gênero, a renovação do pensamento de um escritor ou das idéias-mestras de uma literatura, e devem ser citadas como exemplares as obras de G. Cohen sobre os franceses na Holanda, de J.-M. Carré sobre os franceses no Egito e sobre *Michelet en Italie*, de J. Ehrard que seguiu de muito perto Montesquieu na Itália. As monografias, simplesmente descritivas, ganhariam se tomassem a forma de repertórios ou de análises análogas às de G. R. de Beer, *Travellers in Switzerland* (1949), e de J. W. Stoye, *English Travellers Abroad 1604-1667. Their Influence in English Society and Politics* (1952). Convém, fazendo isso, destacar bem os centros de atração: províncias, lugares, cidades, salões, universidades, cafés, tipografias e academias, das quais os estrangeiros se tornam membros de honra ou membros correspondentes. Ao redor de certas cidades se constituíram, como *auras*, verdadeiros mitos: Roma, Florença, Nápoles, Veneza, Weimar, Paris, cujos elementos dinâmicos é interessante determinar.

Étiemble insurgiu-se contra o abuso desses estudos. O perigo é, com efeito, o de multiplicar as descrições puras, as paráfrases aleatórias. Por isso, não se pode senão desejar uma renovação desses trabalhos, uma metodologia mais refletida para o que alguns chamam hoje de "imagologia", e a constituição de equipes internacionais de pesquisa. O trabalho já realizado em Turim pelo Centro Interuniversitário de Pesquisa sobre a Viagem na Itália (CIRVI) é exemplar a esse respeito. Muito freqüentemente, deixa-se de definir a equação pessoal dos viajantes e a do povo ao qual eles pertencem. Recordem-se as palavras de Labiche: "Eu sempre me perguntei por que os franceses, tão espirituosos na sua terra, são tão imbecis quando em viagem". O inglês, o alemão, o norte-americano, no estrangeiro, têm também um comportamento que permite identificá-los quase com segurança.

A descoberta da América e do Extremo Oriente por aventureiros, comerciantes, missionários, sábios, propõe à literatura ocidental temas essenciais, germes de renovação. Da América do Norte nos veio "o bom selvagem", falso ingênuo que, de Montaigne a Rousseau, traduz no tribunal da consciência, instinto divino, a sociedade corrompida e corruptora, as suas igrejas e as suas feudalidades, dando ao mesmo tempo um golpe sensível no "Europocentrismo". Chateaubriand retoma o tema e dele retira bem outras harmonias. A conquista da América do Sul e a do México nos valeram epopéias, memórias, requisitórios e mesmo, graças aos jesuítas do Paraguai, um ensaio de teocracia que não acabou de seduzir as imaginações, pois prova que a utopia desemboca na realidade.

## QUE É LITERATURA COMPARADA?

Com o Oriente, Próximo ou Extremo, as relações do Ocidente são bem mais antigas: basta recordar a expedição de Alexandre, a constituição de uma arte greco-budista, as Cruzadas, o interesse pelo mítico Preste João, o caminho da seda, a viagem e o Livro de Marco Polo, a tomada de Constantinopla pelos turcos que expulsa para a Itália os detentores da cultura helênica, S. Francisco Xavier nas Índias, as quais vão entrar na grande poesia, com os *Lusíadas* de Camões. É na segunda metade do século XVII que a Europa aprende a conhecer cientificamente o Islã, um pouco a China e a Índia que intervêm com mais força no século seguinte.

O audacioso Descartes, que, de boa vontade mas polidamente, desprezava opiniões admitidas, não deixava entretanto de declarar no *Discurso do Método*: "Ainda que existam talvez tantos sensatos entre os persas ou os chineses quanto entre nós, parecia-me que o mais útil era regular-me segundo aqueles com os quais eu teria de viver". Essa indiferença vai logo cessar. François Bernier, vulgarizador da filosofia de Gassendi, parte em 1654 para a Síria e o Egito e vai ficar, até 1668, na Índia do Grão Mogol, onde se torna o médico de Aureng-Zeb e de onde leva uma versão persa dos *Upanishads* e muitos sortilégios para inflamar a imaginação de La Fontaine. Chardin e Tavernier sulcam a Ásia, em particular a Pérsia. Antoine Galland publica em 1697 a *Bibliothèque orientale*, rico inventário do Islã que d'Herbelot deixou inacabado; depois, antes da morte de Luís XIV, uma das obras-primas do classicismo, *As Mil e Uma Noites*, traduzidas de versões que ele próprio em parte recolheu, por ocasião de suas viagens. Os nobres persas e os generosos árabes estavam destinados a uma bela sorte.

A *China Illustrata* do jesuíta alemão Athanasius Kircher data de 1663. Graças às *Lettres édifiantes* se elabora uma imaginária pátria da tolerância, que vai levantar contra o cristianismo o resultado dos esforços realizados pelos missionários para difundi-lo na China. Este "Oriente filosófico" (Étiemble), pelo qual Voltaire (ver o *Essai sur les moeurs*) e muitos de seus contemporâneos se interessaram apaixonadamente, menos pela cor local que pelas idéias, e não sem cometer muitos erros de interpretação, forneceu armas sutis ao partido filosófico e alimentou a reflexão sociológica ou etnológica de um Montesquieu.

Anquetil-Duperron chega à Índia em 1754 e William Jones em 1783. No ano seguinte, é fundada em Calcutá a Sociedade Asiática de Bengala e, em 1785, Wilkins publica em Londres a primeira tradução completa, feita diretamente do original, de um grande texto sânscrito: o *Bhagavad-Gîtâ*. A Índia autêntica entra no jogo filosófico e literário da Europa. Revelação capital, quase tão importante quanto o foi, nos séculos XV e XVI, a da Antiguidade greco-latina desembaraçada de seu revestimento cristão; donde o título da importante obra de Raymond Scwhab: *La Renaissance orientale* (1950). Friedrich Schlegel

## OS INTERCÂMBIOS LITERÁRIOS INTERNACIONAIS 27

proclama em 1800: "É no Oriente que devemos procurar o supremo romantismo". Herder, Goethe, Schopenhauer são profundamente atingidos por essa descoberta e dão razão a Michelet, que vê, na Alemanha, a Índia do Ocidente. Esse grande entusiasmo será comunicado aos escritores franceses (Lamartine, Hugo, Lamennais) pelo Barão de Eckstein. Na decifração das escritas e dos caracteres (sem esquecer os hieróglifos), que revelam sucessivamente seus segredos, na edição e no comentário dos textos, os ingleses e os franceses rivalizam com os alemães.

No capítulo das viagens, é necessário enfim citar as que se fizeram aos reinos da Quimera: *Utopia* de Thomas More, *Cidade do Sol* de Campanella, *Nova Atlântida* de Francis Bacon, *Lua* e *Império do Sol* de Cyrano de Bergerac, *Salente* de Fénelon, *Icária* de Cabet – sem esquecer o *Lilliput* de Swift e o *Sirius* de Voltaire: sonhos de harmonia, de concórdia e de justiça ou contrapontos irônicos da imperfeição terrestre.

### O Papel das Coletividades

A ação exercida por homens solitários pode ser considerável; por homens solidários, mais forte ainda. Agrupados, eles exercem sua atração e sua influência a grandes distâncias.

Países inteiros servem tradicionalmente de local de encontro: a Holanda, empório da Europa, combóia para a Alemanha o barroco italiano, que às vezes passa primeiro por intermédio da França (o *Adônis* de Marino é editado em Paris), o que demonstra que o mais curto caminho não atravessa os Alpes; nação tolerante, ela atrai Descartes, os jansenistas perturbados na França, os socinianos da Itália e da Polônia, Voltaire e Diderot. A Suíça é a intermediária, e freqüentemente o filtro, pelo qual a Alemanha e mesmo a Inglaterra (esta, via Zurique) influenciam a França. Cidades, em certos momentos, encaminham ou catalisam as idéias e as obras estrangeiras: Lião é a intermediária natural entre a Itália e a França durante o Renascimento; menos naturalmente, Ruão importa ou imprime livros espanhóis, por ocasião da juventude de Corneille.

Recorde-se o papel das universidades que, na época de sua especialização (medicina em Salerno e Montpellier; filosofia em Pádua; direito em Bolonha e em Orléans), incitavam os estudantes a viagens pela Europa. Leyde, no tempo do Barroco, atrai os silesianos. Por volta de 1700, devia-se ir à Holanda (foi o que fez Anquetil-Duperron), à província de Utrecht, para aprender o árabe e o persa. No fim do século XVIII e começo do século XIX, o Collège de France atrai por sua vez os que querem estudar as línguas do Oriente Próximo e do Extremo Oriente (foi para eles aliás que se fundou a Escola de Línguas Orientais). A Alemanha da filosofia, da filologia e da história chama Benjamin Constant e Charles de Villers (estudante, depois

28 QUE É LITERATURA COMPARADA?

professor em Göttingen), que quer se desligar da frivolidade francesa, e mais tarde J.-J. Ampère, Quinet e Michelet. Desde a Idade Média até o século XVII, colégios para estrangeiros foram erigidos nas encostas da montanha Santa-Genoveva ou às margens do Sena: colégios dos irlandeses, dos escoceses, das Quatro Nações. À espera das cidades universitárias, em que estão em contato os estudantes do mundo inteiro.

Os ateliês e as oficinas dos impressores, livreiros, editores (antes do século XIX, é difícil distingui-los) são outros centros de atração: Erasmo de Rotterdam se faz corretor dos Aldos de Veneza. Voltaire e Rousseau têm editores nessa Holanda, cujos periódicos publicados livremente asseguram em francês a difusão das obras literárias e das idéias filosóficas. Mais recentemente, as livrarias e os gabinetes de leitura provocaram muitos encontros: o gabinete literário de Vieusseux, em Florença, onde confraternizaram liberais italianos e franceses; na Rue de l'Odéon, entre as duas guerras, na casa de Adrienne Monnier e na de sua vizinha e amiga, Sylvia Beach ("Shakespeare and Co."), Gide, Larbaud, Claudel, Aragon podiam discutir com James Joyce e com todos os "americanos de Paris", poetas (Ezra Pound), romancistas (Hemingway), fundadores de revistas (Eugène Jolas).

As bibliotecas públicas e as coleções particulares não devem ser negligenciadas, sobretudo quando as primeiras organizam exposições que são perpetuadas por catálogos: os da Bibliothèque Nationale de Paris, do Schiller Nationalmuseum de Marbach am Neckar são instrumentos de referência, assim como o *Catálogo de la Exposición de Bibliografía Hispanística* (Biblioteca Nacional, Madrid, 1957), que recenseia o hispanismo no mundo, desde o começo do século XIX. Acrescentemos: *The Romantic Movement* (Londres, 1959, catálogo monumental editado por The Arts Council of Great Britain) e *Les Français à Rome de la Renaissance au début du Romantisme* (Hôtel de Rohan, Paris, 1961). As academias são às vezes úteis locais de encontro: as da Itália para os letrados dos séculos XVI e XVII. A de Berlim, sob Frederico II, tem para os franceses (seu diretor é Maupertuis) o mesmo prestígio que a Academia Francesa; honra a "Filosofia" tanto quanto a sua primogênita e rival, a Ortodoxia; e tem a vantagem de unir aos alemães, atingidos aliás pela galomania, outros estrangeiros além dos franceses. Mais recentemente, os congressos e os organismos internacionais são a ocasião, se não de decisões importantes, pelo menos de fecundos contatos. Pensemos em particular nas exposições do Conselho da Europa (humanismo, maneirismo, neoclassicismo etc.). E não devem ser esquecidos os teatros, as óperas, as salas de concertos (a Fenice de Veneza, o San Carlo de Nápoles, o Scala de Milão, do qual Stendhal foi um dos pilares, o Mozarteum de Salzburgo, o espaço wagneriano de Bayreuth, os *ballets* Bolchoi de Moscou, o Covent Garden, o Concertgebouw de Amsterdã), seja porque eles recebem a visita de estrangeiros, seja porque enviam ao

## OS INTERCÂMBIOS LITERÁRIOS INTERNACIONAIS

exterior companhias e seus instrumentistas. A esse respeito, recordem-se as representações realizadas em Paris, em 1827-1828, dos atores ingleses Kemble e Harriet Smithson, sobre os quais toda a capital seguiu a opinião de Berlioz; recordem-se também os *Ballets* russos de Serge de Diaghilev, os quais foram acolhidos com entusiasmo excepcional pelos contemporâneos de Jean Cocteau e de Picasso; pense-se ainda na influência que não podem deixar de ter atualmente as representações anuais do Théâtre des Nations. Inversamente, a longa temporada de Louis Jouvet e de sua companhia na América do Sul, durante a última guerra, as *tournées* da Comédie-Française e "as noites de gala Karsenty" permitem que os amadores estrangeiros mantenham contato com o repertório clássico ou se iniciem nas criações recentes. Na Alemanha do século XVII, foram companhias inglesas que difundiram a obra de Shakespeare, enquanto vários grupos franceses lá revelavam o teatro clássico.

O lugar de evidência, pela qualidade da influência em profundidade, coube aos salões cosmopolitas. Já fizemos alusão ao que Mme de Staël mantinha em Coppet e cujo brilho se propagou por toda a Europa. Citemos ainda em Berna o salão, anterior, de Júlia Bondeli, apaixonada e culta, com quem Wieland quase se casou, a quem Rousseau, por seu ensaio sobre *La Nouvelle Héloise*, atribuiu "a razão de um homem e o espírito de uma mulher", e que soube admirar as obras do jovem Goethe. Encontravam-se perto dela eruditos, geógrafos, orientalistas, e Vincenz Bernhard Tscharner, que era amigo de Edward Young, Richardson e Louis Racine. Em contato com duas culturas, ela favorecia ambas.

Às margens do Spree, Rachel Levin, esposa de Varnhagen von Ense – um Dangeau berlinense* – recebia os estrangeiros de passagem; detestou Mme de Staël e, se Astolphe de Custine não fosse homem, ela o teria subjugado.

Literatura e mundanidades se conjugam em algumas cortes principescas: em Weimar, por exemplo, aonde se ia para comtemplar o Sr. Conselheiro Goethe. Após a Primeira Guerra Mundial, nas residências de mecenas: em Viena, Berthe Zuckerkandel faz conhecer o teatro francês contemporâneo e provoca o renascimento de Molière; em Weimar, o Conde Kessler, que havia recebido Gide, concede a Maillol uma ajuda financeira não desprezível; o Conde Etienne de Beaumont organiza os Saraus de Paris. Perto de Zurique, em Hottingen, o Lesezirkel, associação literária que edita uma revista com o mesmo nome, recebe ou publica – graças às subvenções dos irmãos Bodmer – Croce, Pirandello, Soffici, bem como B. Shaw, Conrad, Tagore e Proust, Valéry e Saint-John Perse.

---

\* Philippe Dangeau, marquês de Dangeau, foi um cortesão espirituoso (1638-1720). (N.da T.)

# 30    QUE É LITERATURA COMPARADA?

Com espírito isento de qualquer esnobismo mundano, mas felizmente animados por um forte esnobismo literário, grupos de escritores contribuíram para o conhecimento de autores estrangeiros: o círculo de Lichfield se apaixonou por Rousseau; o "Cenáculo" pelo *romancero*; o grupo de Bloomsbury pelo romance russo. Essas reuniões às vezes tornaram célebres certos cafés, como os de Saint-Germain-des-Prés, por ocasião da voga do existencialismo.

No fundo, a quem quis e quer informar-se sobre as literaturas estrangeiras, os meios quase não faltaram ou mesmo nunca faltaram, e faltam ainda menos atualmente.


## OS INSTRUMENTOS

### A Literatura Impressa

Mesmo no silêncio de um escritório ou de uma biblioteca, é possível sentir o prazer do exotismo; basta às vezes uma escrivaninha para corresponder-se com amigos estrangeiros ou com compatriotas que viajam pelo exterior (ver as ricas correspondências de Erasmo, de Heinsius, de Chapelain). Depois, à medida que se desenvolve a civilização do impresso, obras em línguas estrangeiras, traduções, adaptações, antologias, obras diversas, revistas e jornais, todos esses instrumentos abolem as distâncias e constituem eficientes intermediários.

O mais seguro acesso às literaturas estrangeiras é o de praticá-las na sua língua original. Porém, é necessário reconhecer que, muitas vezes, adaptações e traduções têm cronologicamente a prioridade.

Os livros em línguas estrangeiras podem ser lidos no país de origem (ver a seção anterior) ou no próprio país do leitor. Neste caso, eles são importados, a menos que sejam impressos fora de suas fronteiras lingüísticas. Sobre a importação de livros, as estatísticas do comércio exterior fornecem atualmente dados suficientes. Para os livros importados na França, na época da Monarquia de Julho e do Segundo Império, uma fonte foi, até a presente data, negligenciada: os relatórios dos inspetores de livros delegados pelo Ministério do Interior junto às Alfândegas (Arquivos Nacionais). Apreciações precisas e com cifras não devem ser desprezadas: o livro é também uma mercadoria.

A maior escolha de livros estrangeiros se encontra nas livrarias especializadas, que anexam às vezes gabinetes de leitura, os quais recebem igualmente revistas e jornais: todos os parisienses conhecem de longa data a Livraria Galignani. A Biblioteca Americana, a Biblioteca Polonesa oferecem recursos análogos. No século XIX, os madrilenhos podiam abastecer-se de livros franceses em Monnier, cujo nome é citado por Mérimée.

A importação apresenta problemas de transporte e de retirada da

## OS INTERCÂMBIOS LITERÁRIOS INTERNACIONAIS 31

alfândega e provoca despesas. Portanto, desde a Monarquia de Julho, os editores pensaram em fazer imprimir, nos locais de consumo, livros estrangeiros. Walter Scott e muitos outros romancistas ingleses em voga foram, entre 1830 e 1840, publicados em Paris mesmo, em texto integral, pela firma de Baudry. Na mesma época, foi paralelamente lançada uma coleção de clássicos alemães, com menor êxito. O custo de produção dos livros franceses nesses anos era tal que editores estrangeiros, hábeis se não escrupulosos, belgas sobretudo, mas também alemães, tornaram uma especialidade sua a reprodução barata de livros: a contrafação, durante a primeira metade do século XIX, portanto num momento em que a língua francesa era amplamente expandida pela Europa, inundou o mercado internacional de livros em língua francesa (eles foram recenseados por H. Dopp). Aconteceu mesmo aos imitadores publicarem, na Bélgica, edições originais de romances, quando essas obras apareciam de início em folhetim, que os impressores de Bruxelas, por exemplo, transformavam em volumes, dia após dia. Até 1852-1861, datas nas quais interveio uma convenção, a história do livro francês na Europa é, antes de tudo, a da contrafação.

Por diversas razões, obras importantes nem sempre apareceram em seu país natal. A França "filosófica" imprime na Holanda uma grande parte de suas mais ousadas e mais importantes obras. James Joyce e Henry Miller se chocam em sua pátria contra imperativos anglo-saxões de moral social; é portanto em Paris que são publicados, em língua inglesa, *Ulisses* e os *Trópicos*. Em caso limite, uma tradução pode preceder a edição em língua original: as sátiras do príncipe russo Antiochus Cantemir aparecem numa tradução francesa (Londres [=Paris] 1749) de Guasco, amigo italiano de Montesquieu, e depois numa tradução alemã feita a partir da tradução francesa, antes de serem impressas em russo e na Rússia (1762). *Le Neveu de Rameau* de Diderot é traduzida para o alemão, por Goethe, e retraduzido do alemão para o francês, antes de ser publicado o texto original.

Enfim, as filiações nacional e lingüística nem sempre coincidem: William Beckford compõe em francês a obra *Vathek*; Milosz esquece sua origem báltica e – tanto quanto Ionesco e Beckett, mais recentemente – se torna um autor francês; Joseph Conrad, de origem polonesa, se torna um escritor inglês. Voltaire se arrisca a escrever em inglês a primeira versão de seu *Essai sur la poésie épique* e Rilke tateia a musa francesa.

### Traduções e Adaptações

Considerando-se a ignorância em que geralmente se encontra o grande público diante das línguas estrangeiras, as traduções foram e são ainda o acesso mais fácil e mais freqüente às obras-primas da literatura mundial.

32     QUE É LITERATURA COMPARADA?

As traduções diretas, isto é, feitas diretamente do original, oferecem mais garantias, porém não podem pretender rivalizar com ele. Há no entanto exceções: um humorista americano pôde dizer que havia dois escritores com o nome Poe: um americano, autor bastante medíocre; e um francês genial, o Edgard Poe traduzido, regenerado por Baudelaire e por Mallarmé. Certas traduções, ainda que não substituam a leitura das originais, obras-primas na sua própria língua, se tornaram obras-primas também numa outra língua e num outro registro; não uma obra-prima, mas duas. É o caso do teatro de Shakespeare e de sua versão por A. W. Schlegel e Ludwig Tieck, consubstancial ao espírito alemão. São ainda o de *Dafnis e Cloé* traduzido por Amyot e P.-L. Courier, o dos *Amadis de Gaula* traduzidos por Herberay des Essarts e das *Mil e Uma Noites* adaptadas por Galland ao gosto da estética clássica e sem dúvida mais fiéis à inspiração oriental que a tradução muito exata feita pelo Dr. Mardrus, no fim do século XIX. Proust, grande amante desta obra, assim como Mallarmé e Valéry, lia as duas versões.

A qualidade das traduções aumentou em razão mesmo da qualidade dos tradutores. Certamente, grandes escritores se interessaram sempre por esse trabalho de translação, sistematicamente no século XVI, para enriquecer a língua, ou à maneira de exercícios, como: Malherbe traduzindo Tito Lívio e Sêneca; Vaugelas traduzindo Quinto Cúrcio; Racine, *O Banquete*, e La Bruyère, Teofrasto. Mas quando esses motivos desapareceram, quando só a afinidade aproximou espíritos irmãos de línguas diferentes, então nasceu a maior parte das traduções enriquecedoras para a literatura receptora: Ésquilo se afrancesa graças a Claudel; Shakespeare, a Gide, Supervielle, Pierre Jean Jouve, Yves Bonnefoy; e Valery Larbaud dedica muito tempo à tradução de Joyce e Samuel Butler. No entanto, o maior escritor, ou aquele que assim é considerado, nem sempre é o melhor tradutor, menos ainda o mais exato. Falou-se muito bem da tradução das *Flores do Mal*, por Stefan George, mas é menos baudelairiana que georgiana, e foi sob a pena devotada de W. Hausenstein que os alemães, ignorando o francês, descobriram Baudelaire.

O gênio transpõe e anexa a si próprio aquele que ele traduz. Mais modesto, o tradutor profissional serve mais atentamente seu modelo. Desejar-se-ia aproveitar, para cada obra-prima, os serviços de ambos.

A tradução pode ser direta e resultar no entanto da colaboração entre um bom conhecedor da língua estrangeira e um excelente escritor que se limita a adivinhá-la. O texto original se encaminha assim à sua transposição, por intermédio de uma palavra por palavra comentada: primeiro esvaziado de sua substância poética, é em seguida re-animado. Raymond Schwab assim procedeu, ao traduzir os Salmos para a *Bíblia de Jerusalém*; e P.J. Jouve empregava esse método para passar para o francês, com o auxílio de P. Klossowski, os *Poemas da Loucura* de Hölderlin.

## OS INTERCÂMBIOS LITERÁRIOS INTERNACIONAIS

Qualquer que seja o procedimento, é sempre necessário, a respeito da obra de um tradutor, perguntar-se: Quem era? Que traduziu? Como traduziu? O estudo de uma tradução pertence primeiro à história da literatura receptora. A personalidade do tradutor deve ser perfeitamente conhecida: associada a elementos sociológicos e comerciais (demanda do público), explica às vezes a escolha do texto; explica sempre o valor e a orientação da tradução. É muito natural que, no mesmo momento, o clássico Voltaire e o romântico Letourneur não possam ter a mesma atitude diante de Shakespeare. O primeiro isola um trecho (o monólogo de Hamlet) e o trai em alexandrinos ou então traduz, em prosa, somente os três primeiros atos de *Júlio César* e não se aproxima, de fato, de seu modelo senão involuntariamente, quando, enraivecido, quer desmascarar as incongruências desse bárbaro; o segundo, ainda que disponha de um instrumento estilístico insuficiente, pretende dar Shakespeare inteiro a seus contemporâneos e fazer com que o amem. E o futuro recompensou a sua audácia. Pode-se retomar a fórmula célebre: "Com Voltaire, um mundo acaba; um mundo começa com Letourneur".

As traduções francesas nem sempre foram feitas na França, nem por franceses. Na parte romanda da Suíça, em Londres e sobretudo na Holanda, funcionaram verdadeiras agências de tradução. Os periódicos de Addison e de Steele, as obras morais de W. Temple, os escritos filosóficos de Shaftesbury passaram do inglês para o francês, por intermédio de holandeses e refugiados franceses. O que tampouco deixou de ter importância para o encaminhamento de certas obras inglesas para a Alemanha do século XVIII.

Chamaram-se *belles infidèles* (a expressão "belas infiéis" parece ter sido empregada, pela primeira vez, por Ménage e a propósito da tradução de Luciano por Perrot d'Ablancourt, que apareceu em 1654-1655) traduções que obrigavam os autores estrangeiros a aceitar o jugo francês. Se, a partir de 1540 (*La Manière de bien traduire d'une langue en autre*), Étienne Dolet dava as regras fundamentais da tradução fiel, já Montaigne, ao traduzir a *Theologia naturalis* de Raymond Sebond, se felicitava por ter despido o teólogo espanhol "desse porte feroz e ar barbaresco" que ele tinha primitivamente e por lhe ter "talhado e vestido [...] roupas à francesa". Uma tão boa consciência, concebe-se facilmente, não podia abdicar nos séculos que se seguiram e em que apareceu regularmente a imagem da vestimenta, a não ser que se assimilasse o autor estrangeiro à natureza selvagem e a tradução aos jardins de Marly. Tendo sido definida a estética clássica desde 1640, as regras da composição, o respeito às conveniências, o império da verossimilhança, o gosto de uma língua nobre – empobrecida, portanto – e de um estilo elevado tornavam necessários esses mascaramentos e essas mutilações. Condenar as traduções que se fizeram então seria confessar uma incompreensão radical do que foi a idade clássica, que, na França, durou dois séculos. É preciso ver com que ardor Turgot, partidário das *belles fidèles*, deve justificar-se por ter traduzido por *cruche* (colmeia) o

## 34 QUE É LITERATURA COMPARADA?

vocábulo alemão *Krug*, que ele encontrava no título de um idílio de Gessner. E seguir as metamorfoses de *handkerchief spotted with strawberries* que causou a infelicidade de Desdêmona, e de seus cavalheiros, é uma excelente ocasião para verificar as resistências que o gosto opõe às ousadias estrangeiras. Compreende-se melhor então a rude tarefa dos tradutores franceses, e seus escrúpulos infinitos, em que nós, se pouco alertados, não veríamos senão ausência de escrúpulo. O tom se deslocou: antes tomava-se em particular consideração a língua francesa e o gosto público; agora, interessa-se pelo que o texto estrangeiro tem de único e exótico. Hoje, o dever do tradutor, que dispõe de uma língua flexibilizada pelo simbolismo, é o de favorecer a extensão da língua francesa até seu ponto de explosão, de maneira a permitir-lhe absorver o mais possível riquezas estrangeiras. Jogo perigoso, mas proveitoso e apaixonante.

Não é menos verdade que as adaptações podem ainda ser justificadas, especialmente no teatro, onde as convenções não são jamais objetadas sem uma sanção imediata. Alexandre Arnoux adapta *O Amor das Três Laranjas* de Gozzi; Camus, *A Devoção da Cruz* de Calderón e *O Cavaleiro de Olmedo* de Lope de Vega. Romances são encenados (*O Castelo* de Kafka, adaptado por Gide e J.-L. Barrault) e, depois de complexas transformações, descobrem-se às vezes negros diamantes, como os *Diálogos das Carmelitas* de Bernanos, oriundos de um romance de Gertrude von Le Fort, através do roteiro do Padre Brückberger e Philippe Agostini.

As traduções indiretas, isto é, feitas a partir de uma versão intermediária, são particularmente interessantes para o estudo, pois questionam o conhecimento e a ignorância das línguas das minorias e valorizam o papel veicular das línguas das maiorias. No século XVIII, o francês serviu assim de intermediário entre o inglês de uma parte, e o italiano, o espanhol, o português, às vezes o polonês e o russo, da outra parte. A difusão de Shakespeare pelo continente – salvo na Alemanha – foi um feito da França. Ora, como os franceses preferem as *belles infidèles*, adivinha-se sob que aspecto se pode apresentar o original depois de uma segunda mão. As *Night Thoughts* do Dr. Edward Young são a obra de um ministro anglicano que quer refutar os libertinos e trazê-los para o seio de sua Igreja. Letourneur as tritura e as amassa para torná-las mais adequadas à estética reinante (das nove *Noites* inglesas, ele tira vinte e quatro francesas, uma por assunto), esvazia-as de seu conteúdo anglicano e lhes confere a fria opacidade de seu deísmo. Trabalhando as *Nuits* de Letourneur, os adaptadores italianos e espanhóis acabam por transformar em uma arma da apologética católica poemas em que o papa era ridicularizado. Num outro domínio, por falta de um texto impresso que só apareceu em 1814-1818, foi a versão das *Mil e Uma Noites*, feita por Galland, que serviu de base a todas as traduções européias durante um século. Aconteceu, ainda, mais tarde, à língua francesa, servir de intermediária: é nas traduções francesas que, com uma alegria

## OS INTERCÂMBIOS LITERÁRIOS INTERNACIONAIS 35

extraordinária, em Nice, em 1887, Nietzsche descobre os romances de Dostoievski. Em 1962, a versão portuguesa de *Ein moderner Mythus*, do grande psiquiatra suíço C. G. Jung, tomava como texto de base a tradução francesa.

No século XIX, o inglês e o alemão disputam com o francês este papel de intermediário. Quinet, para traduzir as *Idéias sobre a Filosofia da História* de Herder, se vale da tradução inglesa. E outros franceses, curiosos da literatura alemã, pediram muitas vezes socorro aos ingleses, principalmente a Carlyle. Se o inglês é um traço de união entre o alemão e o francês, o alemão o é entre o francês e as línguas da Europa Central e Oriental. A coletânea de contos sérvios de Vuk Stefanovic Karadjic [Karazic] (1823) é traduzida para o alemão por Th. A. L. von Jakob (pseudônimo: Talvj): *Serbische Lieder* (Halle, 1826). John Bowring traduz por sua vez essa coletânea para o inglês (1827) e Élise Voïart, para o francês (1834). Da mesma forma, o húngaro Petöfi não chega à França, na época do Segundo Império, senão depois de ter sido traduzido para o alemão, por Károly Kertbeny, um germano-húngaro. Saint-René Taillandier traduz em prosa (*Revue des deux mondes*, 1º de fevereiro de 1855) vários poemas de Lermontov, segundo a versão alemã preparada por Bodenstedt (1852).

No século XX, o inglês permanece um veículo muito útil para o conhecimento e a tradução dos textos escritos em chinês ou nas línguas da Índia. André Gide traduz a *Oferenda Lírica* de Rabindranath Tagore, não do texto bengali, mas da versão inglesa, fixada aliás pelo autor.

Acontece também – porém muito mais raramente – que línguas de minoria sirvam de intermediárias entre grandes grupos lingüísticos: foi, na Idade Média, o caso da literatura servo-croata que uniu o mundo literário romântico e o Oriente eslavo: por essa via, ou por vias paralelas, húngara e polonesa, os *Romances de Alexandre e de Tróia*, o *Tristão*, nas versões francesas e italianas, foram difundidos até na Rússia.

### Obras de Iniciação

Nunca se elogiaria demais aqueles que se empenharam em difundir literaturas e escritores estrangeiros. As *Lettres sur les Anglois et les François* (escritas a partir de 1698, publicadas em 1725), de Béat de Muralt, oficial de Berna ao serviço da França, que morou em seguida em Londres, são a obra de um espírito não prevenido a favor da supremacia francesa, e foram para os franceses a primeira fonte de informação sobre seus vizinhos; serão ainda lidas e anotadas por Rousseau, que daí formará sua imagem da Inglaterra. As *Lettres philosophiques* de Voltaire (1734) contribuíram, em seguida, para difundir entre o grande público idéias essenciais sobre a liberdade e a tolerância que a Grã-Bretanha gozava, ao mesmo tempo que ofereciam algumas noções sobre a sua literatura. Por sua importância, não podem ser comparadas senão com *De l'Allemagne* (1814), que revelou aos olhos maravilhados dos

36    QUE É LITERATURA COMPARADA?

franceses os tesouros intelectuais acumulados pelos virtuosos alemães. Heine – que conhecia melhor seu país do que Mme de Staël o conheceu –, Edgar Quinet, Eugène Lerminier (*Au-delà du Rhin*, 1835) se esforçaram em vão por corrigir, matizar, completar esse livro entusiasta; só suas conclusões foram verdadeiramente consideradas. Outra revelação, capital para os escritores simbolistas: *Le Roman russe* (1886) de Eugène-Melchior de Vogüé[2], que os familiarizou com Tolstoi e Dostoievski. Tais obras podem ser acompanhadas de um efeito de retorno. Entre as duas guerras mundiais, o jornalista e ensaísta alemão Friedrich Sieburg dá a seus compatriotas uma imagem da França, *Gott in Frankreich*, que, traduzida para o francês sob este título provocante, *Dieu est-il français?*, oferece aos próprios franceses sua imagem amavelmente irônica.

Os esforços inteligentes desses vulgarizadores (no melhor sentido do termo) devem ser apreciados como os dos tradutores, levando em conta sua personalidade, hábitos mentais da época e finalidade que os autores se propunham. A intenção de Voltaire, bem como a de Mme de Staël não são desinteressadas: contra uma França tiranizada, ambos elevam seus vizinhos considerados mais felizes, mais respeitadores da dignidade humana.

As antologias completam o efeito dessas obras de iniciação, com o risco que, está claro, se prende a toda escolha de textos. No meio do século XVIII, a *Idée de la poésie anglaise* do Abade Yart alimentou o público francês com elementos destinados a destruir ou a reforçar suas prevenções. A respeito de *Choix de poésies allemandes* por Huber, que antecipou no entanto a grande eclosão literária germânica, um colaborador do *Mercure de France* podia escrever, em abril de 1767: "Agradável coleção, muito apropriada para persuadir que os alemães fizeram, na poesia e nas letras, progressos dos quais um injusto preconceito os julgava pouco capazes". E quantos franceses, durante a Restauração, sentiram prazer com *Chefs-d'oeuvre du théâtre étranger*, peças publicadas pelo editor Ladvocat! Estejamos certos de que essas antologias tiveram repercussões sobre inúmeros leitores e, mais ainda, os trechos selecionados em uso nas aulas: Renan se lembrará por muito tempo do *Discours du Christ mort* de Jean-Paul, lido em Saint-Sulpice, em 1844-1845, nas *Leçons allemandes de littératures et de morale*, de Noël et Stoeber (1827). Os comparatistas não devem negligenciar, quer essas obras escolares, quer as coletâneas compostas para o uso do grande público.

Úteis iniciações, tanto quanto as Coleções criadas por alguns editores, apresentam a vantagem de situar os escritores nos movimentos literários: entre as duas guerras, os "Panoramas des littératures contemporaines" em Kra (R. Lalou para a inglesa; Félix Bertaux para a alemã; Régis Michaud para a americana; B. Crémieux para a italiana; J. Cassou

---

2. O célebre livro de Vogüé foi reeditado com um prefácio de Pierre Pascal, em L'Age d'homme, col. "Slavica", em 1971.

## OS INTERCÂMBIOS LITERÁRIOS INTERNACIONAIS  37

para a espanhola) e, na Coleção "Armand Colin", como na Coleção "Que sais-je?", um certo número de compêndios; depois da Segunda Guerra Mundial, os tomos da *Encyclopédie de la Plêïade* relativos às literaturas. E, geralmente, os verbetes dos dicionários, em particular os da *Encyclopaedia Universalis* que, graças a Étiemble, se abriu às literaturas de todo o Oriente. Sem esquecer as histórias, gerais e parciais, das literaturas estrangeiras (uma obra-prima: *La Genèse du romantisme allemand*, de Roger Ayrault).

Enfim, os Ensaios, sobretudo quando provêm de criadores, atraem a atenção do grande público para escritores estrangeiros: o *Dostoievski* de Gide, *Pour saluer Melville* de Giono, o prefácio de Malraux para a tradução do *Santuário* de Faulkner, o *Balzac* e o *Proust* de Curtius, aos quais é necessário acrescentar um certo número de grandes teses (o *Tieck* de Robert Minder, *L'Âme romantique et le Rêve* de Albert Béguin) não constituem apenas elementos de informação e de interpretação; dão também preciosos esclarecimentos sobre a fortuna dos autores fora de suas fronteiras.

### A Imprensa

Esses dois aspectos se encontram no estudo da imprensa. Os periódicos especializados, inevitavelmente, têm por vocação informar um público sobre o estado e a evolução das literaturas estrangeiras. São encontrados desde o início do século XVIII (a *Bibliothèque anglaise*, 1717-1728, que será seguida até 1747 pelo *Journal historique* e pela *Bibliothèque britannique*), mas bem mais abertos à filosofia, às controvérsias religiosas, à história e às ciências do que às letras, uma vez que neste domínio a França se bastava então a si mesma. É, portanto, em 1754 que é necessário fixar na França o aparecimento do primeiro periódico literário especializado, o *Journal étranger* que viverá quatro anos e que ressuscitará de 1760 a 1762; dois dos fundadores, o Abade Arnaud e Suard, um futuro acadêmico, criarão em seguida a *Gazette littéraire de l'Europe* (1764-1766). O prospecto do *Journal* declara com ardor a intenção

de fazer passar para a língua francesa todas as riquezas literárias do Universo; de familiarizar cada vez mais a nação com artes e talentos, aos quais a ignorância e o preconceito fizeram durante muito tempo recusar entre nós a estima que lhes era devida; enfim, de fazer circular esses tesouros do espírito entre todos os povos letrados pelo veículo de uma língua moderna, que se tornou quase universal.

O prefácio encarece: o *Journal étranger* quer ser

o ponto comum de reunião, em que todos os conhecimentos adquiridos vêm se iluminar mutuamente; em que os gênios das diversas nações vêm se reunir para instruir o universo; em que os escritores de todos os países vêm refinar seus gostos, comparando-os; em que o público cosmopolita tira dados imparciais para decidir, se for preciso, essas vãs disputas de preferência que dividem os povos da Europa.

# QUE É LITERATURA COMPARADA?

A boa vontade é evidente, mas os tempos não eram nada propícios, uma vez que, mesmo reconhecendo os gostos das outras nações, a França pretendia a sua própria vitória. Eles serão ainda menos propícios quando, na aurora imperial do século XIX, Charles Vanderbourg lança seus *Archives littéraires de l'Europe*, tão zelosamente estudados por Roland Mortier.

Uma vez aberta a era das confrontações pacíficas, tais revistas se vão multiplicar e especializar. A *Revue britannique*, fundada em 1825, traduz ou adapta artigos de revistas inglesas. Kathleen Jones a seguiu até 1840. A *Revue germanique* (1826-1836), publicada em Estrasburgo, depois em Paris, traz traduções, ensaios, resenhas, notícias. Se sua existência foi menos longa que a da precedente, é porque o público estava menos preparado para interessar-se pelas coisas do além-Reno e porque ela era mais científica que simplesmente documentária; a *Revue britannique*, ao contrário, oferecia a seus leitores, ao lado de inúmeros artigos sobre a Inglaterra, estudos sobre as mais diversas atividades no mundo inteiro. Mais austera que a primeira, uma segunda *Revue germanique* (1858-1865), criada por dois alsacianos, Ch. Dollfus e Aug. Nefftzer, apresentará a Alemanha dedicada à filosofia, à história e às ciências religiosas e colorida pelo prisma do radicalismo protestante e do positivismo.

Essas revistas não faltam atualmente (*Études germaniques, Bulletin Hispanique, French Studies, Studi Francesi* etc.), mas estão atentas ao passado e não revelam relativamente nada do presente, salvo *Allemagnes d'aujourd'hui*; dirigem-se, além do mais, a especialistas e não conseguem atingir um vasto público.

É, pois, necessário estudar as revistas destinadas ao grande público e a imprensa de informação (hebdomadários, cotidianos). Foi o que fez Paul Van Tieghem, na sua tese complementar sobre *L'Année littéraire [...] comme intermédiaire en France des littératures étrangères* (1917). Dirigida até 1776 por Fréron, alvo das zombarias de Voltaire, a *Année littéraire* apareceu de 1754 a 1790, publicou duzentos e noventa e dois tomos e resenhou cerca de doze mil obras. As literaturas estrangeiras estão representadas por quinhentos e cinqüenta e dois anúncios ou resenhas, sendo que algumas são verdadeiros artigos que alcançam até setenta páginas. Esses números falam. Falam mais ainda se forem distinguidos aí, nesses anúncios ou resenhas, três períodos e três países:

|           | INGLATERRA | ALEMANHA | ITÁLIA |
|-----------|------------|----------|--------|
| 1754-1766 | 107        | 17       | 41     |
| 1766-1776 | 104        | 46       | 34     |
| 1776-1790 | 106        | 31       | 30     |

Assim, o interesse acentuado pela Inglaterra não se desmente, enquanto a Itália perde regularmente sua importância. A curva mais interessante é a que mostra a Alemanha. A cifra média (46) corresponde à

## OS INTERCÂMBIOS LITERÁRIOS INTERNACIONAIS

39

descoberta, na França, de uma parte da literatura de língua alemã: Klopstock, Gessner, Wieland, Goethe (*Werther*). Semelhantes estudos são ou serão feitos nos outros periódicos franceses do século XVIII (*Le Pour et Contre* do Abade Prévost, as revistas redigidas por Marivaux, a *Correspondance littéraire* de Grimm). Os comparatistas deverão ficar muito atentos aos resultados que a análise minuciosa e sistemática das revistas da Holanda permite obter (foi pela *Bibliothèque universelle* de Jean Le Clerc que Vico se introduziu na França).

No século XIX, o certificado de conhecimento de um autor estrangeiro na França é fornecido pela inserção de um artigo sobre esse autor na *Revue des deux mondes*, cujo índice analítico é muito revelador. No século XX, a *Nouvelle Revue française* representou o mesmo papel indicador, que, na época simbolista, foi o do *Mercure de France* (Nietzsche, os russos e os escandinavos). Por seu próprio título, a revista *Europe* afirma a mesma vocação de intercessor. Algumas monografias foram dedicadas às revistas, na perspectiva comparatista: *L'Europe littéraire* (1833-1834), da qual se notará o título, foi estudada por Thomas R. Palfrey (1927); *L'Espagne dans la Revue des deux mondes 1829-1848*, por A. W. Server. Esse último tipo de análise só tem utilidade se se verificarem os resultados obtidos por aqueles que têm relação com o conhecimento geral que se tem, no mesmo momento, de um país, de uma literatura, de um escritor. Deste ponto de vista, a primeira *Revue de Paris* (1829-1843), na qual colaboraram Nodier, Chasles, Loève-Veimars (o tradutor de Hoffmann), mereceria atenção. Deseja-se poder logo dispor de um repertório análogo ao de Morgan e Hohlfeld: *German Literature in British Magazines (1750-1860)*. Sobre a acolhida dispensada aos autores estrangeiros nas revistas alemãs, indicações úteis são fornecidas pelos pequenos volumes de Paul Raabe (coleção Metzler).

De importância capital, e exercendo função de volumes autônomos, são os números especiais (ou mesmo os "frontões") compostos por revistas: *Le Romantisme allemand, Etudes et Textes* (*Cahiers du Sud*, 1937), *Écrivains et poètes des États-Unis* (*Fontaine*, 1943, reed., 1945), *Aspects de la littérature anglaise de 1918 à 1940* (*Fontaine*, 1944). Podem ser dedicados a um único escritor, como *Hommage á Thomas Hardy* (*La Revue Nouvelle*, jan.-fev. 1928).


## FORTUNA, SUCESSO, INFLUÊNCIAS, FONTES

Empregam-se muitas vezes esses termos sem excessivo rigor, para aplicá-los à trilha que um grande escritor deixa atrás de si. Para maior clareza e eficiência, convém distingui-los aqui. Nacional e internacional, a fortuna é o conjunto dos testemunhos que manifestam as virtudes vivas de uma obra. Compõe-se do sucesso, de uma parte; e da influência, da outra parte. O sucesso é dado por cifras; é determinado pelo

## QUE É LITERATURA COMPARADA?

número das edições, das traduções, das adaptações, dos objetos que se inspiram na obra, bem como dos leitores que se supõe terem-na lido. Seu estudo é, pois, um dos setores da sociologia dos fatos literários. Ao sucesso, quantitativo, opomos a influência, qualitativa; ao leitor passivo, em quem se degrada a energia literária da qual a obra está carregada, o leitor ativo, em quem ela vai fecundar a imaginação criadora e encontrar sua força para transmiti-la de novo. Se o sucesso se calcula, a influência se aprecia; questionam-se, pois, os conhecimentos e a intuição daquele que quer fixar sua existência. Nos limites imprecisos entre ambas se situam as resenhas que podem tanto recrutar leitores passivos como despertar a atenção e provocar a disponibilidade de um leitor ativo, de um criador.

A fortuna, dizíamos nós, pode ser nacional e internacional. Geralmente, a segunda acompanha a primeira. Isto é verdade quanto à cronologia e também quanto aos aspectos da obra que são levados em consideração. Para conhecer a fortuna estrangeira de um autor é, pois, recomendável seguir-lhe primeiro a reputação em seu país de origem; sua fortuna fora das fronteiras é assimilável às ondas que se vão aumentando desde um centro. Deduz-se que uma decalagem se produz entre as histórias literárias: quando Opitz se põe na escola de Ronsard, a França admira Malherbe. Acontece também que um escritor pode encontrar mais leitores no estrangeiro que em sua pátria: é o caso de Du Bartas, poeta mais célebre na Inglaterra e na Holanda do que na França, e muito apreciado por Goethe; é o caso de Maupassant, cujos admiradores se recrutaram, durante muito tempo, sobretudo nos Estados Unidos, onde ele contribuiu para a criação das *short stories*, na Inglaterra, na Alemanha e na Rússia; é o caso de Charles Morgan, a quem só os franceses atribuiram genialidade; é talvéz o de Romain Rolland, muito admirado nos países do Leste e na China Popular. Nem sempre se deve ver nisso o efeito do provérbio: "Ninguém é profeta em seu país", mas antes a conseqüência, seja de um texto fácil de ser traduzido (o que não indica uma carga literária muito grande), seja de uma necessidade que deve ser satisfeita (na época de Sartre e de Malraux, que não as incensavam, Morgan respondia às aspirações "platônicas" das mulheres incompreendidas).

A esse respeito, notar-se-á que a fortuna segue caminhos diversos: ora o exotismo exigido ao estrangeiro deve ser brilhante, excessivo, multicor; ora deve ser mitigado e não desorientar os leitores. O contemporâneo de Voltaire se satisfaz com Otway; ao de André Breton, a Polinésia parece exatamente suficiente.

A fortuna pode transformar-se em infortúnio, e a influência em resistência. A literatura comparada, sob esse ponto de vista, é às vezes a história dos breves encontros e das ocasiões perdidas. Por que Góngora foi durante tanto tempo rejeitado na França? Censuravam-lhe a obscuridade, mas quando chegou Mallarmé, esse defeito passou a ser chamado hermetismo poético. Por que os franceses acolheram Shakespeare

## OS INTERCÂMBIOS LITERÁRIOS INTERNACIONAIS

com tanta má vontade? Julgavam que a única forma de teatro sério era a tragédia escrita em alexandrinos, livre de todo amálgama com o cômico; mas no século de Claudel, cessam as restrições. Por que, enquanto Hoffmann entrava totalmente na França, Jean-Paul não encontrou senão um público de *happy few* e por que sua *Introduction à l'esthétique* bem traduzida em 1862, não foi lida pelos simbolistas, cujas teorias teriam sido mais rapidamente elaboradas com esse contato? É que Hoffmann oferecia, com seus contos fantásticos dos quais a França, desde Cazotte, já tinha exemplos, uma literatura mais assimilável; e o simbolismo se inspirou, via Baudelaire, em Poe e, através deste, em Coleridge, ele próprio influenciado pelo pensamento idealista alemão, de maneira que Novalis, outro intercessor desse movimento, chega à França, diretamente e, ao mesmo tempo, após um desvio anglo-americano. Aqui, Jean-Paul se chocou com Hoffmann; lá, com Novalis. Muitos alemães não são favoráveis a Racine, nem a La Fontaine, porque os consideram limitados, subjugados a formas indignas da poesia e do sentimento trágico da vida.

Essas resistências revelam tanto o receptor quanto as influências que sobre ele se exercem: elas nos explicam sua capacidade de recepção, seu grau de saturação; explicam-nos as diferenças das estruturas sociais de uma nação para a outra, a presença, também, da imagem plena de sentido implícito que se faz de um país estrangeiro e que obriga a recusar como inautêntico tudo o que não concorda com seus elementos.

Se a literatura comparada tem, entre outras tarefas, a de estudar a fortuna literária dos autores e das obras, a teoria da estética da recepção elaborada por Hans-Robert Jauss e pelos representantes da Escola de Constança não pode senão reconsiderar seus métodos. A "Petite Apologie de l'expérience esthétique" (*Kleine Apologie des ästhetischen Erfahrung*, 1972), o estudo do percurso "De l'*Iphigénie* de Racine à celle de Goethe", com o importante posfácio ("L'esthétique de la réception: une méthode partielle", 1975) foram traduzidos para diversas línguas, e são encontrados em francês no volume intitulado *Pour une esthétique de la réception* (Gallimard, 1978). As noções de "horizonte de espera" e de "função de comunicação", a concepção da obra como "resultante da convergência do texto e de sua recepção", a idéia de que toda obra é resposta a uma pergunta e de que a troca de perguntas e respostas inscritas em obras sucessivas constitui, num conjunto plenamente desenvolvido, a resposta que o passado dá à pergunta formulada pelo historiador – todas são aquisições para o comparatista de hoje e se poderá ver que proveito, por exemplo, disso tirou Yves Chevrel, na sua tese, defendida em 1979, sobre *La Nouvelle et le Roman naturalistes français en Allemagne*[3].

---

3. Ver também, do mesmo autor, *Le Naturalisme*. P. U. F., 1982, cap.X, "La part du public".

# QUE É LITERATURA COMPARADA?

As influências propriamente ditas podem ser definidas como o mecanismo sutil e misterioso pelo qual uma obra contribui para dela fazer nascer uma outra (o mistério está aliás envolto no sentido antigo da palavra "influência"). Aos críticos que contestam a existência desta noção, considerada vaga e obscura, responderemos, com T. S. Eliot, que o escritor é suscetível de receber um *stimulus* criador da admiração que ele sente por um outro escritor, porém mais ainda do

sentimento de parentesco profundo, ou, melhor, de uma intimidade pessoal particular, que ele tem com um outro escritor, provavelmente com um escritor morto. Este sentimento pode invadi-lo bruscamente como um raio ou depois de um longo relacionamento; é certamente uma crise. E quando o jovem escritor é dominado dessa maneira por sua primeira paixão, em algumas semanas, de simples soma de sentimentos emprestados, ele pode metamorfosear-se numa pessoa. Pela primeira vez, dessa intimidade imperiosa nasce uma certeza verdadeira, inabalável. É uma causa de desenvolvimento análogo às nossas relações pessoais na vida. E como as intimidades pessoais na vida, isso pode passar, e passará sem dúvida, mas será inapagável... Não imitamos, porque estamos mudados; e nossa obra é a obra do homem transformado; não pedimos emprestado, fomos despertados para a vida e nos tornamos portadores de uma tradição[4].

Ezra Pound, na importante carta a René Taupin (1928), não nega mais as influências que agiram sobre ele. Distingue as influências sofridas, aceitas (Flaubert), e as influências conscientemente procuradas, com valor de liberação e de provocação (Laforgue).

O jovem escritor não está só em causa, ainda que ofereça mais facilmente sua disponibilidade a essas epifanias. Tais revelações podem se produzir em qualquer idade: na tradução de Florio, Shakespeare lê os *Ensaios* de Montaigne, dos quais a *Tempestade* apresenta marcas.

A acusação da pesquisa das influências feita por René Wellek, matizada pelos artigos de Henry Remak e de Marcel Bataillon[5], nos parece menos importante que o testemunho de T. S. Eliot. Livre é quem quiser enclausurar-se na Bizâncio da "obra-em-si". Mas o verso: *Felix qui potuit rerum cognoscere causas* permanecerá por muito tempo ainda a divisa daqueles que, negando o *ontological gap* entre o homem e a obra, preferem a um tal postulado o de uma relação causal que explique a segunda pelo primeiro, isto é, pelo seu psiquismo, por sua biografia espiritual, como por suas leituras, alimentos de sua imaginação criadora. É preciso crer que essa pesquisa traduz uma necessidade profunda, uma vez que a história literária, à qual as críticas de Welleck se aplicam tanto quanto à literatura comparada (num certo sentido, esta não é senão um ramo da outra) nunca se sentiu melhor.

É oportuno, no entanto, reter da intervenção de Wellek um alerta: a procura das influências não é às vezes menos inútil do que o relato

4. "Reflections on Contemporary Poetry", *The Egoist*, julho de 1919.

5. Respectivamente em *Proceedings of the Second Congress of the International Comparative Literature Association*, 1959; *Yearbook IX; Revue de littérature comparée*, abr.-jun. 1961.

## OS INTERCÂMBIOS LITERÁRIOS INTERNACIONAIS

dos viajantes. Um estudo sobre a influência de Béranger no Irã pode facilmente outorgar um título de doutor; não acresce, porém, o patrimônio real da literatura comparada. Além disso, esses estudos de influências se limitam, muito freqüentemente, a listas de escritores secundários, mais maleáveis; é o valor do autor influenciado que dá seu preço à influência, tanto quanto o do emissor, senão mais, porque é a obra produzida pela influência que prova a força da energia literária. Enfim, convém distinguir graus diferentes, desde a imitação consciente até a inconsciente emersão de versos outrora lidos e relidos, passando pelo empréstimo de um pormenor ínfimo, e não atribuir sistematicamente a uma influência o que pode ser simples encontro, afinidade. Numa carta (junho de 1864) dirigida a Thoré-Burger, que afirmara que Manet fazia o pastiche de Goya e El Greco, Baudelaire defende o pintor, citando seu próprio exemplo:

O senhor duvida de tudo o que lhe digo? Duvida que tão surpreendentes paralelismos geométricos podem apresentar-se na natureza. E então! Acusam-me, a mim, de imitar Edgar Poe! Sabe por que traduzi tão pacientemente Poe? Porque se assemelhava a mim. A primeira vez que abri um livro dele, vi, com espanto e enlevo, não apenas assuntos por mim sonhados, mas *frases* pensadas por mim, e escritas por ele vinte anos antes.

É o que restringe muito o alcance da influência exercida pelo americano sobre as *Flores do Mal*.

Feitas essas reservas, a relação causal que a influência implica constitui um dos objetivos maiores da literatura comparada. É, pois, lícito, e mesmo desejável, prosseguir o estudo das influências. Influência do conjunto de uma obra (*Goethe en France*, por Baldensperger, 1904; *Goethe en Angleterre*, por J.-M. Carré, 1920; *Goethe en España*, por Robert Pageard, 1958, tradução de uma tese da Sorbonne), que pode ser completada com a influência da personalidade de um autor, de onde irradia uma imagem (o Goethe "sentimental" da juventude, o Goethe clássico, o Goethe "olímpico" da gloriosa velhice). Influência de uma obra isolada sobre uma ou várias literaturas. Influência de um gênero literário: a epopéia moderna de Ariosto e de Tasso no século XVII francês; a tragédia de tipo raciniano na Alemanha; o *lied* alemão na França (estudado por Duméril); o idílio de Teócrito em Chénier; a *terza rima* de Dante em Heredia; o soneto de Petrarca em Valéry; o romance histórico de Walter Scott e seus efeitos sobre Balzac e Hugo; o ensaio, estudado por Charles Dédéyan (*Montaigne chez ses amis anglo-saxons*, 1947), que mostrou o seu desenvolvimento. Influência de uma forma de versificação (o alexandrino, levado para fora das fronteiras francesas graças ao prestígio dos grandes gêneros clássicos). Influência de uma técnica (o monólogo interior utilizado sistematicamente por Édouard Dujardin em *Les lauriers sont coupés*\*, 1887, adotado por Joyce em

---

\* Acaba de ser publicada pela Editora Globo a tradução *A Canção dos Loureiros*. (N. da T.)

44    QUE É LITERATURA COMPARADA?

*Ulisses*, e depois pelos romancistas americanos antes de retornar à França, com Sartre). Influência de um estilo que traduz uma atitude: o petrarquismo, estudado na França por Joseph Vianey, em sua tese (1909); o "bernesco", estilo do italiano Berni (1497-1535), que contribui para o nascimento do burlesco francês. Influência de uma teoria literária: o manifesto de Sébastien Mercier, amigo de Rousseau, admirador de Shakespeare, denegridor da tragédia clássica: *Du théâtre ou nouvel essai sur l'art dramatique* (1773) é traduzido pelo *stürmer* H. L. Wagner (1776) e marca as concepções (*Die Schaubühne als eine moralische Anstalt betrachtet*, 1784) e a produção dramática de Schiller.

Influência, ou contribuição, se se preferir, o certo é que nenhuma literatura seria o que é, se não contasse com causas situadas quase tão freqüentemente no estrangeiro quanto no próprio país.

A procura das influências conduz dos emissores aos receptores. Inversamente, a das fontes remonta às origens e requer talvez ainda mais tato e penetração crítica. Se se mostrar a estatística dos grandes trabalhos de literatura comparada que ilustram este capítulo, observar-se-á que o estudo das influências é superior ao das fontes, em oposição aos resultados obtidos nas histórias literárias nacionais. A razão disso é compreensível: de uma parte, a influência segue canais facilmente demarcaveis (traduções, adaptações); de outra parte, a peregrinação às fontes é uma aventura na obscuridade dos possíveis. Aquele que estuda a influência de Shakespeare sobre Claudel tem, aparentemente, melhor consciência que aquele que quer remontar até sua fonte a complexa totalidade dos afluentes, que se chamam também a Biblia, Ésquilo, Racine, Coventry Patmore, Rimbaud, Mallarmé, e que avolumam o rio Claudel. A esse respeito, a dosagem das fontes é mais útil e mais exigente do que a delimitação das influências: levanta a questão do conjunto dos mecanismos da criação literária, na perspectiva da crítica da intencionalidade preconizada por Georges Blin. Desta dificuldade, a *Bibliography* de Baldensperger e Friedrich presta conta: ordenada segundo o critério do emissor, ela faz abstração do receptor.

Vemos muito bem – escreve B. Munteano (*RLC*, 1952) – a influência exercida, mas ignoramos tudo da influência sofrida. Ora, acontece que uma influência não se torna verdadeiramente criadora de valores senão depois de sofrida. Conseqüentemente, o ponto de chegada, e a reação que ele desencadeia, importa pelo menos tanto quanto o ponto de partida, e a ação que ele provoca. Eu estudo, do primeiro ponto de vista, La Fontaine ou Sainte-Beuve, e procuro reconstituir os dados exteriores de sua personalidade, de sua obra. No estado atual das coisas, a *Bibliography* não me ajuda muito. Como saberei que La Fontaine e Sainte-Beuve sofreram a influência de Santo Agostinho, por exemplo, e que essa influência foi estudada? Fala-se dela, mas no que diz respeito a Santo Agostinho enquanto emissor, à página 320, e nada se diz nos capítulos dos autores que eu estudo.

É, pois, necessário fiar-se na sua imaginação, na sua intuição, ou antes ler algumas centenas de páginas de títulos, porque é óbvio que La Fontaine não sofreu a influência de Santo Agostinho. Daí a necessidade

## OS INTERCÂMBIOS LITERÁRIOS INTERNACIONAIS

de um índice, pelo menos, que agrupe as matérias segundo os critérios do receptor.

Dever-se-ia dar como tarefa a reconstituição da biblioteca ideal do escritor, a definição de sua *Belesenheit*, a totalidade de suas leituras e a importância relativa de cada uma delas. Assim procedeu Jean Pommier (*Dans les chemins de Baudelaire*); assim Baldensperger, numa perspectiva puramente comparatista (*Orientations étrangères chez Honoré de Balzac*). Recorrer-se-á à ajuda dos catálogos das bibliotecas das quais os autores realmente se valeram: para Voltaire e para Goethe, eles foram publicados (no primeiro, não faltam as obras inglesas; no segundo, não faltam as inglesas nem as francesas). Mas não se deve esquecer que um livro, mesmo com as folhas cortadas, pode figurar numa prateleira sem ter sido lido; e Gide zombou de Barrès que tinha tirado as folhas de seus Byron, escondendo atrás das capas... frascos de perfume. Não se deve esquecer tampouco que um livro foi às vezes lido numa biblioteca pública (os registros de empréstimo da Biblioteca Nacional de Paris foram conservados e permitem interessantes pesquisas) ou num gabinete de leitura; a menos que tenha sido emprestado e devolvido ou dado a um amigo. Depois de ter tomado conhecimento das obras que lhe eram enviadas, Lamartine as enviava a seu cunhado e, na sua tese sobre *Jocelyn*, Henri Guillemin notou que a lista dos livros ingleses que lhe tinham pertencido era insuficiente para dar conta de suas leituras inglesas.

Nunca seria demais insistir na habilidade e na prudência que convém empregar para estabelecer, com certeza, a existência de uma fonte. *The Revenger's Tragedy* (1607), do dramaturgo elisabetano Cyril Tourneur, põe em cena um acontecimento histórico: o assassínio de Alessandro de Médicis por seu primo Lorenzino, em 1537 – episódio que mais tarde fornecerá a George Sand e a Musset a matéria de uma cena histórica e de um drama. Para Pierre Legouis (*Etudes anglaises*, 1959), a fonte de Tourneur foi a décima segunda novela do *Heptaméron* de Margarida de Navarra. Em ambas, é a própria irmã de seu futuro assassino que o Duque de Florença cobiça, enquanto na realidade – da qual Musset se aproxima – foi uma jovem tia de Lorenzino. Por isso, Ernest Giddey (*Atti della Accademia Nazionale dei Lincei*, 1961) não crê que só o acontecimento de 1537 esteja em causa; sobrepõe a ele fatos que aconteceram em Florença, um quarto de século mais tarde, não sem perguntar-se "qual é o veículo que permitiu que acontecimentos ocorridos nas margens do Arno chegassem às margens do Tâmisa". Esse veículo foi a obra dos adversários dos Médicis, exilados em outras regiões da Itália ou na França, que se apressaram a difamar os novos senhores de Florença, desde que esses lhes deram ocasião para isso – e quantas ocasiões! Agente diplomático, Tourneur estava bem situado "para captar as informações que por vias múltiplas provinham da Itália". Se for preciso mesmo a uma das fontes – a que é relativa ao crime de 1537 – uma garantia escrita, não há necessidade de apelar a Marga-

# 46 QUE É LITERATURA COMPARADA?

rida de Navarra. P. Legouis quer eliminar as obras impressas depois da composição de *The Revenger's Tragedy*. E. Giddey replica que uma tal exclusão é imprudente e que as crônicas, entre outras, circulavam freqüentemente em cópias manuscritas, bem antes de serem impressas. Assim, a de Bernardo Segni, composta antes do nascimento de Tourneur, só impressa após sua morte: lá se lê que Lorenzino tinha "prometido ao Duque levar-lhe aquela noite sua irmã carnal, chamada Laudomina".

As influências agem às vezes à maneira de catalisadores: provocam ou aceleram uma reação, sem entrar no resultado desta. Por volta de 1755, o cavalheiro de Vatan, jovem oficial que morreu com 24 anos, escreve uma *Ode à l'Eternité*, exumada por Paul Chaponnière (*Revue d'histoire littéraire de la France*, 1919). Ora, é uma imitação muito fiel, também muito bonita, de uma ode do grande Haller. Muitos anos se passaram antes que outras vozes – a de Lamartine, especialmente – respondessem à do rapaz. Uma leitura foi suficiente para animar a sensibilidade latente do cavalheiro: "A influência estrangeira, num tal caso, não modifica a alma; apenas a toca e libera" (D. Halévy, *La Revue de Genève*, jan.-jun. 1923, p. 494). Este recorrer ao estrangeiro é freqüentemente um pretexto para romper com uma tradição sufocante: "Volta-se para Ossian, porque se tem Bernis; volta-se para Byron porque se tem Parny" (Lanson, *Revue des deux mondes*, 15 fev. 1917). A Alemanha de Lessing e de Wieland assim apelou a Shakespeare para libertar-se da autoridade francesa; não sem provocar um conflito conjugal entre Gottsched, que defendia Boileau, e sua senhora, que exaltava o grande William. Mas o que se crê procurar já se possui, como notava Baldensperger, no começo de *Goethe en France*:

> É bem certo que uma época literária, quando descobre e anexa idéias ou formas exóticas (acrescentem-se temas e sentimentos), não saboreia e não retém verdadeiramente senão os elementos dos quais traz em si mesma, em conseqüência de sua própria evolução orgânica, a intuição e o desejo.

Os estudos sistemáticos de influências e de fontes – umas completadas pelas outras – poderiam dessa maneira nos permitir renovar a visão de muitas questões literárias. Entre o classicismo e o romantismo que se afirma nas obras de Rousseau, de Senancour, de Chateaubriand, tem-se o hábito de fazer intervir a influência inglesa, e depois a alemã. O "pré-romantismo" (noção hoje contestada) se torna assim o apanágio dos comparatistas, que brandem os nomes de Richardson, de Young, de Hervey, de Gray, de Sterne, de preferência a pensar que do barroco ao romantismo a continuidade é perceptível na Alemanha, e mesmo na Inglaterra, sob o revestimento clássico. Portanto, por que não existiria essa continuidade, mais secreta, na França? De fato, é já possível designar certas marcas, esperando que olhos experientes e não prevenidos delimitem os outros. Não houve revolução, mas evolução favorecida pela

## OS INTERCÂMBIOS LITERÁRIOS INTERNACIONAIS

ação da Inglaterra e da Alemanha. Toda história comparatista de uma literatura não esquecerá nunca sua própria história interior.

O fenômeno da imitação deve ser distinguido do da influência. A influência é sofrida de maneira mais ou menos consciente: penetração lenta, osmose, ou então visitação, iluminação; não apresenta nenhum caráter sistemático, ao contrário da imitação.

Esta última confina, de uma parte, com a sociologia; de outra parte, com o direito penal.

A moda está estreitamente aparentada com o sucesso. Não se insistirá aqui nessa imitação deliberada de fórmulas que têm muito sucesso e que nos poderiam conduzir até a sala traseira de uma loja de bagatelas (a voga da manta escocesa, por volta de 1830, se explica pela dos romances de Walter Scott).

Quanto aos plágios, eles socorrem a inspiração desfalecente, a menos que o plagiário queira reconhecer com o seu empréstimo que o plagiado foi o primeiro a melhor encontrar algo. Esses dois motivos talvez desculpem Stendhal de ter "feito o saque" de livros italianos para escrever *Vies de Haydn, Mozart et Métastase* e a *Histoire de la peinture en Italie*.

A imitação propriamente dita deve ser estudada em relação com a estética reinante. Ora, essa estética, do classicismo ao romantismo, mudou de tom. A estética renascentista e clássica quer que se imitem modelos antigos que se aproximaram da natureza e que dela tomaram apenas os elementos que compõem "a bela Natureza". A originalidade não reside na escolha do assunto, do tema, da intriga, mas na disposição segundo a qual são ordenados e na maneira como são revestidos. Escrevem-se, incansavelmente, *Belles Matineuses* e *Ifigênias*. O romantismo afirma a primazia da originalidade, do gênio, da imaginação criadora e, mesmo quando propõe Shakespeare à admiração dos franceses, recomenda, não imitá-lo, mas sim colocar-se na escola de seus princípios.

A imitação sistemática é praticada nas épocas em que uma literatura tem consciência de sua pobreza. Tal é o sentimento de Du Bellay quando redige a *Deffence et Illustration*: aplicando ele mesmo o preceito do qual é arauto, toma emprestada silenciosamente sua argumentação do *Dialogo delle lingue* de Sperone Speroni; transpõe do toscano para o francês as exortações pelas quais o italiano chamava seus compatriotas a se libertarem do jugo greco-latino, honrando assim sua língua vernácula. Mas a "Pléiade", no seu início, inspirando-se amplamente na Grécia, em Roma, na Itália do Renascimento, criou obra viva? Citam-se páginas da *Deffence*, alguns sonetos de *Olive* de Du Bellay, odes pindáricas de Ronsard, que pertencem certamente à história da literatura, mas não enriquecem seu patrimônio. Ocorre de maneira diferente com outros sonetos de *Olive*, em que Du Bellay transmuta a matéria-prima italiana, e com essas odes de gosto horaciano pelas quais Ronsard se iguala ao seu modelo, ao tomar em relação a este felizes liberdades

# QUE É LITERATURA COMPARADA?

(pormenor minúsculo mas revelador: as *yeuses** itálicas se tornam salgueiros de Vendôme). As importações maciças podem ser necessárias enquanto se espera a colheita local, cujos produtos agradarão ao paladar. Chasles tinha razão de escrever:

> Os povos não se enriquecem nada com empréstimos formais, mas com uma longa infiltração dos princípios que renovam sua vida intelectual. [...] Quando duas civilizações se tocam, quando seus pontos de contato enxertam a seiva de uma para confundi-la com a seiva da outra, resulta uma mistura híbrida, muito brilhante, cujo valor não se pode contestar; mas quando se imita por imitar, esse trabalho não produz no fim senão flores artificiais, no gênero das que um botânico qualquer se comprazia em criar: inseria as pétalas de uma planta no cálice de uma outra, e criava assim belos monstros privados de vida e de vegetação (*Revue britannique*, mars 1837, p. 57).

## A FÓRMULA X E Y E SUA EXTENSÃO

Apesar da diversidade dos títulos e dos conteúdos, todos os trabalhos que estudam fortuna, sucesso, influências, fontes podem se reduzir a um único tipo: $X$ e $Y$. $X$ pode, como $Y$, significar à vontade um continente, uma civilização, uma nação, a obra total de um autor, o próprio autor (o caso mais freqüente), um único texto, uma passagem, uma frase, uma palavra. Nenhuma proporção fixa entre as duas variáveis, nenhum limite, nem no tempo, nem no espaço, são impostos. Donde resultados em aparência tão diversos quanto *Note pour l'histoire des relations intellectuelles entre l'Europe et l'Amérique du Sud* (Baldensperger), *L'Orient de Maurice Barrès* (Ida-Marie Frandon), *L'Allemagne devant les lettres françaises de 1814 à 1835* (Monchoux). *L'Influence française dans l'oeuvre de Pope* (Audra), *Don Quichotte en France* (Bardon), *J.-J. Rousseau en Angleterre à l'époque romantique* (Voisine), *L'Angleterre et Voltaire* (A.-M. Rousseau), *Diderot en Allemagne* (R. Mortier), *Marivaux en Allemagne* (J. Lacant), *La Fortune des écrits de J.-J. Rousseau dans les pays de langue allemande de 1782 à 1813* (J. Mounier).

Quanto ao *e* copulativo, a simples lista que precede indica alguns dos seus matizes. Esse *e* pode querer dizer: *julgado por, visto por, influenciado por* (ou: *influenciando*), *orientando, residindo em, viajando em, lendo, sonhando com, traduzido por, representado por, imitado por, lido por* etc. A ambigüidade deste *e* é aliás a grande fraqueza bibliográfica, e mesmo ideológica, do sistema, visto que nem sempre se percebe em que sentido se faz a troca.

Nossos três termos, $X$ e $Y$ sobretudo, jogando entre limites muito recuados, com as combinações ditadas pela natureza dos escritores e dos textos, a massa dos documentos disponíveis, ou, simplesmente, a ambição e o prazer do pesquisador, atingem um número ilimitado, mas

---

\* *Yeuse* é o nome do carvalho verde. (N. da T.)

## OS INTERCÂMBIOS LITERÁRIOS INTERNACIONAIS

não indefinido. Entre *Oriente e Ocidente* e uma simples notinha sobre a sorte de uma única palavra estrangeira num certo poema, há apenas uma diferença de extensão, não de natureza.

Somente hoje um rápido olhar retrospectivo permite envolver tantos trabalhos diversos numa fórmula tão simples. Ninguém, há oitenta anos, podia prever um tal sucesso. Assim estabelecido, o tipo se revelou estável e frutuoso e deve seus progressos ao que é legítimo chamar de "Escola".

Há uma Escola "francesa", epíteto acrescentado (como já dissemos) nos anos de "crises" que seguiram a última guerra? A origem de seus fundadores (F. Baldensperger e J.-M. Carré morreram em 1958), seu enraizamento nas universidades francesas a tornaram bastante legítima. Mas, se a maior parte de seus discípulos entre as duas guerras foi efetivamente francesa, inúmeros estrangeiros a ela se juntaram. Atualmente, a "Escola francesa" não pode mais designar uma nacionalidade, nem uma língua de redação, mas uma orientação geral seguida em todo o mundo, inclusive nos Estados Unidos. Se conservamos a expressão, é entre aspas, com um valor análogo ao que a história da arte atribui às "Escolas", ou da mesma forma que a arte gótica teve, em toda a Europa, o nome de "arte francesa".

A Escola "francesa" estabeleceu os fundamentos de toda pesquisa sólida: necessidade, antes de toda interpretação, de uma impecável e minuciosa cronologia – a principal dificuldade não é a de fixar datas, mas de escolhê-las –; obrigação de uma erudição supranacional sustentada por bons conhecimentos lingüísticos (o recorrer aos textos originais é preferido sempre ao trabalho com traduções); reunião de um grande número de fatos conexos que concernem à civilização e que foram negligenciados muitas vezes.

Fortalecida por este método, a Escola "francesa" ampliou consideravelmente o patrimônio literário explorável, e mesmo conhecido. Correspondências inéditas, versões ignoradas, manuscritas ou impressas, textos publicados fora das fronteiras nacionais, lembranças de viagem ou testemunhos de encontros e conversas, foram todos tirados da indiferença em que os mantinha uma pesquisa isolada. Sem que tenham necessidade de ser obras-primas, esses documentos preenchem lacunas, criam, por seu número e diversidade, a profundidade de perspectiva que falta muitas vezes aos trabalhos nacionais. Bastara lançar sistematicamente ao estrangeiro uma curiosidade tímida até então.

Fez-se porém, mais que transpor as fronteiras. Descobriram-se novos problemas, repletos de reais dificuldades. Que se deve entender por "literatura nacional"? Será uma questão de língua, de filiação política, de tradição cultural? Que fazer com as letras romandas, valonas, canadenses, e agora antilhanas e africanas, em relação ao francês? Com as letras indianas e – por que não? – americanas, para o inglês (estudou-se *The American Voice in English Poetry*)? As literaturas portuguesa e brasileira, espanhola, argentina e mexicana, formam dois gru-

50 QUE É LITERATURA COMPARADA?

pos, ou cinco? E Flandres, entre duas nações? A Suíça, com quatro línguas? Não se pode falar de uma Escandinávia em quatro pessoas? Onde classificar com justeza a Áustria, a Irlanda? As literaturas célticas, provençais, os textos medievais latinos resistem às classificações. Sem a literatura comparada, teriam sido feitas estas perguntas com tanta força?

Admitamos que as células nacionais sejam circunscritas; os vínculos entre as obras, como entre os autores, se revelam muitas vezes superficiais e secundários e o mistério da criação literária mais opaco que nunca. "O leão, dizia Valéry, é só o carneiro assimilado." Por um louvável respeito pelos leões – as obras-primas –, os estudiosos voltaram-se para os carneiros, para os fenômenos marginais, para os escritores de segunda e terceira ordem, para os intermediários que não merecem sequer o nome de autores. De outra parte, se se tomar por regra não aceitar senão as relações provadas, vê-se que certos períodos em que nada é seguro, como a Idade Média, as literaturas orais, e certos escritores hábeis no apagar seus vestígios, todos permanecerão desdenhados ou desconhecidos. Escrita pelo comparatista, a história literária nacional não parece mais corresponder às idéias consagradas. Enfim, entre os gênios "originais" que tomam toda sua seiva no território nacional e os escritores heteróclitos para os quais convergem os quatro ventos da Europa, entre o estudo da fortuna das obras fora das fronteiras e a decepcionante dissecação dos elementos emprestados, em resumo, entre os reflexos e os caleidoscópios, podia-se temer que o comparatista se deixasse monopolizar pelas aparências às custas do essencial.

Por qual abuso se chega a uma tal distorção daquilo que se pensava ser a realidade? Precisamente porque o ponto de vista nacional não é senão uma imagem entre as outras. A perspectiva tradicional erigia como absoluto o que só era relativo. A literatura comparada recoloca homens e obras no vasto sistema dos efeitos e das causas, em que as reputações só são o que nós fizemos delas.

Muito poderia ser dito também sobre a imaginação do comparatista. Toda ciência nova se forja um vocabulário. Sem desprezar a mecânica dos fluidos (fontes, correntes, confluentes), alguns preferem as metáforas do comércio. As páginas anteriores demonstram como é difícil passar sem elas: corretor, intermediário, agente de difusão, balanço, fortuna, valor, participação, empréstimo, dívida. Não se vai disso concluir que as mercadorias literárias se exportam ou se importam, que as ações dos escritores são cotadas numa Bolsa universal, em que o comparatista representa à vontade o papel de fiscal de alfândega, de perito-contador ou de agente de câmbio desse tráfico cultural? Paradoxalmente, como se viu, esta abundância de imagens comerciais mascara um desconhecimento embaraçoso do comércio real dos livros, dos editores, das contrafações, dos circuitos de livraria, das tiragens.

E quantas observações requerem as comparações espaciais, auditivas (emissão, recepção, transmissão, difusão) ou visuais (irradiação, foco, espelho, reflexo) e, mais ainda, uma visão biológica das coisas! Tal

## OS INTERCÂMBIOS LITERÁRIOS INTERNACIONAIS 51

um organismo vivo, o texto se infla e se metamorfoseia às custas da substância espiritual circundante, sem que nada se perca nem se crie, limitando-se a tarefa do comparatista a pesar o objeto literário antes e depois do processo de absorção (ou de excreção) e a equilibrar as fórmulas. Dócil ao pensamento bergsoniano, este recorrer às ciências da natureza visa a melhor captar a evanescente vida criadora.

Não é menos verdade que todo estudo em que o pensamento se funda na metáfora não poderia pretender o nome de ciência. O comparatista, certamente, partilha a triste condição de toda crítica literária que, depois de haver rejeitado o impressionismo lírico e subjetivo, procura sua língua e suas estruturas de pensamento fora da poesia, na multiplicidade das ciências humanas.

Finalmente, após a exploração entusiasta do novo domínio internacional, após a definição de um vocabulário e de uma doutrina geral da qual Paul Van Tieghem se fez o principal defensor, a literatura comparada evoluiu. Sem mesmo esperar que todos os "grandes" assuntos de tipo $X$ e $Y$ fossem tratados, ficou claro que uma fórmula demasiado uniforme falseava a complexidde dos fenômenos de relação. Já entre as duas guerras, a pesquisa comparatista procurou ampliar-se.

A pesquisa das influências permanece, sem dúvida, segundo nota Simon Jeune, com uma preocupação maior da "literatura comparada no sentido estrito do termo". Mas foi-se o tempo em que se podia retomar, a propósito do fenômeno da influência, o adágio de Valéry. Deve ser encontrada uma via, como indicou A. Owen Aldridge e como lembrou depois dele Melvin J. Friedman[6], entre o estudo das influências mecânicas (*mechanical influence studies*) e o das analogias superficiais (*impressionistic affinity studies*). E ela não pode ser encontrada, precisamente, a não ser que a riqueza do substrato e a liberdade da obra sejam consideradas.

No quadro de um trabalho acadêmico sobre um assunto de fortuna literária, clássico em literatura comparada, *Dostoievski en France de 1880 à 1930* (tese inédita, 1972), Jean-Louis Backès tentou renovar o uso da noção de influência. Convém, notava ele, desprender a obra de sua significação "monológica", e o país receptor, ou o escritor receptor, de sua passividade de aparelho gravador. É necessário levar em consideração a "ideologia", isto é, "esse sistema de representação que uma sociedade faz de si mesma nas suas relações com o real". Importa enfim permanecer desconfiado em relação ao que Larbaud já chamava "o jogo das influências". Se há assimilação, ela é virtual, fixada *a priori*: é uma influência por identificação quando o texto reproduz pura e simplesmente a ideologia dominante. Ou então esta assimilação é impossí-

---

6. *Comparative Literature: Matter and Method*, edited with an introduction by A.Owen Aldridge, University of Illinois Press, 1969; resenha desta obra por Melvin F. Friedman, em *Comparative Literature Studies*, vol.VII, nº 1, mar. 1970, p. 137.

## 52 QUE É LITERATURA COMPARADA?

vel porque o texto destrói por seu próprio trabalho os elementos que ele contém: a influência se faz, como dizia o próprio Gide, "por protesto". Dito de outra maneira, para retomar os termos de J.-L. Backès, "o elemento retomado é submetido a um novo tratamento que modifica seu sentido, não em referência à totalidade de uma obra nova" (totalidade de significação da qual ele contesta a existência), "mas no movimento de destruição do sentido herdado".

Novalis já estabelecia uma distinção entre imitação sintomática e imitação genética (*eine symptomatische und eine genetische Nachahmung*): uma seria a simples reduplicação da obra; a outra, uma criação original a partir de uma leitura. Só a última é viva. Pressupõe a mais íntima união da razão e da imaginação. Porque

esse poder de despertar em si uma outra individualidade – não simplesmente por uma imitação superficial enganadora – é ainda completamente desconhecido e se apóia numa *penetração* muito maravilhosa e numa mímica espirituosa. O artista se torna tudo aquilo que ele vê e quer ser[7].

Mesmo se se entender a literatura comparada no sentido estrito do termo – "o estudo das relações entre duas ou mais literaturas" (Wellek e Warren, p. 94) –, perceber-se-á que seu domínio é muito extenso: intercâmbios literários internacionais, estudos de influências, estudos de fortuna literária ou de recepção. Mas perceber-se-á também que ela não é só um lansonismo (mal compreendido) estendido para além das fronteiras nacionais. Parte do fato comparatista para analisar-lhe as modulações mais sutis: as modificações do texto traduzido ou imitado; as reinterpretações e desvios; a relação especular do retrato e do modelo; a execução, a partir de um encontro, de uma liberdade criadora.

## IMAGENS E PSICOLOGIA DOS POVOS

A pesquisa das imagens é uma orientação recente da literatura comparada. É, em 1930, objeto da tese de Georges Ascoli, *La Grande-Bretagne devant l'opinion française au XVIIe siècle*. Recebeu, depois, de J.-M.Carré, um impulso decisivo, como testemunha brilhantemente a tese de Michel Cadot (1967): *L'image de la Russie dans la vie intellectuelle française (1839-1856)*. Mas poderia encontrar seu certificado de antiguidade em Rousseau, que confiava ao marechal de Luxemburgo, a respeito da Suíça em geral e de Neuchâtel, em particular:

Atribuímos às coisas toda a mudança que ocorreu em nós. [...] As diferentes impressões que este país produziu em mim em diferentes idades me levam a concluir que nossas relações sempre se referem mais a nós que às coisas, e que, como descrevemos bem mais o que sentimos que o que é, seria necessário saber como estava impressionado o autor de uma viagem ao descrevê-la, para podermos julgar quanto suas pinturas estão aquém ou além da verdade.

7. Novalis, *Schriften*, Hg. von R.Samuel, H.J. Mahl und G.Schulz, Darmstadt, 1965, II, 535.

## OS INTERCÂMBIOS LITERÁRIOS INTERNACIONAIS

A imagem é uma representação individual ou coletiva em que entram ao mesmo tempo elementos intelectuais e afetivos, objetivos e subjetivos. Nenhum estrangeiro vê jamais um país como os autóctones gostariam que fosse visto. Isto quer dizer que os elementos afetivos vencem os elementos objetivos. "Os erros se transmitem mais depressa, e melhor, que as verdades"; assim, com raras exceções, "a história comparada daquilo que se toma por idéias" não é "senão a da marcha dos mitos" (Étiemble, *L'Orient philosophique*). Ora, "Não se vê um país onde esteja encarnado um mito no qual se crê, tanto quanto não se vê uma mulher que se ama" (Malraux, *Le Noyers d'Altenburg*). Que se ama ou que se odeia.

Imagens são mitos ou miragens – exprimindo bem esta última palavra o atrativo irresistível que desperta e excita nossa simpatia, independentemente do controle da fria razão, porque esse atrativo só é a projeção de nossos próprios sonhos e desejos. *Le Mirage russe en France au XVIIIe siècle* (tese de Albert Lortholary, 1951) faz considerar insignificante a terrível tirania exercida pelos czares e especialmente por Catarina II para não fazer admirar senão o funcionamento do despotismo esclarecido, desejo dos filósofos franceses. J.-M. Carré descreveu os sintomas e as manifestações da epidemia germanófila que se abateu sobre a França no século XIX e da qual a guerra de 1870 curou cruelmente, mas para condená-la então a uma germanofobia não menos excessiva (*Les Écrivains français et le Mirage allemand, 1800-1940*, 1947).

É interessante estudar a imagem que um autor compõe de um país estrangeiro, a partir de sua experiência pessoal, suas relações, suas leituras, quando este autor é verdadeiramente representativo, quando exerceu uma influência real sobre a literatura e sobre a opinião pública de seu país. Voltaire e Mme de Staël estão neste caso. Um intermediário pode ser o criador da imagem: Béat de Muralt é o predecessor de Voltaire.

A imagem de um país no conjunto de uma literatura ao longo de seu desenvolvimento mostra muitas vezes variações que resultam ao mesmo tempo da evolução do país considerado e da do receptor. Para traçá-la, convém recensear *todos* os elementos literários que a constituem, dotando cada um de um coeficiente de importância. François Jost examinou *La Suisse dans les lettres françaises au cours des âges* (1956). A Suíça dos *lansquenets* – fiéis soldados, grandes beberrões, intratáveis quanto ao soldo ("sem dinheiro, sem suíços") – é a primeira imagem a se impor, desde Philippe de Commynes até Jean-Jacques, e mesmo até o sacrifício heróico da guarda real das Tulherias, no dia 10 de agosto de 1792, em lembrança do qual se levanta o Leão de Lucerna: *Helvetiorum fidei ac virtuti*. Esses traços aparecem em relevo nos três sonetos dos *Regrets* escritos por Du Bellay, quando atravessou a Suíça. *La Nouvelle Héloïse* (1761), cuja ação foi preparada pela tradução dos *Alpes* de Haller e dos *Idylles* de Gessner, põe a Suíça na moda e em lugar de honra.

54 QUE É LITERATURA COMPARADA?

Antes, seus habitantes se tinham espalhado pelo mundo; a partir de então, a Suíça atrai os viajantes: é o país do pitoresco, dos "sentimentos puros, ternos e honestos" (Rousseau), da amizade, do amor e das virtudes bucólicas; enfim, o país da liberdade e da democracia. Este último elemento é reforçado pelo mito de Guilherme Tell, que prolifera em parte graças ao drama de Schiller.

Qual é a incidência desta imagem que o conjunto de uma literatura revela sobre a imagem global que um povo forma de um outro povo? Fazer essa pergunta supõe que se tenha primeiro respondido a esta: que influência a literatura exerce sobre a opinião pública? Estamos aqui no ponto de encontro da literatura, da sociologia, da história política e da antropologia étnica.

Os historiadores bem compreenderam como lhes poderiam ser úteis as pesquisas dos comparatistas. Prefaciando a tese de René Rémond, *Les États-Unis devant l'opinion française, 1815-1852*, Pierre Renouvin escrevia:

Quando Monchoux mostra [*L'Allemagne devant les lettres françaises de 1814 à 1835*] como, sob a influência de Mme de Staël, "os meios literários franceses foram arrastados [...] por uma corrente germanófila"; quando Claude Digeon analisa "a crise alemã do pensamento francês de 1871 a 1914", ou quando Marius-François Guyard estuda "a imagem da Grã-Bretanha no romance francês de 1914 a 1940", essas pesquisas esclarecem a formação da opinião pública. E R.Rémond, ele próprio historiador, estende a mão a seus colegas comparatistas para percorrer com eles um trecho de caminho.

A antropologia étnica se compõe da caracterologia étnica e da etnopsicologia (também chamada psicologia étnica e psicologia dos povos). Dois aspectos, pois: o caracterial e o psicológico. O primeiro, fundamental, quase fisiológico, constitui a infra-estrutura; e o segundo, mais rico, a superestrutura do psiquismo coletivo.

Como a caracterologia dos indivíduos, a caracterologia étnica recenseia tipos caracteriais. Assim, o parisiense, "primário", emotivo e não-ativo, se define como um nervoso. Apesar das misturas de populações, é ainda possível determinar caracteres desse tipo: o bávaro, o prussiano, entre outros, para a Alemanha. Notar-se-á que o caráter étnico, da mesma forma que não coincide com o território político atual de um grande país, não pode se inscrever nos limites lingüísticos: que se pense nos habitantes de Hanôver, de Viena e de Zurique, todos germanófonos e, no entanto, heterogêneos.

Se o caráter parece próprio de uma coletividade relativamente restrita, em compensação o etnótipo psicológico funda caracteres diversos no cadinho da nação: mitos e lembranças comuns, interesses comuns induzem os grupos e os indivíduos ao reconhecimento de sua filiação a uma etnia.

Não é da nossa competência ir além dessas indicações sumárias que podem ser completadas facilmente com *La Psychologie ethnique* de

## OS INTERCÂMBIOS LITERÁRIOS INTERNACIONAIS

Georges Heuse (1953), *National Character and National Stereotypes* de H.C.J.Duijker e N.H.Frijda (Amsterdam, 1960, com uma bibliografia de um milhar de títulos), *La Caractérologie ethnique – Approche et Compréhension des peuples* do Pe. Paul Griéger (1961) e com a *Revue de psychologie des peuples*, publicada no Havre, desde 1946, pelo "Centre de recherches et d'études de la psychologie des peuples", anexo à Universidade de Caen. Neste periódico (1957, pp.335-36), resenhando o livro de M.-Fr. Guyard, G.-A. Heuse reconhecia os vínculos que unem a literatura comparada e a psicologia étnica, ao mesmo tempo que distinguia uma da outra. A primeira "procura pôr em evidência influências sem pesquisar e sobretudo sem avaliar sua origem psicológica"; leva seus materiais à segunda que "se esforça, ao contrário, para criticar o conteúdo e revelar a realidade etnopsíquica". De fato, a determinação dos etnótipos não é incumbência da literatura comparada senão em parte. O etnótipo francês resulta tanto do estudo da literatura francesa, quanto das "análises espectrais" (um novo gênero literário desde a publicação da obra de Keyserling) devidas a estrangeiros. E é necessário acrescentar que para serem verdadeiramente utilizáveis os materiais apresentados à etnopsicologia – como à história política – devem proceder de um grande inventário. O pesquisador não deve contentar-se com a análise minuciosa daquilo que os alemães chamam *die schöne Literatur*; deve descer até esse nível em que os escritos se tornam espelho do povo receptor: a imprensa de informação, a literatura popular.

O que detém sobretudo a atenção dos etnopsicólogos na literatura comparada são os preconceitos que ela expõe e que se fazem notar também nos manuais escolares. A interpretação mítica que toda imagem é revela, em quem a adota, a natureza de tendências inconscientes. Como o francês vê o inglês, e o inglês o francês? E por que se vêem assim? Tais estudos, se são conduzidos com um espírito ao mesmo tempo crítico e generoso, podem "ajudar dois países a realizarem uma espécie de psicanálise nacional: conhecendo melhor a origem de seus mútuos preconceitos, cada um se conhecerá melhor, e será mais indulgente para com o outro que nutriu prevenções análogas às suas" (G.A.Heuse).

*A Literatura Comparada como Instrumento de Compreensão Internacional* – assim Paul Van Tieghem havia intitulado sua comunicação para o IV Congresso Internacional de História Literária Moderna. Nela afirmava (e suas palavras fornecem a este capítulo uma conclusão talvez otimista demais):

Sabe-se o que foi o humanismo dos séculos XV e XVI; é a um novo humanismo que conduzem os estudos de literatura comparada, humanismo mais amplo e mais fecundo que o primeiro, mais capaz de aproximar as nações. [...] A literatura comparada impõe [...], aos que a praticam, uma atitude de simpatia e de compreensão para com os nossos irmãos "humanos", um liberalismo intelectual, sem os quais não pode ser tentada nenhuma obra comum entre os povos.

# 3. A História Literária Geral

O estudo das influências – ações, reações, interações – em que se fundamenta a literatura comparada, no sentido estrito, não tem meios de agir sobre muitos fenômenos literários. Por outro lado, um tal estudo se limita geralmente a relações "binárias" (Paul Van Tieghem) e não poderia constituir a história literária de grandes conjuntos.

Com efeito, notam-se em literaturas diferentes florescimentos análogos que não se explicam inteiramente pelo jogo das influências. O eufuísmo inglês, o culteranismo e o gongorismo, os barrocos italiano, francês, alemão e eslavo tiveram pontos de contato, e é patente, por exemplo, que o barroco alemão se pôs em parte na escola do barroco italiano. Todavia, quer se considerem estes movimentos literários como uma arte de corte, quer como uma arte religiosa (barroco católico, barroco protestante), é não menos certo que eles não se engendraram uns aos outros, segundo o ritmo de uma sucessão linearmente cronológica. Para compreendê-los, é necessário remontar especialmente a um antepassado comum, o petrarquismo, do qual se tomaram, pelo fim do século XVI, sejam os sentimentos e as idéias, sejam as estruturas e as formas, integrando-os a obras de um espírito diferente. Este espírito não é só o famoso e muito vago *Zeitgeist*, o ar do tempo; é o reflexo ou então, segundo os marxistas, o produto do determinismo sócio-econômico, a superestrutura de uma infra-estrutura que o postula, o reflexo, também, ou o produto das tendências religiosas que se chocam no momento da Reforma e da Contra-reforma. A sociedade barroca da Europa Ocidental, que se prolonga até a América Central e Meridional, contempla seus ideais, antes que seus costumes, na literatura escrita para ela, e algumas vezes por ela. Da mesma forma, os romances realistas e naturalistas que conhecem uma

58 QUE É LITERATURA COMPARADA?

grande voga no fim do século XIX, são incompreensíveis se se recorrer apenas à pura genética literária: resultam das condições de vida criadas pelo desenvolvimento da indústria, pela perda das ilusões sentimentais e espirituais, pela adesão a princípios científicos ou pela revolta contra os modernos leviatãs. Como lembrou Yves Chevrel (*Le Naturalisme*, p. 33), uma das mais constantes afirmações de Zola é que o naturalismo é o próprio movimento do século.

Vê-se de que utilidade podem ser aos comparatistas os resultados de uma colaboração estreita com os adeptos do materialismo histórico, com a condição de que não utilizem seu método de pesquisa com os fins de uma baixa propaganda: se o moinho a água criou a sociedade feudal, pôde criar também a literatura cortesã; e se do moinho a vapor passa-se à sociedade capitalista, que falso pudor nos proibirá incluir o romance realista nessa relação causal?

Esta caracterização das obras literárias por uma origem comum (o petrarquismo) e por fatores estranhos às letras recebe em francês a denominação de "história literária geral", ou, para retomar a expressão de Paul Van Tieghem, de "história literária internacional".

## A RAZÃO DAS ANALOGIAS

É possível, sem dúvida, explicar fenômenos análogos sobrevindos, no mesmo momento, em países diferentes, pelo efeito das estruturas sócio-econômicas comuns a esses países. Mas esta explicação só poderia ser parcial, uma vez que uma comunidade de estruturas deveria ter por resultado, não fenômenos análogos, mas fenômenos idênticos. O idêntico só se encontra ao nível das ideologias (filosofias políticas e sociais, orientações científicas), redutíveis a conceitos e, portanto, permutáveis. O análogo supõe uma variedade na infra-estrutura – variedade provocada pelo temperamento nacional, pela língua, pela consciência de um passado histórico que pertence exclusivamente a tal país etc.

A constatação de fenômenos análogos no mesmo momento (*sincronia*) concorda parcialmente com o materialismo histórico, mas a persistência dos mesmos fatos através das épocas sucessivas (*diacronia*) nos obriga a interrogar a psicologia das profundezas. A interseção dos dois planos, o diacrônico e o sincrônico, define precisamente o estilo de uma época e dos escritores que lhe conferem seu caráter particular.

### Os Gêneros Literários

A existência diacrônica dos gêneros literários é a prova evidente de uma tradição que se impõe aos autores. Acontece que a obra cria sua forma; acontece mais freqüentemente – ou pela menos acontecia – que a obra se envolve numa fôrma, que é um legado da Antiguidade: a

A HISTÓRIA LITERÁRIA GERAL

epopéia, a ode, a tragédia, a comédia atravessaram assim os séculos, verdadeiros tonéis das Danaides européias, repletas cada vez de um licor diferente. Os tonéis, aliás, se deformam sob a influência das substâncias que neles se vertem. *A Ode à Charles Fourier* de André Breton apresenta poucos pontos de comparação com as odes de Píndaro. E a tragédia lírica dos gregos, por intermédio do teatro de Sêneca, se transformou em tragédia de colégio, em tragicomédia, em tragédia heróica, em tragédia psicológica, em tragédia filosófica, em drama burguês, em drama histórico etc. Mas a ode heróica sempre permanece reconhecível por uma cadência cíclica, por um tom elevado, como a ode epicuriana por seu bom humor. E as tragédias têm em comum, até Ibsen, O'Neill e Claudel, uma visão de mundo sagrada, fatal ou religiosa. O estudo ao mesmo tempo diacrônico e sincrônico dos gêneros literários pode, pois, constituir uma útil contribuição à história literária geral, sobretudo se ele se prender a um mesmo assunto tratado pelos mais diversos autores, no tempo e no espaço (tematologia): as *Antígonas*, os *Anfitriões*, os poemas dedicados às gestas dos heróis nacionais revelam ao mesmo tempo as virtualidades do tema, as características das épocas e dos países; enfim, o gênio de cada autor.

As formas literárias não têm todas os mesmos certificados de antiguidade. As mais recentes nos permitem assistir à gênese dos gêneros. Assim, a do romance histórico que bem parece provir do *Waverley* de Walter Scott (1814), para o qual se descobrem antecedentes, na Inglaterra como na França. Os romances de Gomberville, de La Calprenède, de Mlle de Scudéry se apresentam como romances históricos; em pleno século XVIII, Sade escreve um romance sobre Isabelle (Isabeau) de Baviera, mas essas obras mal satisfazem ao gosto crescente pela cor histórica e local. *Waverley*, ao contrário, une os escrúpulos do "antiquário" ao elemento épico e funde, uma na outra, a história e a imaginação, até o ponto em que a história vai seguir a escola do romance para animar seus afrescos. O Vigny de *Cinq-Mars*, o Victor Hugo de *Notre-Dame de Paris*, o Dumas de *Os Três Mosqueteiros* e de suas continuações são discípulos de Walter Scott, como, mais ou menos, um Manzoni (*Os Noivos*), um Willibald Alexis, um Gustav Freytag, um C. F. Meyer, um Fontane na Alemanha e na Suiça, um Gogol (*Tarass Bulba*), e um Henri Conscience que se tornou o cantor das lutas mantidas por Flandres contra seus invasores. Convém, sem dúvida, não atribuir a Walter Scott a inteira paternidade dos romances históricos, pois aqueles que se desenrolam na Antiguidade pagã ou cristã (*Os Últimos Dias de Pompéia, Salammbô, Quo Vadis?*) podem invocar o exemplo dos *Martyrs* de Chateaubriand (1809) que, por sua vez, se situam na família do *Télémaque* de Fénelon, do *Sethos* do Abade Terrasson e da *Voyage du jeune Anacharsis* do Abade Barthélemy. Se- não, nós nos encontraríamos diante do caso muito raro de uma monogênese (Paul Van Tieghem), cuja forte relação

60 QUE É LITERATURA COMPARADA?

causal pertence sem contestação à literatura comparada, tomada no sentido estrito.

A poligênese é mais freqüente. Em 1836, aparece *Der Bauernspiegel*, seguido de *Uli der Knecht* (1841), obras assinadas por Jeremias Gotthelf, pseudônimo escolhido por Albert Bitzius, pastor no campo do cantão de Berna. Assim se criam o romance rústico e os *Dorfgeschichten* que unem a um realismo sadio ambições didáticas. As obras da mesma veia compostas por George Sand (a partir de 1846), por George Eliot, pelo norueguês Björnson, parecem ter origens independentes das que deram nascimento aos romances de Gotthelf. Aqui intervêm, pois, o contexto sócio-econômico e antecedentes, em verso e em prosa, como o idílio renovado pelo suíço Gessner (outro pastor), o romance pastoral à Florian, o poema rústico ilustrado por Hebel (ainda um pastor! Não é um acaso, como mostrou Robert Minder) e, se se quiser, *Hermann e Dorotéia*. Mesmo aos *Schwarzwälder Dorfgeschichten* de B. Auerbach (a partir de 1843) e as novelas de Gottfried Keller não poderiam, com certeza, ser associadas estreitamente à posteridade do romancista de Berna. Este florescimento rústico se radica na terra européia para protestar, à sua maneira, contra as concentrações industriais onde se vão extenuar os proletariados.

A monogênese do romance histórico e a poligênese do romance rústico convergem em obras como as de Erckmann-Chatrian e de Fritz Reuter, que evocam os tempos napoleônicos, quer num francês comparável ao de Alphonse Daudet, quer no *plattdeutsch* elevado pelo romantismo de observância herderiana e pelo realismo folclórico à dignidade de língua literária.

Outros exemplos de poligênese. Contra a hipótese romântica que atribuía aos *fabliaux* uma origem unicamente oriental, Joseph Bédier, na sua tese de 1893 (2ª ed., revista, 1894), mostrou – e não se pôde desmenti-lo até hoje – que era necessário admitir uma pluralidade de eclosões no tempo e no espaço, sem excluir alguns jogos de influências. E, da mesma forma, em *Eos, An Enquiry into the Theme of Lovers' Meetings and Partings at Dawn in Poetry* (1965), Arthur T. Hatto e seus colaboradores: a alba (provençal: *alba*), cujos mais célebres exemplos são a cena da cotovia em *Romeu e Julieta* ou, como o mostrou Jacques Chailley, o dueto de amor do ato II de *Tristão e Isolda* de Wagner, é atestada em quase toda a superfície do globo, sem possibilidade de redução a uma origem única. O sentido deste último substantivo é, aliás, questionado por Hatto, que o considera tão suspeito quanto o é para os etnólogos a palavra "primitivo".

### As Concepções de Vida

No estudo dos sincronismos, é necessário dar grande importância ao estudo das condições de vida, desde as mais materiais até as mais elevadas, e ao que delas resulta para as sensibilidades e para as imagi-

A HISTÓRIA LITERÁRIA GERAL 61

nações. O comparatista deverá interrogar-se, pois, sobre a forma de civilização à qual se vincula uma literatura: civilização de corte, civilização urbana, civilização camponêsa. A cada um desses tipos ele verá se unirem formas literárias específicas: ao primeiro, a poesia cortesã ou galante; ao segundo, o romance de costumes; ao terceiro, a lenda – efeitos e reflexos ao mesmo tempo. Perguntar-se-á também quais foram as opções políticas, morais, religiosas e metafísicas dos grupos, às quais, aqui e lá, escritores se julgaram solidários ou às quais se opuseram; e especialmente, quais são os filósofos que eles admiraram ou em relação aos quais se dividiram. (Ver o muito significativo *Erasme en Espagne* de Marcel Bataillon, 1937.) Pesquisará como se amava, segundo o ideal neoplatônico, ou com a simplicidade dos corações ternos, ou entregando-se ao ardor sensual de uma Lady Chatterley. Determinará a que concepções científicas aderiram autores de nacionalidades e de dependências diferentes, aproximadamente num mesmo momento: aqueles que crêem que o Sol gira ao redor da Terra não se entendem com os que professam o heliocentrismo e que são ameaçados pelos tribunais da Inquisição. Fixará a imagem que aqueles tinham do tempo, da rapidez de seu curso, de seu movimento cíclico ou de sua inelutável irreversibilidade. Estudará a natureza de suas próprias sensações e percepções, não temendo sequer interrogar-se sobre suas formas geométricas de predileção: o círculo, disseram, é clássico; a elipse, barroca; o arabesco, rococó. Enfim, ele se esforçará por extrair deste conjunto a concepção geral da vida e da morte que reinou em tal época.

Tudo isso não é infelizmente, para a maioria, senão um programa de pesquisas na realização do qual os historiadores das ciências e do pensamento, do comportamento e da sociologia precederam os comparatistas, como é próprio dos guias. É preciso ainda aceitar ser guiado e não demorar no caminho. Tanto mais que os comparatistas têm nas suas bagagens instrumentos que não serão inúteis aos que abrem caminho. Somente com espírito de estreita colaboração entre as disciplinas se perceberá esta comunidade de tradições e de inspirações que legitima a história literária geral.

*Os Estilos*

Outro programa de pesquisas! Cada época tem seu estilo – isto se ouve correntemente; mas quem, salvo Curtius para a Idade Média latina, procurou definir cientificamente as características desses estilos? Quem ultrapassou, pois, as generalidades ocas? E, no entanto, mesmo se se levarem em conta diferenças entre os modos de pensamento inerentes a cada nação e diferenças morfológicas e sintáticas entre os grupos lingüísticos, é obrigatório reconhecer, no interior de certos limites espaciais, a existência de estilos devidamente datados: petrarquismo, barroco, luzes, sentimentalismo, romantismo, realismo, ex-

62 QUE É LITERATURA COMPARADA?

pressionismo, surrealismo, existencialismo, domínios em que, de maneira dolorosa, faltam estudos. Não basta, com efeito, justapor análises nacionais para descobrir, para além das aparências, o denominador comum. Os traços fundamentais de um estilo não poderiam ser destacados senão por uma exploração feita nas linguagens, a partir do conhecimento das concepções fundamentais de uma época.

A obra mais ambiciosa dessa *Stilforschung*, a *Mimesis* de Erich Auerbach (1946), tenta pintar com grandes traços um panorama histórico completo da literatura ocidental, período por período, da Alta Idade Média aos nossos dias, apoiando-se na explicação estilística de curtos trechos minuciosamente escolhidos, de todas as literaturas européias. Inscrita em filigrana, a idéia diretriz é: enquanto idéias e sentimentos são tradicionalmente expressos num "grande" estilo literário elevado, a *imitação* da realidade concreta, cotidiana, se faz com o auxílio de um estilo trivial, geralmente cômico. A fusão dos dois domínios e dos dois estilos se efetuou duas vezes: a primeira, na Idade Média, sob a influência dos Evangelhos; a segunda, na época moderna, após uma nova separação dos estilos imposta pelo Renascimento, sendo que o equilíbrio foi magnificamente alcançado com Balzac e Stendhal. Feitas todas as reservas sòbre a interpretação global, admira-se com que arte o autor conseguiu retirar, e depois classificar, os traços fundamentais das obras e dos escritores ligados ao seu tempo, a partir de algumas páginas submetidas a uma vigorosa análise microscópica.

Essa brilhante exceção não nos impedirá de censurar os filólogos por terem raramente prestado mão forte aos comparatistas. Mas talvez aqueles esperem que estes os convidem a uma ação conjugada.

## RUMO À LITERATURA UNIVERSAL

Da mesma forma que uma casa não é um monte de pedras preparadas para construí-la, também a literatura universal não é uma justaposição das literaturas nacionais; ou, para falar de outro modo, a soma dos elementos é diferente de sua síntese.

A literatura universal (*Weltliteratur*, segundo Goethe; em inglês, *world literature*; em russo, *Mirovaiia literatura*, expressao que se traduz por "literatura mundial") se propõe, no fundo, a arrolar e explicar as obras-primas que formam o patrimônio da humanidade, os títulos de glória do planeta, tudo o que, sem deixar de pertencer à nação, pertence ao conjunto das nações e estabelece um equilíbrio mediador entre o nacional e o supranacional. Étiemble insistiu na necessidade de sair do espaço literário da Europa Ocidental ("Será preciso revisar a noção de *Weltliteratur?*", nos *Essais de littérature (vraiment) générale* (1974; 3ª ed., 1975) e em *Quelques Essais de littérature universelle* (1982).

A HISTÓRIA LITERÁRIA GERAL                               63

A literatura universal não deve ser compreendida independentemente da evolução histórica; de fato, seu conteúdo não pára de se mo-
dificar, empobrecendo-se às vezes, enriquecendo-se mais freqüentemente. A literatura universal é comparável a uma espécie de capitali-
zação com juros compostos. Nunca se proibiu aos capitalistas a recor-
dação da história da sua fortuna; os historiadores da literatura universal têm o dever de proceder aos balanços periódicos do que constituiu aqui e lá o ativo dos grupos humanos e enfim da humanidade.
Parece que é de meados do nosso século que data realmente uma literatura universal. O conhecimento que Goethe tinha de uma tal literatura pode nos parecer singularmente pobre. Sem dúvida, sempre nos
entregamos ao jogo dos "dez livros que levaríamos se..." Mas esses
dez livros mudaram e estendeu-se a gama das literaturas que eles representam. Definir, em cada idade da humanidade e para seus mais
importantes e mais diferentes grupos lingüísticos, o que constituiu as
bibliotecas desses grupos, é uma tarefa capital. Na obscura transformação de uma biblioteca em outra, não se desprezarão essas manifestações que evocam a lei da oferta e da procura: as fomes literárias que
querem ser saciadas, e que não podem sê-lo senão pela descoberta de
recursos insuspeitados até então. Dever-se-á também estar atento aos
diversos elementos ativos que permitem a uma mesma obra, com
maior ou menor brilho, gozar de uma perpétuo presente (a Bíblia,
Virgílio, Santo Agostinho).

Fritz Strich, num excelente estudo[1], mostrou que a literatura universal se compunha de obras caracterizadas pelo sucesso internacional
que granjearam e pela qualidade duradoura que apresentam. De fato,
só o critério do sucesso é insuficiente: Kotzebue teve mais espectadores que Goethe, e *Werther* mais leitores que *Fausto*. Hoje, Kotzebue (apesar da tese de Andrée Denis) está esquecido e *Werther* emociona ainda as almas sensíveis, mas é *Fausto* que reúne todos os sufrá-
gios. Mas se não tivesse conhecido o êxito e se não se tivesse benefi-
ciado com o êxito obtido pelas outras obras de Goethe, o drama
*Fausto* não se teria imposto; e o tempo não teria podido consagrá-lo.

Existe uma sociologia das literaturas nacionais. Por que não prever uma sociologia da literatura universal que poria na primeira fila
dos escritores lidos, não Shakespeare, nem Racine e Goethe, mas
Kotzebue, Júlio Verne e a Baronesa Orczy?

A qualidade de uma obra que a literatura universal considerará
não é devida inteiramente ao gênio de seu criador: está ligada à sua
universalidade original. O classicismo francês, graças ao seu raciona-

---

1. "Weltliteratur und vergleichende Literaturgeschichte", em *Philosophie
der Literaturwissenschaft*, publicado por E. Ermatinger, Berlim, 1930. Ver,
também, em orientações ligeiramente diferentes: Albert Guérard, *Preface to World
Literature* (New York, 1940) e Werner Milch, "Europaische literaturgeschichte, in
Arbeitsprogramm", em *Schriftenreihe der Europäischen Akademie*, Heft 4, Wiesbaden, UNA, 1949.

64 QUE É LITERATURA COMPARADA?

lismo aparente, foi adotado sem dificuldade pela Europa e oferece ainda ao conjunto do mundo um valor de pensamento e de arte que desperta e estimula a reflexão. O romantismo alemão não tem um menor valor absoluto; entretanto, o que contém de típico e de individual se chocou e se choca ainda contra resistências estrangeiras. A estreita associação de uma literatura e de uma civilização hegemônica favorece o acesso desta literatura ao nível da literatura universal. As dificuldades de tradução a prejudicam como, geralmente, também o fato de pertencer a uma minoria lingüística. Falta, pois, bastante para que a qualidade seja o fator determinante. Porém, a literatura universal ideal deve procurar por toda a parte as obras que, por suas qualidades, merecem uma audiência internacional, mas que não a obtiveram ainda.

*Grandes Conjuntos Literários*

Antes de descrever a literatura do universo, constituir-se-ão grandes conjuntos literários cujos quadros naturais são dados pelos limites dos grupos étnicos ou lingüísticos, no interior dos quais as relações foram estreitas e freqüentes: a Europa Ocidental e os Estados Unidos, a Europa Central e Oriental. Sem esquecer que as relações entre estas duas grandes regiões nunca foram interrompidas no curso dos séculos, graças ao papel da Alemanha, graças à vocação histórica da Polônia e da Hungria – países voltados para o Oeste, pelo menos tanto quanto para o Leste – e graças à existência de literaturas em língua latina. No Extremo Oriente se formarão outros conjuntos; e outros ainda na era islâmica definida por conceitos religiosos. É evidente que as literaturas africanas, polinésias etc., ocuparão outros pesquisadores. E de sínteses parciais em sínteses parciais chegar-se-á enfim a uma síntese geral, a uma história literária da humanidade. É possível chegar mesmo a uma poética geral, ou porque os meios fundamentais a serem utilizados para comover os homens, para fazê-los rir, para exaltar-lhes a imaginação etc., não são intrinsecamente diferentes de uma área a outra, ou porque eles se constituem em grandes conjuntos.

A história literária da humanidade foi muitas vezes tentada, sobretudo na Alemanha, por Julius Hart (*Geschichte der Weltliteratur*, 1894) e por Carl Bosse (mesmo título, 1910), por Paul Wiegler (mesmo título; subtítulo: *Dichtung fremder Völker*, 1914; 2ª ed., 1920). Trata-se de simples justaposições de literaturas nacionais, como a gigantesca compilação de Giacomo Prampolini (*Storia Universale della Letteratura*, 1933-1938, e depois 1948-1953) que trata superficialmente do Oriente e do Extremo Oriente, das origens aos nossos dias, no primeiro volume, atinge um pouco melhor a Rússia, das origens aos nossos dias, no sétimo e último volume, e oferece um apêndice polinésio, à maneira de conclusão. O *Handbuch der Weltliteratur* de H. Eppelsheimer (1937, depois 1960) é um guia de leitura, um manual explicativo de bibliografia, que dá algumas indicações elementares so-

# A HISTÓRIA LITERÁRIA GERAL 65

bre as correntes e sobre as obras. Sublinhamos isto: a história universal da literatura não é a história da literatura universal.

Conceder-se-á maior atenção à *Geschichte der Weltliteratur* (3ª ed., na coleção do editor Knaur, de Munique) de Erwin Laaths, que procurou considerar ao mesmo tempo o valor absoluto (às vezes puramente nacional) das obras, a irradiação de sua influência, a sua presença na incessante metamorfose da literatura, graças aos tipos e aos mitos que elas impõem: balanço dinâmico de um passado presente sempre, balanço que deve ser pois perpetuamente retomado. A fecundidade da idéia faz desculpar a coragem imprudente do projeto, que ultrapassa, evidentemente, os conhecimentos de um único homem.

A essa obra temerária, preferir-se-ão sínteses parciais, sobretudo se se apresentarem sob a forma de esboços, como *Outline of Comparative Slavic Literatures* de Dmitry Cizevsky (1952) que, em menos de cento e cinqüenta páginas, abre muitos caminhos, estabelece muitas concordâncias; em resumo, indica a problemática do assunto. A *Histoire littéraire de l'Europe et de l'Amérique de la Renaissance à nos jours* de Paul Van Tieghem (1941), que respondia ao desejo de Valery Larbaud (ver *Sous l'invocation de saint Jérôme*), parece bastante frágil, em razão do pequeno campo que o autor focalizou e do inextricável emaranhado de constatações positivas e de opiniões pessoais; é, no entanto, de leitura necessária no estudo da fortuna sucessiva dos gêneros. Frágeis também, ainda que sempre sugestivos, são os livros de Paul Hazard: *La Crise de la conscience européenne de 1680 à 1715* (1935) e *La pensée européenne au XVIIIe siècle* (1946). Realmente, essas obras não são mais concebíveis, a não ser que sejam confiadas a equipes que trabalhem sob uma direção prudente e aceitem conceitos e uma terminologia de extensão verdadeiramente européia. Este desejo é atendido, em parte, graças à coleção "Art Idées Histoire", da editora Skira, e na qual foi justamente notada *L'Invention de la liberté* de Jean Starobinski: não se lamenta que a perspectiva adotada seja a da história da civilização; só se desaprova que aí a literatura apareça subordinada às relações que ela mantém com as idéias e com as outras artes.

O *Outline of Comparative Literature* de W. P. Friederich e D. Malone (1954) constitui uma grande realização. Mas, apesar da sua densidade, seu fraco volume (450 páginas) faz dele, como indica o título, um esboço ou um projeto, antes um índice de matérias semi-explicado, um catálogo crítico de títulos e de nomes, um repertório de assuntos de teses e de dissertações; numa palavra, um resumo que teria precedido o tratado em lugar de acompanhá-lo. Tal como é, enquanto espera que uma equipe internacional possa um dia desenvolvê-lo, *Outline* estimula vivamente o espírito. Faz-nos conceber um leitor onilíngüe e onisciente que percorra toda a literatura impressa de todos os tempos e de todos os países, mas como a expressão única de uma única humanidade em que as línguas nacionais e os gênios individuais

66 QUE É LITERATURA COMPARADA?

não representem, por assim dizer, senão variantes dialetais ou tribais. Além disso, se um determinado leitor não esquecer a África nem a Ásia (o *Outline* se limita à Europa), permanecendo sempre sensível à interdependência dos fenômenos, isto é, fiel ao ponto de vista comparatista, se encontrará ele, enfim, no mesmo pé que o ouvinte de música ou o visitante de museu – personagem universal e anônimo, mas perfeitamente real, presente em todo estudo geral sobre as artes.

A noção de museu foi, aliás, adotada para a apresentação das literaturas nacionais, de sua origem aos nossos dias, nos países do Leste. A Europa Ocidental, que tem muitas casas de escritores, nada tem de comparável senão o Museu da Literatura, em Bruxelas, e o riquíssimo Schiller Nationalmuseum (Marbach/Neckar, perto de Stuttgart) que, não se limitando ao escritor nascido nesse local, mostra a literatura alemã, dos séculos XVIII ao XX. Existem, aqui e lá, admiráveis realizações museográficas, que são também bibliotecas e arquivos. No máximo, pode-se sonhar com um museu da literatura universal que a apresente cronologicamente.

Atualmente, não é proibido tentar sínteses; é até recomendável experimentá-las, porque a síntese nunca intervém sem reativar a análise e sem sublinhar as suas lacunas. Há entre a história das literaturas nacionais e a literatura comparada de um lado, as sínteses da literatura universal, do outro lado, como um jogo de vaivém que é útil a estas e àquelas. Assim, que proveito não há em oferecer o quadro da literatura romântica na Europa! Percebe-se isto bem depressa: o que os manuais franceses definiam como uma literatura romântica (Chateaubriand, Lamartine, o Hugo dos primeiros tempos) não é senão um avatar do classicismo. À luz dos romantismos inglês e alemão, os historiadores da literatura francesa são obrigados ou a fechar-se no interior de suas fronteiras – e passou o tempo dessas separações –, ou a revisar sua concepção do romantismo. São então levados ao reconhecimento de um primeiro romantismo que vai de Rousseau a Senancour e depois, pelo efeito das descobertas arqueológicas e, bem mais, sob o impulso político da Revolução e do Império, a uma consolidação das posições clássicas, antes de descobrirem a eclosão de um segundo romantismo. Originário do primeiro, graças a mudanças nacionais (Nodier) e a excitações estrangeiras (Hoffmann), este segundo romantismo, que pode receber o nome de sobrenaturalismo, é a época de Nerval e de Baudelaire; e, um pouco mais tarde, a de Rimbaud e de Lautréamont. Albert Béguin, em *L'Âme romantique et le Rêve*, ia mesmo mais além, incluindo o surrealismo. Na mesma ocasião, o quadro do romantismo europeu se amplia: não podendo mais limitar-se a alguns anos do século XIX, deve estender-se para aquém e para além, em mais de um século, e apropriar-se do *Sturm und Drang*, dos escritos com tendências revolucionárias da Alemanha, da Europa Central e da Itália, e das ideologias socialistas e utópicas. E, em face desse quadro, os historiadores porão um outro, o do classicismo: classicismo wei-

# A HISTÓRIA LITERÁRIA GERAL

mariano, classicismo francês do Império e da Restauração, quase contemporâneos, que seria interessante relacionar. Duas correntes coexistiram assim no interior de várias literaturas, ora reforçadas, ora enfraquecidas, mas de qualquer maneira complementares.

## Os "Eons" Literários

O perigo dessas ampliações não é – objetar-se-á – fazer desaparecer a originalidade de uma época no oceano de um conceito impreciso? Se se datar o romantismo de *La Nouvelle Héloïse* ou mesmo do primeiro tratado de Jean-Jacques Rousseau, não se será levado a remontar até as primeiras obras do Abade Prévost, e depois, saltando por cima do classicismo, até o barroco, considerando que se pôde ver nos romances de Prévost como que um tardio florescimento do barroco? E se descobrirá, como queria Eugenio d'Ors, um *eon* (uma substância eterna) barroco em todas as civilizações e em todos os tempos, isto é, um *eon* dionisíaco opondo-se ao *eon* apolíneo do classicismo? E não se deverá, para nomear a atividade lúdica (cf. *Homo ludens* de Huizinga) uma vez que ela própria se propõe como objeto, criar um *eon* maneirista, oculto sob o asiatismo, o alexandrinismo, a arte de grande retórica, o preciosismo, o rococó (que não é uma degradação do barroco), a fantasia de alguns poetas – de Banville a Giraudoux – e a estranheza rebuscada de certos surrealistas? G. R. Hocke nos convida a isso (*Die Welt als Labyrinth. Manier und Manie in der europäischen Kunst*\*, 1957). Mais modestamente, Louis Cazamian já nos engajava (*L'Evolution psychologique et la Littérature en Angleterre*, 1920; *Essais en deux langues*, 1938) a ver na literatura inglesa, como na francesa e mesmo na grega, uma oscilação entre dois pólos: o romantismo e o classicismo.

Nessas condições, que se torna a história da literatura, visto que não há história senão do particular? Não é entregar-se, de pés e mãos atados, a uma filosofia da literatura tão vã quanto a filosofia da história?

Responderemos que a filosofia da história, após ter conhecido uma voga excessiva na época romântica, após ter sido repudiada na época positivista como se estivesse maculada de imprudência, encontrou em nossos dias defensores de peso (Toynbee, especialmente); e que não é proibido determinar as grandes pulsações da humanidade, as vagas de fundo que a levantam periodicamente, as constantes que nela se chocam num ritmo de sístole e diástole.

Não é mais condenável determinar, na evolução da literatura, constantes, *eons*, se, após ter isolado essências, se tem a sabedoria de encarná-las para lhes dar vida: línguas, nações, sociedades, indivíduos

---

\* Tradução brasileira de Clemente Raphael Mahl, *Maneirismo: O Mundo como um Labirinto*, São Paulo, Perspectiva, 1974, col. Debates 92. (N. da R.)

# QUE É LITERATURA COMPARADA?

aí estão para particularizar historicamente uma abstração. As definições dos romantismos nacionais foram objeto de inúmeras disputas. Nada mais normal: choca-se contra os acidentes, e os acidentes mais exteriores. Seria melhor destacar as características principais do romantismo para mostrar como ele se manifesta diferentemente, em épocas diferentes e nas diferentes literaturas.

Assim procedeu Wylie Sypher (*Rococo to Cubism in Art and Literature*,* 1960), a respeito das estéticas e das obras que aparecem antes e depois do romantismo, por ele considerado como uma vã sucessão de experiências individuais: a seus olhos, o rococó é o último estilo (visão do mundo e não apenas técnica) a traduzir na Europa a universalidade da consciência intelectual de sua época, nas artes tanto quanto na literatura. Foi preciso esperar em seguida um século e meio para que o cubismo, reencarnação do estado de espírito do rococó, afirmasse sua vontade de uma posse completa do objeto, submetido à lei formal do intelecto: o que mostram as telas de Braque, não menos que *Os Moedeiros Falsos* de Gide e *Seis Personagens à Procura de um Autor* de Pirandello.

Com exceção dessa tentativa, rica em sugestões, o que acaba de ser enunciado representa a finalidade ideal que só se adivinha nos limites do possível. Ao propor-se uma finalidade menos longínqua, coloca-se o estudioso, no entanto, diante de um problema delicado: o da periodização, um problema que se apresenta ao mais humilde autor de manual, tanto quanto ao mais ambicioso sonhador de síntese. Um problema que resulta da necessidade de agrupar os fatos para apresentá-los segundo uma ordem ao mesmo tempo lógica e concorde com o real. Esses agrupamentos aliás foram constituídos bem antes de que se começasse a indagar sobre sua validade.

## OS PROBLEMAS DA PERIODIZAÇÃO

Assim como se verificou em outros setores, os historiadores da literatura seguiram passo a passo os historiadores das civilizações. O pioneiro parece ter sido Richard M. Meyer, que publicou em *Euphorion*, em 1901, *Prinzipien der wissenschaftlichen Periodenbildung, mit besonderer Rücksicht auf die Litteraturgerschichte*. Em 1935, o II Congresso Internacional de História Literária, realizado em Amsterdã, inscreveu em seu programa: "Os Períodos na História Literária desde o Renascimento", sob a presidência de Baldensperger. Vários congressistas, como Ed. Wechssler, J. Hankiss, K. Wais, L. Folkierski, especialmente, tomaram a palavra (ver *Bulletin of the International Committee of Historical Sciences*, t. IX, setembro de 1937). A exposição mais

---

\* Tradução brasileira de Maria Helena Pires Martins, *Do Rococó ao Cubismo na Arte e na Literatura*, São Paulo, Perspectiva, 1980, col. Stylus 4.

A HISTÓRIA LITERÁRIA GERAL 69

pormenorizada foi a do holandês H. P. H. Teesing: *Das Problem der Perioden in der Literaturgeschichte* (1949). A esse respeito, lembrar-se-à também a *Teoria da Literatura* (1ª ed., 1943) de Wellek e Warren (traduzida para o francês, com o título *La Theórie Littéraire*, 1972, e para o português, em 1962).

Com efeito, o termo *periodização* é mal escolhido porque, etimologicamente, atribui à evolução um trajeto circular. Ora, mesmo aos olhos de quem crê no eterno retorno, a dimensão temporal exige que essa circunferência seja transformada numa espiral ou numa sinusóide. Quanto aos que pensam que, no estado atual de nossos conhecimentos, a duração e o espaço literários perceptíveis são por demais limitados para que um ritmo aí seja introduzido, eles imaginam a evolução antes sob uma forma linear não circular e como uma sucessão de épocas, cuja orientação pode mudar. Entretanto, o uso criou uma quase-sinonímia entre "período" e "época" (distinguidas por Péguy, segundo uma fórmula que não se adapta ao nosso propósito). E por não se poder forjar um bárbaro "epoquização", que teria o mérito de uma menor petição de princípio, "periodização" é, pois, aqui empregado no seu sentido etimológico, tanto quanto no sentido derivado: determinação das épocas da história literária. A própria época se define por oposição ao que a precede e ao que a segue, e encontra sua unidade num traço dominante (uma visão do mundo, um estilo), o qual não é a soma dos caracteres elementares que a constituem.

## A Periodização Internacional a Curto Prazo

J. Hankis tem razão de observar que a periodização, qualquer que seja o método empregado, obedece a certos móveis, dos quais é necessário urgentemente tomar consciência, para não ser joguete de impulsos tradicionais. Muito freqüentemente, a periodização literária se submete à periodização política, pela qual os franceses sentem uma inclinação deplorável – 1610, 1715, 1814 ou 1815, 1914 –, bastando abrir um manual para encontrar datas, ainda que nada signifiquem no domínio das letras: o punhal de um fanático não é um objeto literário, assim como não é um acontecimento literário a morte de um rei, cuja monarquia, há trinta anos, mostrava fissuras. De resto, é transportando esses esquemas políticos nacionais para fora das fronteiras que se vê a nu sua inoportunidade. Necessitar-se-ia pelo menos utilizar fatos políticos de um alcance internacional: os tratados de Westfália e de Viena, os tratados que puseram fim à Primeira Guerra Mundial (e não o começo dessa guerra), porque, concluindo uma época conturbada, remanejando o mapa da Europa, eles tiveram repercussões diversas sobre o conjunto das literaturas.

Esses marcos não são para desprezar; devem no entanto ceder a limites verdadeiramente literários. Na introdução de seu *Manuel de l'histoire de la littérature française* (1898), Brunetière, que substituía

# QUE É LITERATURA COMPARADA?

pela divisão por épocas literárias a divisão tradicional por séculos, tinha razão de escrever que essas épocas devem ser datadas "pelo que se chamam acontecimentos literários: o aparecimento das *Lettres provinciales* de Pascal ou a publicação do *Génie du Christianisme* de Chateaubriand". Mas aqui ocorre uma outra dificuldade: a periodização puramente literária não é sempre paralela em duas ou várias literaturas; considere-se o jogo das influências que supõe uma certa diferença cronológica (o classicismo inglês é posterior ao classicismo francês considerado numa acepção restrita). A *Goethezeit* (expressão cujo equivalente, em francês, é inconcebível), apogeu da literatura alemã, não tem seu correspondente exato no outro lado do Reno.

Conseqüentemente, dever-se-á renunciar a toda periodização por épocas? Sim, se se quiser cortar a evolução em finas fatias e colocar entre elas muralhas intransponíveis. Sim, se se negligenciar, em proveito deste aspecto estático, o elemento dinâmico, essas correntes que nenhuma estanqueidade poderia deter. Em *Les Grands Courants* [em dinamarquês: *Hovedstromninger*] *littéraires au XIXe siècle* (1872-1890, 6 vol., dos quais só foi traduzido para o francês aquele que se refere a *L'École romantique en France*), Georg Brandes, experimentando o sentimento do caráter indissolúvel da literatura européia, mostrou o fluxo e o refluxo do liberalismo, desde a Revolução Francesa até as revoluções dos meados do século. A idéia que anima essa obra pode, certamente, nos parecer extraliterária: Brandes quer provar que o liberalismo deve vencer a hidra reacionária e afogá-la nas suas ondas generosas. E, sem dúvida, esse discípulo de Taine se serve também de uma concepção utilitária demais da obra de arte – "signo do estado mental de uma época" –, que deve permitir-lhe dar o esboço de uma psicologia do século XIX europeu. Mas a sua largueza de vista e a amplitude de sua documentação lhe permitem definir o lugar relativo que os escritores franceses, alemães e ingleses ocupam no conjunto da evolução. Se a idéia diretriz – político-moral – é contestável, a realização faz esquecê-la; esse quadro móvel se impõe ainda à atenção do leitor e nos dá um exemplo notável da dialética dos elementos dinâmicos no interior de uma época.

*Die Philosophie der Aufklärung* de Ernst Cassirer (1932, trad. inglesa, 1951; trad. francesa, 1966) tem sobre a obra de Brandes a vantagem de não adotar um postulado extraliterário para extrair os traços constantes dessa tendência européia que tem o nome de Luzes (*Lumières* na França e *Enlightenment* na Inglaterra)[2].

"Tendência" é outra palavra de valor dinâmico. Aproximar-se-á de "corrente", ainda e sobretudo, de "movimento", com a condição de lhe dar seu sentido primeiro, que traduz a qualidade essencial da vida e,

---

2. Ver também René Pomeau, *L'Europe des Lumières - Cosmopolitisme et Unité européenne au XVIIIe siècle*, Stock, 1966; Slatkine reprints, 1981.

A HISTÓRIA LITERÁRIA GERAL 71

por conseguinte, da literatura, cujo devir associa as transformações imperceptíveis às negações apaixonadas. Um importante estudo pode ser escrito sobre o classicismo europeu (séculos XVI-XIX), em que as tendências conservadoras apareceriam em luta com as tendências liberais, a união delas produzindo um movimento no conteúdo e na substância bem diferentes, segundo fosse percebido, por exemplo, em Versalhes ou em Weimar.

*As Gerações*

De todos os procedimentos de periodização, o mais simples é o que considera as gerações às quais pertenceram os escritores. É, aliás, o mais antigo, posto que é o próprio fruto das observações dos filhos colocados em face dos pais e dos avós, e inversamente. Sem remontar até a Bíblia, nem até Heródoto, para quem um século contém três gerações, lembrar-se-á que, desde seu *Cours de Littérature*, Fiedrich Schlegel distringuia três gerações na segunda metade do século XVIII, e que a expressão "geração de 1898", empregada por Azorín em 1913, é adotada desde cerca de 1920 para designar um grupo de grandes escritores espanhóis que tomar consciência de suas responsabilidades no momento da derrota de seu país pelos Estados Unidos. Uma vez ainda, a prática é anterior à reflexão teórica. Para entregar-se a esta, a história da literatura seguiu o exemplo da história da arte: A *Das Problem der Generation in der Kunstgeschichte Europas* de W. Pinder (1926) corresponde *Die literarischen Generationen* de Julius Petersen (1930). Na França, a idéia de geração, primeiro explorada por um sociólogo, François Mentré (*Les Générations sociales*, 1920) e utilizada de maneira alusiva por Focillon (*La Vie des Formes*, 1934), foi admirada por Thibaudet que organizou, segundo esse princípio, a sua *Histoire de la littérature française de 1789 à nos jours* (publicada postumamente em 1936). Jean Pommier elaborou essa noção com o sentido crítico que lhe é peculiar (*Publications de l'E. N. S.*, Lettres II, 1945); paralelamente, Henri Peyre (*Les Générations littéraires*, 1948) tentava aplicá-la às literaturas ocidentais. É por essa razão que convém deter-se em seu livro, depois de haver notado que de um historiador ao outro varia a duração das gerações (de quinze a trinta anos, mesmo trinta e três anos, se for verdade, como escrevia Claude-Edmonde Magny[3], que as gerações literárias têm a idade de Cristo) e que, se é relativamente fácil periodizar uma literatura nacional por gerações, os obstáculos se levantam mais numerosos diante daquele que quer estudar esta sucessão de escritores independentemente das fronteiras.

H. Peyre distingue onze gerações de 1490 a 1660, dezoito de 1660 a 1900. A décima-segunda, a dos escritores nascidos entre 1660 e 1685, na França, portanto no tempo do apogeu clássico, oferece cronologica-

---

3. *Histoire du roman français depuis 1918*, Le Seuil, 1950, p. 45.

72 QUE É LITERATURA COMPARADA?

mente os seguintes nomes: Dancourt, Rollin, Lesage, Du Bos, J.-B. Rousseau, Brossette, La Motte-Houdar, Crébillon pai, Saint-Simon e Destouches. Na Suíça, o de Béat de Muralt, que combate a hegemonia francesa e a ela opõe o exemplo inglês, que o outro Rousseau não esquecerá. A própria Inglaterra, se é em política menos favorecida que a França (pense-se em Carlos II, que esteve na dependência de Luís XIV), vê nascer os que a celebrizarão: Defoe, Swift, Shaftesbury, Steele e Addison, depois o futuro Dr. Young, Berkeley, Pope, Richardson, isto é, ao mesmo tempo clássicos influenciados pela França e, para a França como para a Alemanha, iniciadores das Luzes e do Romantismo. Na Espanha, Feijoo, um Bayle católico. Na Itália, imitadores da tragédia francesa (o classicismo italiano é, como o inglês, posterior de uma geração ao classicismo francês, que é por sua vez oriundo em parte do Renascimento italiano), críticos que elaboram teorias sobre a imaginação, ameaçando o primado estético da razão (ver J. G. Robertson, *Studies in the Genesis of Romantic Theory in Eighteenth Century*, 1923). A décima-terceira geração, a dos escritores nascidos ao redor de 1695, inverte a questão: é "fecunda na França" (Voltaire, Montesquieu, Prévost) e "estéril na Inglaterra". Os países de língua alemã unem um classicismo de empréstimo (Gottsched) a seu antídoto (Breitinger), enquanto que o classicismo se prolonga na Itália e na Espanha.

Como se vê, esse procedimento não é a aplicação de uma computação mística. Produto de um empirismo que ousa dizer seu nome, tem um irrefutável valor prático, posto que não obriga os fatos a submeter-se ou a omitir-se, e reconhece no interior de uma mesma época tendências divergentes e até mesmo contraditórias; e na sucessão das épocas, ritmos sincopados. Critica-se H. Peyre por definir as gerações pelas datas de nascimento dos escritores e por afastar a possibilidade de que estes se reúnam em grupos ("cenáculos", "escolas" etc.), independentemente de sua idade, pela cristalização de idéias e sentimentos análogos. Pelo menos, não está proibido ao pesquisador que utiliza a periodização de Peyre o trabalho de conjugá-la com a noção de grupo, para melhor traduzir a complexidade da evolução literária.

Qualquer método que se adote, uma periodização não vale senão pelo espírito de penetração de quem o inventa e sobretudo de quem o aplica. Possa o espírito estar atento aos públicos aos quais estão destinadas as obras, às diferentes artes que têm com a literatura relações tão secretas quanto necessárias, enfim à história geral da civilização, a cujo ritmo devem harmonizar-se as ondas que levam às praias da humanidade as obras-primas das quais ela se orgulha.

# 4. História das Idéias

Aplicada desde 1931 por Paul Van Tieghem a uma certa orientação da literatura comparada, a expressão "história das idéias" adquiriu direitos de cidadania em 1940, com a criação do *Journal of History of Ideas*.

Para evitar qualquer equívoco, tomamos "idéia" no sentido mais amplo, sem rigor filosófico nem referência a uma doutrina particular: simples instrumento cômodo para designar conhecimento e reflexão abstrata ao lado do prazer estético, ou ainda a representação intelectual de um estado de sensibilidade.

Todos compreendem o que querem dizer as idéias "filosóficas" de Shelley, "religiosas" de Lessing, "científicas" de Lucrécio, "políticas" de Goethe, "estéticas" de d'Annunzio. Mais confusas são as "idéias sentimentais", ou formas de expressão literária da sensibilidade. Acrescentemos enfim as "idéias literárias" propriamente ditas: doutrinas, escolas, tendências, movimentos, designados, expostos e discutidos pelos próprios escritores, ou ainda, os sistemas inventados pela crítica para melhor apreender uma realidade fugidia, por exemplo, o "barroco".

A dificuldade reside menos nas relações entre a literatura e as outras atividades intelectuais – domínios cujas fronteiras permanecem entretanto incertas – do que no conceito de "idéia" aplicado à literatura. Para sair do velho dilema do fundo e da forma, inabilmente mantido sob os nomes de prosa e de poesia puras, os Modernos quiseram reunir uma vez por todas as duas noções, com a invenção de uma terceira, geralmente chamada "estrutura", constituindo a palavra e o pensamento as duas faces artificialmente separadas de uma única realidade.

# 74 QUE É LITERATURA COMPARADA?

Esta volta a uma percepção global do fato literário, que não deixou de suscitar a atenção do comparatista, lhe causa uma perturbação não menos considerável. Quer a literatura comparada se torne filologia para estudar as migrações e as contaminações de palavras, quer, ao contrário, fazendo abstração da língua, não se prenda senão às migrações das idéias, ela se arrisca a destruir a unidade orgânica dos textos, não comparando mais senão restos de cadáveres mutilados. Quanto mais um texto é "literário" (diz-se ainda "poético"), isto é, quanto mais o pensamento e a expressão aí se imbricam indissoluvelmente, menos se prestará à análise comparatista. Ao culto do texto único, incomparável, ou "poema", certos historiadores das idéias respondem com uma política niveladora do pior, reduzindo toda literatura à categoria de "documento" subordinado à história do pensamento abstrato.

O tom muitas vezes escolástico dessas disputas obscurece inutilmente as observações do simples bom senso. O pensador puro ou o poeta puro só existem na imaginação. A união íntima da Palavra e da Idéia, válida sem dúvida para o criador, pode e deve ser analisada pelo crítico. Crer que a Arte forma um universo autônomo, separado da filosofia, da política, da religião, equivale a isolá-la da Vida, da qual ela participa, apesar de tudo. É pura vulgaridade tratar a Beleza como uma degradação da Idéia. Entre esses dois extremos, o comparatista verifica que as "idéias" servem de intermediários e de denominador comum.

## Idéias Filosóficas e Morais

Bastante raros são os filósofos, como Bergson, Bachelard ou Sartre, que usam freqüentemente documentos literários. Em compensação, nenhum comparatista poderia abster-se dos filósofos para a compreensão de inúmeros textos. Entre os grandes sistemas sem pátria nem fronteiras, patrimônio da humanidade, e a literatura concreta, particular, pitoresca, sobrecarregada pela língua, a ligação se efetua por toda uma gama de autores que leram os grandes filósofos, ou pelo menos seus divulgadores (Villiers de l'Isle-Adam só conheceu Hegel por intermédio de Pontavice, seu primo), a menos que tenham simplesmente encontrado os eternos problemas e suas respostas, graças a uma meditação pessoal.

Que há de mais fechado em aparência que o Olimpo dos filósofos, onde Platão, Aristóteles, São Tomás, Descartes, Spinoza, Locke, Kant, Hegel, Marx e Kierkegaard, para citar somente alguns, permanecem longe do profano? E, no entanto, como compreender Fénelon ou Shelley, sem Platão; Dante, sem São Tomás; Corneille, sem Descartes; Pope, sem Leibniz; Diderot e Sterne, sem Locke; Goethe, sem Spinoza; Schiller, sem Kant; Coleridge, sem Schelling; Taine, sem Hegel; Kafka, sem Kierkegaard; Brecht, sem Marx? Todos os gregos, de Pitágoras aos estóicos, e a maior parte dos Modernos engendraram

## HISTÓRIA DAS IDÉIAS 75

uma vasta posteridade literária. Pouco importa a fidelidade ou a sutileza desses discípulos, simples amadores esclarecidos na sua maioria. Não se trata de inteligência crítica, porém de transposição inventiva. Mas os preconceitos são tenazes. Victor Hugo filósofo? A simples expressão, há pouco tempo, fazia sorrir. Ora, desde o começo do século, Renouvier, que não era um ironista, assim intitula uma obra. Seu exemplo foi seguido.

Ao lado dos grandes escritores, grandes porque refletem, pondo-as em movimento, as luzes filosóficas de sua época, o comparatista "recupera" uma grande quantidade de obras secundárias, insignificantes no interior dos grandes sistemas aos olhos do especialistas, mas sem as quais essa grandeza não seria medida, sem as quais o comércio das idéias enlanguesceria.

A natureza da fonte filosófica explica a maior ou menor fortuna literária. Platão, pela forma familiar de suas exposições, pelo ímpeto de sua imaginação, pelos registros variados de seu estilo, se assemelha ao poeta. Suas imagens, seus mitos, suas personagens se prestam a uma interpretação técnica, mas também a uma adaptação literária. Mesmo traindo sua fontes e confuso, o neoplatonismo não deixou de suscitar uma grande família de obras-primas, sobretudo no tempo do Renascimento, da *Olive* a *The Faerie Queene*, de Bembo a Camões, de Garcilaso de la Vega a Kochanowski, sem esquecer Donne no século seguinte. Contido em limites mais estreitos pela religião e pelas tradições espirituais do Grande Século, o sistema retoma seiva e vigor no clima sonhador e místico de um certo século XVIII, apesar dos sarcasmos de um Voltaire, em particular sob a forma da "Grande cadeia dos seres", metáfora dinâmica e fecunda, cujas variações os trabalhos de Lovejoy seguiram admiravelmente.

Ao lado de Platão, a secura científica de Aristóteles parece menos propícia à exploração literária. Sem ele, no entanto, uma boa parte da cultura ocidental e da história do classicismo se torna ininteligível. Mais perto de nós, a influência de Schopenhauer, direta ou indireta, tocou dezenas de escritores. E que dizer de Nietzsche, difícil de ser colocado, sem matizes, nas categorias rotineiras de nossos manuais? Levemos ainda em consideração escritores filósofos: Montaigne, Pascal, Coleridge, Hume, Herder, T. Huxley, Renan, Sartre etc., intimamente ligados às ideologias de seu tempo, distribuidores de idéias sempre vivas hoje.

É deliberadamente que pomos em evidência o século XVIII. Os trabalhos de Barber sobre Leibniz, de Vernière sobre Spinoza, de Lovejoy sobre Platão, de Cassirer em geral, dão novamente um sentido a esses "fazedores" de epopéia cuja cabeça não era épica, a esses autores de poemas sem poesia, de tragédias sem trágico; em resumo, a esse século verdadeiramente "filosófico", mesmo que ele tenha divulgado mais do que criado. Os métodos ordinários da crítica puramente literária dão aqui maus resultados. Não que as pretensões à beleza, ou

76 QUE É LITERATURA COMPARADA?

antes à emoção, estejam ausentes; elas serão reagrupadas sob a etiqueta de romantismo. Mas todo o resto, *Lumières, Aufklärung, Iluminismo*, combinação única de literatura e ideologia, deve ser abarcado no seu conjunto por leitores que não temem a erudição, a polêmica e a abstração, levando a sério a curiosidade e as ambições enciclopédicas de um século, por sua vez, profundamente sério. Um faz-tudo, se se quiser, o século XVIII o foi com paixão, muitas vezes com talento, às vezes com fervor e gênio. A história das idéias lá encontra a ocasião de suas mais belas vitórias.

A difusão dos grandes sistemas entre o vulgo não constitui toda a história das idéias filosóficas. A reflexão abstrata comum também tem seus temas. Certos termos da lista que se segue já foram o objeto de obras importantes: Razão, Natureza (R. Mercier; J. Ehrard), Virtude, Felicidade (R. Mauzi), Honestidade (Magendie), Sabedoria, Progresso (Bury), Gênio (Grappin; mas a influência na Europa das *Conjectures* de Young aguarda um pesquisador), Imaginação, Gosto, Necessidade, Liberdade, Pessimismo e Otimismo, Máquina (e seu corolário, o Animal), Suicídio, Educação. O caminho se abre, imenso. Uma literatura nacional, por exemplo, a alemã para o Gênio, fornece mais ilustrações que uma outra; mas verificar-se-á, com surpresa, até que ponto as idéias emigram, algumas vezes, sob nomes de empréstimo que convém primeiro deixar claros. Assim, são reagrupados textos redigidos em diversas línguas, com seus matizes e suas deformações, mais significativas que a análise teórica de um conceito abstrato. Sem refutar a utilidade das monografias dedicadas às idéais de um único escritor, o comparatista atual se esforça por estudar uma cadeia bastante longa (Vico, Herder, Michelet), ou, melhor ainda, põe em evidência a mentalidade de uma geração (o positivismo), de um século (o sensualismo), e mesmo de uma civilização (o tomismo).

*Idéias Religiosas*

Nenhum domínio é mais universal. Escrava de um vocabulário e de uma maneira de exprimir-se, a filosofia, mesmo vulgarizada, não toca as multidões. Raros são os leitores que um ímpeto religioso não emociona, toda teologia e apologética postas à parte. Antes de serem nacionais, as idéias religiosas são simplesmente humanas, donde suas livres idas e vindas entre o Ocidente, o Mediterrâneo e o Oriente.

Pascal, Fénelon, Rousseau, Chateaubriand, Péguy, Claudel, Bernanos ou Mauriac não são Doutores da Igreja. Sua obra literária, contudo, é inseparável da fé que os inspirou. Klopstock, Lessing e Novalis, Milton e Blake, Hawthorne, Calderón, Dante, Dostoievski, são escritores que colocaram as preocupações religiosas no centro de sua obra. Pensemos ainda na influência puramente literária exercida pelas argumentações, exemplos, temas, imagens e fórmulas dos grandes fundadores: Buda, Confúcio, Cristo, Maomé, Lutero e Calvino.

## HISTÓRIA DAS IDÉIAS

Mais precisamente ainda, certas tendências do espírito e do sentimento religioso se exprimiram melhor sob formas literárias: puritanismo ou metodismo na Inglaterra, pietismo na Alemanha. Não se estudou o papel dos jesuítas na literatura e nas belas-artes e não se falou de um "estilo jansenista"? Paralelamente às religiões oficiais, não menos ricas para a produção literária foram a Maçonaria, a Cabala, as seitas iluministas, esotéricas, ocultistas e espíritas, do Abade de Villars ao Sâr Péladan e a Élémir Bourges.

Fato notável, ainda mal estudado, é que a esses movimentos religiosos, e ainda mais porque eles se cristalizam em círculos fechados ou em seitas, correspondem um vocabulário, um tom, um impulso a tal forma de meditação, de argumentação ou de evocação, fielmente refletida por uma retórica e uma poética. Pensemos na influência literária dos *Exercícios Espirituais* de Santo Inácio, por exemplo, que se descobre até em *Un homme libre* de Barrès. O devaneio de Rousseau, a meditação de Lamartine, a contemplação de Hugo fundem idéia, imagem e estilo num gênero original, em escritores cuja ambição, de essência religiosa, consistia em reconstruir o universo pelo simples poder do Verbo e da Visão.

A Bíblia, fonte de uma grande parte desses ímpetos e dessa expressão, inesgotável reservatório de sentimentos, de idéias, de palavras e de imagens, criou gêneros literários com o *Livro de Jó*, o *Cântico dos Cânticos*, o Apocalipse, e engendrou um estilo que cada literatura usou à sua maneira. Raros são os livros bíblicos que não forneceram intrigas, personagens, temas. Certamente, não se esperou a literatura comparada para a exploração desse domínio; mas resta ainda muito a ser respigado, se se compararem as conseqüências ideológicas, poéticas e lingüísticas do Antigo e do Novo Testamento.

Certos tipos religiosos são universais, como o Judeu, o Muçulmano, ou bem ainda o Padre, o Santo (oposto ao Herói, por exemplo). Devem-se classificar esses trabalhos na temática ou na tipologia literária, antes que na história das idéias? É facultativo, porque as distinções empíricas que sugerimos deformam a complexidade dos problemas. O essencial é fazer cortes oblíquos na matéria literária.

### Idéias Científicas

Ninguém negará as estreitas relações entre ciência e literatura, objeto de um congresso inteiro da F.I.L.L.M., em 1954. Não falamos apenas dos intelectuais reconhecidos como membros da República das Letras graças à elegante precisão de seu estilo, como Buffon, ou de literatos, como Voltaire ou Goethe, temporariamente tentados pela física ou pela geologia, mas do império exercido sobre os espíritos e as imaginações pelas teorias e pelas descobertas científicas, falsas ou verdadeiras, extravagantes ou plausíveis, sendo que as menos sólidas puderam revelar-se poeticamente mais fecundas. Shelley sonha com as elucubrações do poeta e médico inglês Erasmus Darwin; Zola toma por bíblia as teorias mais que arriscadas do Dr. Lucas sobre a hereditariedade, e Wagner tira sua imagem do ariano superior dos obscuros e duvidosos sistemas de Gleïzès.

Os escritores não se contentaram com o apoio dos pintores para observar a Natureza. Desde Lucrécio, numerosos são os que foram inflamados e inspirados pelas obras científicas: Chénier, Hoffmann ou Samuel Butler. Agonizante no fim do século XVIII, a poesia científica tinha tido, desde a "Plêïade", uma bela carreira. O romance de antecipação científica não tardou em substituí-la, não sem empréstimos aos procedimentos do romance negro. Desde *Frankenstein* de Mary Shelley[1], até Aldous Huxley, a literatura de ficção prestou serviços à ciência.

Desde o Renascimento, pode-se falar de idéias científicas em literatura, mesmo que os conhecimentos da época – astrologia, medicina humoral, alquimia, rodeadas de um halo de mistério e de magia – tenham perdido hoje todo o prestígio. O mecanismo é um dos componentes do "racionalismo clássico" e, pouco depois, o sistema de Newton conhecerá uma extraordinária popularidade. O evolucionismo no tempo do naturalismo, a psiquiatria para os Decadentes, depois a psicanálise substituindo a adivinhação e o onírico – são contaminações entre ciência e literatura.

Do lado das técnicas, não há uma literatura das estradas-de-ferro, como a da navegação a vela ou a vapor, enquanto se esboçam as do automóvel e da aviação, à espera da literatura do átomo e da exploração do espaço? De Fontenelle a Balzac, alguns objetos – a luneta astronômica, o microscópio[2], o prisma e o balão de Montgolfier – e certas teorias sugestivas, tais como o mesmerismo e a fisiognomonia, suscitaram obras literárias. Na atualidade, a ciência pouco alimenta, a não ser uma produção romanesca popular de baixa qualidade. O sociólogo, pelo menos, daí tira proveito. Mas por que esse lixo estaria proibido de ocultar alguma pérola?

Se os eruditos do século XX não se vangloriam mais de ter uma bela linguagem, o escritor continua a fazer parte de uma sociedade em que a ciência reina como soberana. A poesia dos espaços infinitos, os ensaios sobre o lugar do homem num mundo conturbado pela técnica, o romance de uma existência cotidiana invadida pela máquina – são as novas obras que tomam o lugar das exposições didáticas de outrora. A literatura comparada não pode permanecer insensível a essas formas modernas de uma necessidade eterna de conhecimento e de ação.

---

1. Sobre Mary Shelley, consultar-se-á a tese de Jean de Palacio, *Mary Shelley dans son oeuvre*, Klincksieck, 1969.

2. Ver o livro de Max Milner, *La Fantasmagorie*, P.U.F., 1982.

## HISTÓRIA DAS IDÉIAS

*Idéias Políticas*

A expressão deve ser tomada num sentido amplo, como entre os gregos. O escritor pertence a uma família, a uma cidade, a uma sociedade, a uma nação. Escrever somente para um cenáculo, ou mesmo para um leitor único e escolhido, é ter ainda uma idéia pessoal do papel político da literatura. De Platão a Malraux, quantas variantes sobre o tema do escritor (ou do poeta) na Cidade!

As idéias políticas propriamente ditas não foram estéreis em literatura. Que se pense em Platão, Bacon, Thomas More, Hobbes, Maquiavel, Locke, Vico, no Abade de Saint-Pierre, em Montesquieu, E. Burke, Auguste Comte, Hegel, Marx, e na sua posteridade. Dramaturgos e romancistas por vocação concreta, ensaístas e moralistas por profissão, todos lhes devem muito.

Os anos 1800-1848, particularmente vivos, pululam de doutrinas, graças às estreitas relações entre teorizadores, publicistas e grandes escritores, e às elevadas ambições de inúmeros autores: Joseph de Maistre, Fourier, Saint-Simon, Pierre Leroux, Lamennais, vigorosos centros, braseiros mesmo, propagaram idéias fecundas e imagens ousadas em toda a Europa. Durante o mesmo período, os exilados de todo tipo sulcaram a Europa. Paris os vê quase todos. Enquanto uns semeiam o nacionalismo, outros se prendem à muito antiga tradição da viagem imaginária e da utopia, pretexto para a sátira e para os castelos de cartas ideológicas, bem conhecidos dos comparatistas, matéria não menos recreativa do que instrutiva. Desde o Éden, sob os nomes de Idade de Ouro, Paraíso Perdido, país de Cocagne, Eldorado ou Atlântida fabulosa, "Robinsonada" clássica, Lilliput filosófica, Eliseu, Schlaraffenland, Erewhon ou Nirgendwo são variantes de um instinto universal.

Sem atingir esse extremo da imaginação criadora, perguntar-se-á como a literatura pintou a sociedade de seu tempo, desde o feudalismo até os tempos modernos; como debateu grandes problemas sociais, como o feminismo (Eurípides, Boccacio, Molière, Dekker, Dolce e G. B. Shaw) ou a criança; como tratou de certas questões internacionais: escravidão, lutas entre raças, ocupações militares, revoltas e guerras civis – as tarefas não faltam. Grandes descobertas, guerras de religião, Guerra dos Trinta Anos, República de Cromwell (e o próprio Cromwell), Independência americana, Revolução Francesa, revoluções de 1830 e de 1848, guerra da independência grega e filelenismo (uma página de história escrita pelos poetas), até as duas últimas guerras mundiais, sem esquecer a guerra da Espanha – todos esses acontecimentos deixaram marcas profundas na literatura. Patriotismo e cosmopolitismo, nacionalismo e regionalismo, eis enfim outros aspectos a serem focalizados numa gama de textos que vai da *Araucana* de Ercilla (século XVI) a *Colette Baudoche* de Maurice Barrès.

# QUE É LITERATURA COMPARADA?

Todas essas questões pertencem primeiro aos historiadores; mas a literatura comparada continua seu trabalho e começa onde eles se detêm, quando a opinião comum se torna óptica individual e os fatos se deformam, interpretados pela imaginação e transmutados pela alquimia do verbo. A personagem se torna figura, depois herói; a batalha, epopéia; a barricada, símbolo; o governo, utopia. Não contente de pôr em evidência a parte dos escritores na vida política ou diplomática (de Baïf pai a Saint-John Perse), o comparatista observa a passagem da história à lenda e ao mito.

A passagem depende, entre os escritores, de uma certa filosofia pessoal da história. Todo autor voltado para o passado, que pode ser seu passado, com fins eruditos ou divertidos, adota uma atitude que pode ir da desenvoltura sarcástica ao positivismo rígido. O historiador profissional dá pouca importância a uma grande quantidade de confrades mais ou menos poetas, romancistas ou dramaturgos, enquanto o historiador das idéias os julga altamente significativos. As pretensões históricas do drama ou do romance na época romântica, por exemplo, não fizeram talvez avançar a ciência (deve-se ainda discutir isso), mas as imagens que eles deram do passado, a interpretação que difundiram entre o público, não devem ser desprezadas. Num outro domínio, as obras que tratam do bom selvagem, apesar dos sorrisos dos etnólogos, fizeram mais pela nossa concepção da evolução da humanidade que os tratados dos especialistas. A mentalidade histórica, no sentido lato, depende pois desses textos medianos que o historiador das idéias descobre, e freqüentemente exalta.

## Tradições e Correntes de Sensibilidade

De uma maneira justa e legítima, a literatura se vangloria de ser diferente de uma ideologia ou de um sistema; é muito mais. Reduzidas a seu conteúdo abstrato, grande número das mais belas páginas da literatura universal não ofereceria senão insípidas paráfrases de uma meia-dúzia de lugares-comuns sentimentais sobre a Morte, a Vida, o Sofrimento, o Amor, Deus e o Tempo. Esta observação desencantada condena a história das idéias inconsideradamente aplicada a toda literatura lírica? Tudo é questão de medida e de sutileza. *La Pensée de Dante* é evidente. *Les Idées de Marceline Desbordes-Valmore* dá margem a sorrisos.

O estudo dos sentimentos literários, no entanto, ultrapassa amplamente o dos sentimentos na literatura. Neste último caso, esforça-se o comparatista por distinguir entre o fundo e a forma, por romper a aliança das idéias e das emoções. Virtude, felicidade, morte, suicídio, liberdade — são temas ambivalentes; segundo o temperamento do escritor, que ora reflete, ora se expande. Atrás de todo estado afetivo se oculta uma atitude global que os especialistas analisarão sob o ponto de vista da religião, da psicologia ou da moral.

## HISTÓRIA DAS IDÉIAS

Mas um sentimento literário, teoricamente confundido com um simples sentimento, levanta uma outra questão. Nós o definimos como um sentimento que permaneceria vago, talvez inexprimido, se leituras anteriores não o tivessem educado, e mesmo criado; sentimento cuja figura e forma verbais dependem de uma tradição escrita, de uma moda, de um estilo. "Ninguém amaria, disseram, se não houvesse romances de amor": uma brincadeira que merece algumas considerações. Ao estudo ordinário da afetividade, será pois necessário acrescentar o da sinceridade. Da mesma forma que um ator representa papéis na sua vida, os escritores mesclam imitação e invenção. Quem dirá o que experimenta um poeta petrarquizante?

Com efeito, os sentimentos, como as idéias, circulam, se emprestam, se disfarçam de um país ao outro, de uma civilização à outra. Nosso ideal moderno de sinceridade no Artista muito freqüentemente nos impede de ver que uma grande parte da literatura consistiu durante séculos – e consiste, hoje, muito mais do que se gostaria – em verter um vinho moderadamente novo em velhos odres, imitando, isto é, traduzindo modelos mais antigos.

Cabe ao comparatista tomar em consideração o gênio "sentimental", as rotinas da linguagem, a moda, o clima intelectual, quer a fonte seja um livro único (*O Cortesão* ou *Werther*), um homem (rousseauísmo, tolstoísmo, gidismo), um cenáculo (Heidelberg), quer se trate de uma "corrente de sensibilidade" complexa, que devem ser analisados até nas suas longínquas nascentes afetivas ou estilísticas.

Certos sentimentos, sem dificuldades, se tornaram literários porque tiveram a boa sorte de encontrar sua encarnação genial em personagens-tipo – o Cid, D. Quixote, D. Juan, Clarissa, o Belo Brummell –, ou de corresponder a uma geração e a um estado da sociedade (o *mal du siècle*). Esses sentimentos pertencem ao fundo comum da humanidade, que os prova em estado bruto, por assim dizer; mas cabia à literatura enriquecê-los, matizá-los, caracterizá-los. O desgosto da vida, por exemplo, passou por cem matizes da *acedia* medieval ao *Weltschmerz* germânico, do *spleen* aos suspiros das *Desenchantées* ("Desencantadas"). A fuga do tempo se encarna na melancolia que as ruínas e as sepulturas inspiram. O sentimento da Natureza (sob a sua forma moderna, a *pathetic fallacy* de Ruskin, que empresta à Natureza sentimentos humanos) foi inventado totalmente pelos poetas. Acrescentemos ainda o amor, nascido da poesia cortesá; os sentimentos sociais (honra, família, pátria, e seus contrários, a solidão em particular); o exotismo e o convite à viagem. A lista é inesgotável. Devemos, pois, continuar a escrever a história da sensibilidade literária na Europa.

No curso de um tal estudo, esforçar-nos-emos por manter o equilíbrio entre três pontos de vista: a parte do temperamento original do autor, a influência da sociedade que o rodeia e o peso da tradição literária própria à expressão dos sentimentos, dos quais freqüentemente dependem o registro e a estrutura escolhidos para dar forma ao

# 82 QUE É LITERATURA COMPARADA?

que, de outra maneira, teria permanecido vago ou incomunicável. Desde o romantismo, esses dois últimos aspectos, o último sobretudo, tinham sido muito abandonados. De qualquer maneira, a literatura comparada não é prejudicada pela aliança com a psicologia ou com a sociologia, porque seu objeto continua sendo a expressão individual e artística da alma coletiva.

## Literatura e Belas-Artes

Ainda que evidentes (desde 1810, Sobry publicava um *Cours de peinture et littérature comparées*), suas relações continuam mal exploradas. A França fez delas um ramo da estética e as envolve em abstração, enquanto é possível, de maneira útil, ater-se às relações de fato. O bom senso se restringe a vagas constatações: as artes se endereçariam ao homem em geral; a literatura, a despeito das traduções, a grupos limitados; as primeiras aos sentidos, a segunda ao espírito. Entre esses extremos, explicar um livro, uma escola literária pelo seu contexto artístico, incorporar a iconografia e as ilustrações musicais à história literária, estudar o nascimento e o desenvolvimento da crítica de arte, comparar a poesia e a música, o teatro e a arquitetura, pôr em evidência correspondências e afinidades – são trabalhos precisos e reveladores.

Só os últimos decênios viram o fim da pintura e escultura "literárias", da música que se propõe a ilustrar um tema preciso. O estudo "Virgílio na França" é incompleto, na medida em que não se arrolaram todos os quadros em que aparece a separação de Enéias e Dido. É o dever de "Fausto na França" fazer a relação dos poemas sinfônicos e das óperas (Berlioz, Gounod), assim como das pinturas e litografias (Ary Scheffer, Delacroix) que se inspiram no drama de Goethe. Se os artistas e os compositores muito tomaram emprestado dos escritores, a dívida destes não é menos elevada: transposições de arte (as poesias de Gautier, segundo as telas espanholas que contemplou durante a viagem à Espanha), "salões" (relatos críticos sobre exposições, um gênero literário bem atestado no século XIX), descrição de museus estrangeiros (por Thoré-Burger, Taine, Fromentin), ensaios de crítica de arte (Claudel, Malraux) dizem bastante que o museu imaginário dos literatos tem quase a importância da sua biblioteca.

É interessante levantar seu número, apreciar a qualidade das ilustrações que acompanham as obras no texto original ou em tradução. Como Gravelot viu o teatro de Shakespeare, e Hogarth, o de Molière? Como Gustave Doré exprimiu o gênio de Dante e o de Cervantes? Como o sobrenaturalismo anima o admirável poema de Coleridge, *The Rhyme of the Ancient Mariner?* É o que pode nos ensinar muito sobre uma visão que, numa civilização da imagem, se impõe facilmente aos leitores. Certas representações tendem mesmo a transformar o sentido de uma obra. Paul Van Tieghem notou que o caráter

## HISTÓRIA DAS IDÉIAS

"noturno" e "sepulcral" das *Nights* de Young era mais acentuado na adaptação de Letourneur que no original e que esse tom novo era devido em parte aos frontispícios dos dois volumes franceses.

Entre os modos de apreciação estética estreitamente associados à literatura citemos a música e a arte dos jardins.

No primeiro caso, além de vermos o interesse de tal ou tal escritor pela música e pelos músicos, pensamos sobretudo numa rivalidade permanente entre as duas formas de expressão, a menos que elas procurem colaborar, anexando às vezes o espetáculo, o canto e a dança, segundo modos tão diversos quanto a tragédia grega, o *mask* inglês*, a ópera, o *ballet* ou o poema sinfônico. Acrescentemos certas correntes estéticas européias, como o wagnerismo, que é fortemente tributário do pensamento de Schopenhauer.

Quanto aos jardins, a paisagem, modelada segundo regras e normas em vista de um efeito estético ou sentimental, acompanha as grandes correntes literárias, e se presta à reflexão tanto quanto à emoção, desde a linguagem simbólica dos canteiros do Renascimento até as *fabriques* do século XVIII, antes de ser abandonada a simples técnicos.

Relações da poesia e da música, diferentes das relações entre os poetas e os músicos, rivalidade do Verbo e da Pintura (o eterno debate sobre *Ut pictura poesis*), harmonia da arquitetura, do cenário de teatro e da obra escrita, métodos e alcance da transposição cinematográfica das obras literárias – são problemas gerais que serão tratados com o auxílio de exemplos emprestados de todas as culturas.

Antes que um alemão inventasse o vocábulo no século XVIII, a estética já existia nos escritos dos filósofos; mas o impulso decisivo veio de Locke e dos sensualistas, que fizeram passar a Beleza do objeto, isto é, de uma combinação de normas e proporções quase matemáticas e exteriores a nós, para o sujeito que a percebe, em quem se encontram sensações, um prazer e um julgamento. Esta revolução no pensamento se manifesta claramente desde as *Réflexions* de Du Bos (1719) e acha sua perfeita aplicação literária com a obra de J.-J. Rousseau.

Desde que se tocam essas questões, filosofia, belas-artes e literatura devem ser estudadas correlativamente. Francis Claudon bem mostrou a vínculo que existe entre a história das idéias e a história comparada da literatura e da música, quando intitulou sua tese *L'Idée et l'influence de la musique chez quelques romantiques français et notamment Stendhal* (1979). Restam ainda numerosas pesquisas, seguindo o modelo dos trabalhos de Folkierski.

---

\* "Mask foi um gênero espetacular estreitamente ligado à vida da corte; misturava diversos elementos, e principalmente o canto e a música que eram executados com máscaras." Definição extraída de Vito Pandolfi, *Histoire du Théâtre*, Verviers (Belgique), Gérard & Ca., 1968, vol. 3, p. 12. (N. da T.)

## 84 QUE É LITERATURA COMPARADA?

### Perigos e Limites

A história das idéias não nos deve arrastar para longe demais. Aceitar-se-á a obra *Les Ecrivains peintres et juges du jeu et des joueurs*, mas *L'Attitude du XVIIIe siècle devant l'usure* pertence à história das idéias em geral. Da mesma forma que não se produz boa literatura com bons sentimentos, não basta ter idéias, e mesmo exprimi-las, para ser bom escritor. A Degas que se lamentava de não poder escrever versos quando transbordava de idéias, Mallarmé respondeu que não se faz poesia com idéias, mas com palavras. Inversamente, "pastichadores" e imitadores, estes grandes manejadores das palavras de outrem, não fabricam senão corpos sem alma, enquanto autênticos pensadores usam de uma língua absolutamente impessoal. Não esqueçamos, pois, que na literatura comparada há literatura.

Se se admitir uma hierarquia dos valores literários desde a poesia, união indissolúvel de um pensamento, de uma visão e de uma linguagem estritamente individuais, descendo até a prova mais banalmente necessária à comunicação coletiva, mais vale reconhecer francamente, afirmam alguns, que o alto da escala escapa ao comparatista que deverá se satisfazer com textos "medianos", veículos neutros, ou fracamente coloridos, de idéias e opiniões.

Se o simples fato de escrever já se assemelha a uma tradução que deixa perder o essencial da inspiração para não conservar senão a substância significativa, comparar textos equivale a traduzi-los uma segunda vez, a distanciar-se ainda da Idéia geradora. Entre as mãos do comparatista jamais passaria senão um papel-moeda, símbolo cômodo, mas artificial, de um ouro poético inacessível.

Aos que afirmam que as literaturas, não mais que os poetas, nunca se comunicam verdadeiramente entre si, responder-se-á que pelo menos elas se trocam traços prosaicos e superficiais, mas fecundos. Úteis contra-sensos valem bem uma impossível comunhão.

Chamando "idéia" a transcrição intelectual e abstrata de um texto, primeiro esteticamente ou sentimentalmente dado, a história das idéias – únicas entidades bastante impessoais para serem transmitidas sem perdas – constitui uma das vias novas mais seguras e mais leais. Todos os países e todos os séculos, porém, não se prestam igualmente bem a esses estudos. O século XVIII é a sua idade de ouro, tanto sua coloração poética é atenuada. Sem pintar com grandes traços tão vastos afrescos quanto *La Crise de la conscience européenne*, escolher-se-á um suporte definido e estável de uma idéia, como *virtude* ou *honnête homme*, ou *a grande cadeia dos seres*, através do qual os avatares de uma idéia possam ser acompanhados passo a passo.

Qualquer que seja o método – e o método semântico permanece um dos mais sólidos –, filiações e parentescos serão minuciosamente fixados, para evitar o passear das abstrações através do mundo, segundo o gosto de falaciosas semelhanças. Pela análise do veículo sen-

## HISTÓRIA DAS IDÉIAS                                    85

sível da idéia, da sua estrutura típica, por uma dosagem prudente da influência positiva e das constantes humanas eternas, cuidar-se-á de não comparar senão o comparável.

O interesse de tais investigações é quebrar as categorias estreitas e mesmo estreitíssimas, impostas pela especialização pedagógica. Pouco a pouco, o historiador, o filósofo, o teólogo, o psicólogo, o sociólogo, o esteta, o filólogo, criaram para si, no domínio outrora globalmente rotulado "belas-letras", territórios que se foram expandindo cada vez mais, não deixando ao "literário puro" senão a "literatura", isto é, em última análise, a poesia, "pura" também ela.

Este corte escolástico acabou por romper a unidade da vida, ao passo que não faltavam outrora "poetas" homens de Estado, filósofos, eruditos, viajantes, teólogos, historiadores. Não somos vítimas do mito do *Artista puro*, inventado por Baudelaire e pelos simbolistas, que nos impede de ver que os escritores estiveram muito freqüentemente "engajados" em todos os aspectos da vida intelectual, política e social de seu tempo? Busca do Belo, não conquista da Verdade ou do Bem, a literatura, dizem, não deve comprometer sua dignidade, seu caráter, seus interesses, o que faz, apesar do exemplo de W. Dilthey no século passado, com que certos comparatistas hesitem em tratar a história das idéias.

Se a literatura tocar as fronteiras das artes, o comparatista se chocará contra inúmeras figuras, como Leonardo da Vinci, Lessing, Blake, Baudelaire. Estamos ainda no domínio da literatura comparada? Não há abuso de linguagem? Na literatura comparada, o adjetivo não pode querer dizer senão literatura (nacional) comparada (a uma outra literatura nacional); em rigor, literatura comparada a ela própria. Compreenda-se: comparada ao que não é literatura, conduz à estética.

Para escapar desse obstáculo, vários se ateriam de bom, grado à comparação de obras provindas de nações diferentes. Assim: *Littérature et Musique en Europe au temps de la Renaissance*, ou ainda *Les Illustrations de la Divine Comédie en France, en Allemagne et en Angleterre*. Segundo essa regra, *Mallarmé et Wagner, Rilke et Rodin* pertenceriam à literatura comparada; mas não, à primeira vista, *Baudelaire et Delacroix* ou *Rousseau et Rameau*, se bem que, na realidade, a presença de Shakespeare no primeiro caso, e da música italiana no segundo, incite a prudentes matizes. Estes simples exemplos demonstram o perigo das etiquetas nacionais quando as artes são tomadas em consideração. Um determinado crítico apresentará a aliança da poesia e da música como um puro produto da alma germânica, sem lembrar-se da existência dos trovadores "languedocianos"*.

---

* *Languedocien* provém de *langue d'oc*, conjunto dos dialetos das regiões do sul da França em que *oui* (sim) era *oc* (oposta a *langue d'oïl*). Os "trovadores" eram poetas provençais da Idade Média que usavam a *langue d'oc* nas suas cantigas. (N. da T.)

Não deduzamos depressa demais a universalidade da linguagem artística, da mesma forma que a das idéias. A literatura comparada nos faz tomar consciência dos intercâmbios intelectuais como das correspondências entre a literatura e as artes, e nos ajuda a aproximá-las ou opô-las. A língua, a raça, a pátria, o clima podem representar um papel, mas é aconselhável pesquisar, antes de tudo, as causas puramente estéticas.

# 5. Uma Reflexão Sobre a Literatura

Depois das relações entre a literatura e as outras formas de conhecimento e de expressão, a lógica coloca as da literatura consigo mesma, isto é, a crítica, quer exercida pelos escritores, quer por profissionais.

Desde sempre, a literatura foi reflexiva tanto quanto inventiva. Alguns tiveram uma vocação de teorizadores, como Castelvetro, Boileau ou Gottsched. Em outros, sobretudo, nos modernos, a dualidade do criador e do crítico toma formas mais complexas, a ponto de resultar às vezes numa fecunda colaboração (Coleridge, Baudelaire, Valéry).

Sem entrar no mistério desses laboratórios literários, enquanto inúmeros tratados, prefácios, manifestos, defesas e proclamações indicam um esforço dos escritores para tomarem consciência da sua arte e ofício, os especialistas da interpretação extraem numerosas noções abstratas da obra de outros: conceitos da criação (originalidade, invenção, imitação, fonte etc.); formas da expressão (sublime, burlesco, romanesco); atitude diante da realidade (realismo, naturalismo, simbolismo, surrealismo); doutrinas (imagismo, expressionismo) ou correntes (petrarquismo); grandes períodos (humanismo, barroco, romantismo).

À força de uso, a maior parte dessas palavras familiares nada mais evoca de preciso. Far-se-á, primeiro, seu estudo semântico, com o auxílio de inúmeros exemplos datados e situados. Notar-se-á sua origem diversa. "Surrealismo", termo pseudofilosófico, foi criado pelos próprios autores, enquanto "picaresco" só aparece em francês no meio do século XIX para designar os romances cômicos, as histórias verdadeiras, as aventuras singulares ou outras das épocas ante-

88 QUE É LITERATURA COMPARADA?

riores. "Rococó", "barroco", "maneirismo" provêm da história da arte. Só a análise comparatista permite enumerações inteiras e precisas.

## A LITERATURA GERAL

Utilizou-se algumas vezes a expressão "literatura geral" para designar, quer o exame rápido da história universal da literatura, quer os estudos de história literária geral, quer ainda a busca vaga e vã de um "ar de família" (Simon Jeune, *Littérature générale et Littérature comparée*, 1968, p. 14), comum a obras-primas que, por essência, deveriam ser singulares.

A confusão entre história literária geral e literatura geral é sensível em Paul Van Tieghem, que foi entretanto o promotor dessa última noção. Num artigo intitulado "La synthèse en histoire littéraire: littérature comparée et littérature générale", publicado em 1921 na *Revue de synthèse historique*, ele entendia por "literatura geral" o estudo dos movimentos e dos modos literários que transcendem os limites nacionais; e por "literatura comparada", o estudo das relações que unem duas ou várias literaturas. Wellek e Warren notaram, com razão, a fragilidade da distinção porque

como determinar se o ossianismo, por exemplo, ([...]) é um tópico da "literatura geral" ou da "literatura comparada"? Não se pode distinguir, de maneira válida, entre a influência de Walter Scott fora da Inglaterra e a moda internacional do romance histórico. Inevitavelmente, "literatura comparada" e "literatura geral" se fundem. É preferível falar simplesmente de "literatura" (*Teoria da Literatura*. Equivalente à p. 61 da edição portuguesa citada).

Nos Estados Unidos, o manual de Simon Jeune, *Littérature générale et Littérature comparée*, não foi sempre bem acolhido. Criticaram-lhe, além do lugar importante demais concedido à França, uma distinção julgada artificial entre a literatura comparada, estudo das "relações binárias", e a literatura geral, estudo de "fatos comuns a várias literaturas". François Jost notou, com razão, que a teoria de Jeune era só uma variante daquela de Van Tieghem. Os norte-americanos consideram que a literatura geral ora é só um sinônimo de literatura comparada, ora se confunde com a literatura universal (Wellek e Warren falam de "literatura geral" ou "universal", p. 61), ora tende para a teoria da literatura (era o ponto de vista de Haskell Block, em 1976), ora não existe. O próprio Werner Friedrich, ainda que se encontrasse à frente do *Yearbook of General and Comparative Literature*, era obrigado a confessar:

Não sei muito bem que é "literatura geral" e há vários anos estou à procura de um artigo documentado que possa resolver o emaranhado das diversas definições. [...] Talvez assim pudéssemos saber depois qual é exatamente a tarefa do nosso *Yearbook*.

# UMA REFLEXÃO SOBRE A LITERATURA

Esse emaranhado, nós gostaríamos, por nossa vez, de tentar desembaraçá-lo.

Antes de tudo, só se pode ficar sensível a uma metáfora implícita. Existem médicos de medicina geral e médicos especialistas. Imagina-se que, da mesma forma, possam existir, ao lado dos especialistas desta ou daquela literatura (germanistas ou eslavizantes, japonólogos ou arabizantes), espíritos curiosos de tudo que conhecessem as literaturas da Ásia pela coleção "Connaissance da l'Orient", ou as literaturas escandinavas pelas excelentes traduções de Maurice Gravier ou de Régis Boyer. Não seriam capazes (ou raramente), sem dúvida, de explicar pormenores do texto, de resolver uma problema filológico, ou mesmo de explicar uma obra determinada pelo conhecimento aprofundado de uma tradição nacional. Mas poderiam falar mais amplamente da *saga*, pelo fato de a terem lido (tanto a *Saga de Njall* quanto a *Forsythe Saga* de John Galsworthy), pelo fato de a terem incluído, graças às *Einfache Formen* de Jolles, no conjunto das narrativas que unem a aventura individual à do clã ou pelo fato de terem compreendido que a tansformação operada por Halldor Laxness na *Saga des Fiers-à-bras*, quando entoa um hino, não mais à glória dos antepassados guerreiros mas à dos trabalhadores que arrancam da terra gelada e das altas ondas aquilo com que nutrir a comunidade, é esta transformação a mesma que realiza Miguel Ángel Asturias em *Homens de Milho*.

O uso das traduções lança o descrédito sobre essas curiosidades de diletante e sobre o ensino que delas nasceu. E é verdade que as aplicações pedagógicas de uma tal formação parecem cada vez mais indispensáveis. Yves Chevrel estudou esse problema num artigo intitulado "Littérature générale et comparée et Rénovation des études de lettres", que apareceu em *L'Information littéraire* (novembre-décembre 1976). Os manuais em uso no segundo ciclo do segundo grau na França dão lugar, mesmo marginalmente, a textos estrangeiros traduzidos, quer aquelas obras continuem históricas (*La Littérature française depuis 1945*, ed. Bordas), quer adotem a apresentação por temas ou por gêneros (*Approches littéraires*, da mesma editora). A pesquisa feita nos Estados Unidos por Leland Chambers prova que o mercado de trabalho, do além-Atlântico, é e será cada vez mais aberto aos que receberam uma formação ampla. Acontece, por exemplo, recusarem antecipadamente os titulares de Ph.D "muito rigorosamente especializados", preferindo os "generalistas".

Assim concebida, a literatura geral adota um comportamento essencialmente reflexivo. O que conta não é tanto um conhecimento exautivo ou enciclopédico, sonho dos historiadores ou dos lingüistas, mas uma reflexão significativa. Nisso ela pode ser formadora de jovens espíritos e interessar o homem culto. Parte de coincidências que apreendem o espírito, coincidências que a comparação se encarrega de fazer aparecer.

# QUE É LITERATURA COMPARADA?

Essas coincidências podem permitir o estudo de um tema. Pode-se verificar, por exemplo, a permanência do tema do ciúme na literatura amorosa, mas também suas variações: um amor que vai em direção do ciúme, um ciúme que leva a perguntar se acompanha um amor verdadeiro – tal é a distinção que Roland Barthes estabelece nos *Fragmentos de um discurso amoroso* entre Werther e o narrador proustiano. Nessas condições, é verdade que não se pode amar sem ser muito exclusivo, assim como notava Freud na sua *Correspondência*, fazendo por uma vez sua própria psicanálise? Ficar-se-á sensível, no pormenor da narrativa, a outras analogias surpreendentes: a "preguiça de espírito" de Swann, por exemplo, que o impede de dar-se conta de que Odette é uma mulher desonesta, ou de admitir as insinuações da carta anônima que ele recebeu; a cegueira de Emilio Brentani, em *Senilidade* (1897) de Italo Svevo, que o faz imaginar Angiolina como uma moça tão honesta quanto ameaçada. É que os dois personagens se vangloriam de não ser iniciantes em amor, de estar protegidos por sua experiência; no fundo, de terem sido atingidos por uma velhice precoce, no seio da qual o ciúme, precisamente, vai fazer aparecer "a possibilidade de uma espécie de rejuvenescimento" (*Um Amor de Swann*, 1913). Essa temática conduz à interrogação sobre o conhecimento íntimo que os dois escritores podem ter do ciúme: o ciúme de Swann é a prefiguração do narrador de *À Procura do Tempo Perdido* em relação a Albertine (não falta até mesmo a representação de possíveis aventuras homossexuais de Odette); o de Brentani, reflexo de um sofrimento que, em 1892, uma tal Giuseppina Zergo fez Svevo conhecer, é ainda o que vive o romancista no momento de seu noivado com Lívia, em 1896, e nos primeiros tempos de seu casamento.

A relação entre romance e autobiografia, o que Philippe Lejeune chamou "o pacto autobiográfico", faz parte dos estudos de gêneros. Lejeune trabalhou com um *corpus* puramente francês. Mas a problemática é suficientemente rica para que se possa recorrer a um *corpus* comparatista. Em lugar de perseguir, em todos os seus meandros, a análise das *Confissões* de Rousseau ou de *As Palavras* de Sartre, o estudo da literatura geral praticará mais naturalmente o que se poderia chamar um corte transversal. Interessar-se-á, por exemplo, pelo retrato do artista: retrato quando jovem (*O Retrato do Artista quando Jovem*, de Joyce), mas também quando velho (*Morte em Veneza*, de Thomas Mann); retrato direto (o que Borges faz de si mesmo no começo do *Livro de Areia*) ou indireto (Proust pintando em Bergotte). Todas essas relações permitirão colocar algumas questões fundamentais: a do histrionismo, talvez indissociável do escritor (ver o ótimo estudo de Jean Starobinski, *Portrait de l'Artiste en saltimbanque*); a da manutenção necessária da ficção (Marthe Robert faz observar, em *Roman des origines et Origines du roman*, 1972, que Swift,

UMA REFLEXÃO SOBRE A LITERATURA       91

Hoffmann, Kafka "fundam sua verdade na negação da experiência comum, em proveito do fantástico e da utopia").

"A literatura geral – escrevia Étiemble – não consiste em gaguejar generalidades sobre as literaturas." O aviso é salutar. E é fecundo o convite para praticar o que ele chamou "a poética comparada". Não entendemos com isso, como Lucien Dällenbach, "uma teoria geral das formas literárias", mas antes uma análise do texto literário, ou, no caso presente, dos textos literários, no que eles têm de mais concreto. Um estudo especializado analisará como um texto é feito (o dos "Chats" de Baudelaire, por Jakobson e Lévi-Strauss ficou tristemente célebre). Erich Auerbach em *Mimesis* (1946), Leo Spitzer em seus *Etudes de Style* (1970) ficam a meio-caminho: justapõem explicações de textos que pertencem a diferentes domínios lingüísticos. Ter-se-ia já uma idéia mais nítida do que poderia ser um estudo de poética comparada, lendo *Le Récit spéculaire* de L. Dällenbach (1977). Partindo do célebre texto de Gide a propósito de *la mise en abyme* (composição em abismo) e retificando a interpretação abundante, mas muito pouco rigorosa, que dela Claude-Edmonde Magny havia dado, Dällenbach estuda através de um *corpus* muito grande (de *D. Quixote* ao novo romance) essa presença no texto narrativo de um espelho interno que reflete o conjunto da narrativa "por reduplicação simples, repetida e especiosa" (p. 52). Inspirada (como a reflexão de Gide) pela presença do "Assassínio de Gonzaga" em *Hamlet*, a representação teatral descrita em *Titan*, microcosmo do romance, faz de Jean-Paul um "virtuose desconhecido da 'composição em abismo' *avant la lettre*". E quando, em *Ulisses*, Joyce imagina que no curso da discussão sobre *Hamlet*, que já reflete o livro, o bibliotecário invoca a interpretação reflexiva de *Hamlet* no *Wilhelm Meister* de Goethe, ele "eleva a reflexão ao quadrado" (p. 22, n.).

É certamente nesse último domínio que os limites da competência lingüística se fazem sentir mais. Porém, é aí também que aparece mais claramente que a literatura geral só pode ganhar com o exame particular do texto em língua original. As análises contidas nas *Questions de poétique* de Jakobson (as de textos de Brecht, de Eminescu ou de Pessoa) são, na maioria, exemplares a esse respeito. E George Steiner ou Étiemble bem mostraram que a tradução não é só este obscuro intermediário que Wellek e Warren consideravam com alguma condescendência nos estudos de literatura comparada, no sentido restrito do termo, mas uma pedra de toque da poética comparada.

Repitamos: a literatura geral é o estudo das coincidências, das analogias; a literatura comparada (no sentido restrito do termo) é o estudo das influências. Mas a literatura geral é ainda a literatura comparada. E mesmo se se entende sob esta última expressão somente o estudo das relações de fato, percebe-se que não existe solução de continuidade.

## 92 QUE É LITERATURA COMPARADA?

Paul Van Tieghem, que contribuiu para promover o conceito de "coincidências", se dava conta de que a literatura geral, tal como ele a concebia, não excluía a pesquisa das influências.

Esse método, escrevia ele no seu volume sobre *Le Romantisme dans la littérature européenne*, aproxima intimamente idéias, sentimentos, tendências, obras e formas de arte análogas, através das fronteiras nacionais ou lingüísticas.

Mas logo depois, acrescentava:

Ele toma em maior consideração influencias estrangeiras que a literatura comparada descobriu e analisou. Mergulha os escritores na atmosfera literária internacional que mesmo os mais rebeldes, em aparência, aos apelos do estrangeiro não deixaram de respirar.

## EPISTEMOLOGIA

Estudar o desenvolvimento de uma certa árvore, de um tipo de árvore, de uma espécie ou de um gênero de plantas, é uma coisa; determinar a natureza e as condições da vida vegetal é outra. Substituamos *árvore* por *obra* e *vida vegetal* por *vida literária*, e descobriremos um outro tipo de conhecimento, ao qual o inglês dá o nome de *theory of literature* (às vezes *general literature*; ver o subtítulo do *Yearbook*), o alemão de *allgemeine Literaturwissenschaft* (ciência literária geral). Em francês, ao lado da "literatura geral" propriamente dita, distinguiremos uma ciência da ciência literária, uma epistemologia, cujo nome não está fixado pelo uso. Poder-se-ia chamá-la, por falta de melhor expressão, "filosofia da literatura".

Precisemos com um outro exemplo. Certos historiadores se contentam com escavar o passado, com estabelecer fatos e datas, com explicar tal batalha ou tal tratado. Outros, como Vico, Montesquieu, Voltaire, Michelet ou Toynbee armam vastas sínteses, fazem grandes perguntas: Que se chama civilização? As civilizações seguem um ciclo? A humanidade vai em direção de um fim? Que sentido tem a história, providencial ou não? Outros, enfim, se indagam sobre a natureza e o valor do conhecimento histórico em geral: que se entende por liberdade ou determinismo? Por acontecimento, personagem, documento históricos? Em que a mentalidade histórica modifica nossa percepção do tempo, da ação?

A essas três categorias correspondem a história literária, a literatura geral, a filosofia da literatura.

Trata-se, com efeito, de uma reflexão abstrata sobre os fenômenos literários, sobre conceitos, formas, métodos. Para examinar essa filosofia da literatura, o índice dos assuntos da obra já clássica de Wellek e Warren, *Teoria da Literatura*, nos vai servir de guia.

## UMA REFLEXÃO SOBRE A LITERATURA 93

Em primeiro lugar e antes de tudo, que se chama literatura? Suma de leituras para uns (ainda chamada cultura); todo texto impresso para outros, ou simplesmente tesouro dos grandes textos. Ora, domínio da República das letras (e dos letrados), ora participação da vida estética; imitação da realidade ou criação de um universo imaginário; modo de ação, de conhecimento ou de existência. Não é em algumas linhas que faremos seu percurso. Se, no lugar de uma definição abstrata, observarmos suas variantes no curso das idades, encontraremos tantas respostas quantos períodos e países e às vezes escritores.

Vê-se esboçar-se a diferença entre o historiador, o filósofo e o comparatista. O primeiro tende a uma consciência cada vez mais aguda dos casos particulares irredutíveis e só se eleva às normas e às leis com a mais extrema prudência. Os dois outros se apressam em direção de fórmulas sempre mais sintéticas; porém o filósofo, mais dedutivo, parte da noção geral e a explora, por exemplo, enquanto o comparatista, mais indutivo, descobre, circunscreve, analisa fatos.

Sem deixar os fundamentos, interrogar-se-á ainda sobre a função da literatura: divertimento gratuito ou ensino útil; atividade autônoma ou epifenômeno da vida econômica; forma de sabedoria ou louca ambição; atividade positiva ou evasão; e, em terceiro lugar, sobre os métodos: como conhecemos e estudamos a literatura? A literatura comparada, esta vez, se torna um objeto entre os outros.

A seqüência do índice dos assuntos nos satisfaz menos. Tudo o que o referido manual coloca sob o título *Tratamento Extrínseco da Literatura* – relações entre a literatura e a psicologia, a sociedade, as idéias e as outras artes – faz parte, a nossos olhos, de uma literatura comparada ampliada. Em compensação, encontramos nossa filosofia da literatura com o título *O Estudo Intrínseco*. Aqui são tratadas questões de expressão, e sobretudo de expressão poética (eufonia, ritmo, metro; estilo e estilística); de invenção (imagens, metáforas, símbolos, mitos); de composição (gêneros, e sobretudo gêneros narrativos); de apreciação, enfim (crítica literária propriamente dita).

Trata-se de uma figura literária: D. Juan, por exemplo. O simples fato de apresentá-la sob uma etiqueta emprestada de uma obra a limita e a define. A filosofia da literatura falará de sedutor, e todos os sedutores não são D. Juan. Essa variedade particular aparece na Espanha, num texto do começo do século XVII. Donde o desejo de uni-la a seu contexto nacional, religioso e social. D. Juan é o produto da feudalidade, de um sistema aristocrático, da monarquia? É espanhol, árabe, mesmo italiano? É cristão ou muçulmano? As interpretações são numerosas, divergentes. Enquanto o comparatista separa as filiações entre todas as obras que se reivindicam o protótipo, diretamente ou através das obras intermediárias, o sociólogo, o psicólogo, o psicanalista, o médico, o teólogo estarão no direito de exprimir sua opinião. O filósofo literário fará a síntese.

# QUE É LITERATURA COMPARADA?

A morfologia literária apresenta menos riscos. Estudar a invenção da tragédia na Grécia, sua transplantação para Roma, sua ressurreição no século XVI, sua difusão por toda a Europa, seu retorno à popularidade em nossos dias, é fazer obra de comparatista. Meditar sobre a noção de trágico, como Nietzsche no *Nascimento da Tragédia*, ou, mais recentemente, George Steiner em *A Morte da Tragédia*; concluir, como este, que a idéia cristã destrói o trágico e que não há tragédia cristã autêntica, ainda que tenhamos tragédias de tema cristão ou escritas por cristãos, é ser filósofo literário. Mas, dir-se-á, por que essa divisão escolástica? Se a tragédia clássica renovada dos gregos se coloca entre as formas literárias definidas, o trágico se exprime por toda parte, no romance como na epopéia, e, se se fala da condição trágica da humanidade, por que não ilustrá-la com Kierkegaard ou com os *Upanishads* tanto como com Sófocles ou Brecht? Digamos, pois, que o filósofo estuda o trágico em si ou nos filósofos; o filósofo literário escolhe exemplos literários; o comparatista aproxima um certo número de tragédias em boa e devida forma. Mas cada um tem necessidade dos outros.

Consideremos, ainda, as formas sob um outro ângulo. Não se pode, com algumas palavras, caracterizar a maior parte das obras literárias e artísticas do Ocidente como aristotélicas? Dito de outra maneira, elas têm, ou tinham, um começo, um meio e um fim, como os organismos vivos evoluídos. Um soneto, uma sinfonia de Beethoven, uma catedral, um quadro de Van Gogh, são construídos segundo este mesmo princípio. Mas um arranha-céu, um trecho de jazz, uma peça de Ionesco, um poema de Saint-John Perse, um filme de Robbe-Grillet concernem a uma outra estética. Não têm começo nem fim. Sua unidade, se existe, está alhures. Inventamos, dir-se-á, uma nova maneira de criar? Falar-se-á de estética africana ou asiática? Ou simplesmente de dois sistemas permanentes mais ou menos praticados segundo os tempos e os lugares? Deixemos as respostas aos filósofos da literatura.

Num outro domínio, nos confins da literatura e das artes, Étienne Souriau nos convida a estudar a *Correspondência entre as Artes* (1947). Pode-se falar de ritmo de uma fachada? Que significam as diversas tentativas dos poetas para apoderar-se, na música, do que lhes pertence, como quer Mallarmé? Sobre quais fundamentos repousa a sinestesia, desde "os perfumes, as cores e os sons se respondem" até o soneto das vogais de Rimbaud? O impressionismo tem seu correspondente na literatura? Que concorrência o cinema faz ao romance? Estas perguntas, e mil outras, podem ser formuladas na França, na Europa, no Ocidente. Os mundos eslavos, orientais, africanos formulam outras, análogas. A simples noção de gosto, que, por sua ambigüidade sensorial, permaneceu fortemente culinária na França; a de crítica, que, como seu nome indica, separa; a de interpretação, próxima da

# UMA REFLEXÃO SOBRE A LITERATURA

música; a de prazer estético: todas interessam ao comparatista tanto quanto ao filósofo.

Para não sair de um terreno familiar, a distinção entre prosa e poesia não salta aos olhos. Em inúmeros casos, poesia significa combinações reguladas de sílabas, de sons e de ritmos, ou uso exclusivo de um certo vocabulário. Durante mais de um século, de Malherbe a Chénier, o francês acreditou que um bom poeta era um bom fabricante de versos. Os ouvidos se crispavam, descobrindo alexandrinos na prosa de Prévost.

Mas quando encontramos mais poesia numa frase da quinta *Promenade* de J.-J. Rousseau do que em toda a *Henriade* de Voltaire, invertemos os valores. Esta revolução no gosto não se efetuou senão graças à evolução da própria poesia, a partir do fim do século XIX, termo de uma longa crise que Suzanne Bernard pôde estudar através do poema em prosa. Em face desta obra – que um comparatista poderia ampliar ao sair do domínio francês, o Abade Bremond compõe sua *Poésie pure*, em que se conduz como filósofo da literatura. Sempre nesta pesquisa sobre a natureza da poesia, enquanto o Pe. Jousse trabalha, como fisiologista, com a respiração e o ritmo, o verseto claudeliano se presta a definições mais estilísticas. Tal é o perpétuo vaivém entre o concreto e o abstrato, o geral e o particular.

Que queremos provar com essas poucas ilustrações? Em primeiro lugar, que a literatura, com suas formas, suas leis, seu desenvolvimento, constitui um universo original entre as manifestações do espírito humano, mas que não poderia ser compreendida sem a ligação com todo o resto.

Em seguida, que o comparatista ocupa aqui um lugar privilegiado. Como uma literatura que não buscasse seus exemplos senão num único domínio nacional poderia pretender ser "geral"? A *fortiori*, uma filosofia literária. Todo sistema de ensino que liga imperiosamente o estudo da literatura à aquisição de uma língua, ao lançar o anátema sobre as traduções, põe um entrave fatal nas idéias gerais. São, pois, cátedras de Literatura (simplesmente) que nos seriam necessárias, assim como existe uma medicina geral ao lado da medicina especializada.

O que conta não é tanto um conhecimento exaustivo ou enciclopédico, sonho dos historiadores ou dos lingüistas, mas sim uma reflexão significativa. Com este fim, poder citar mais de uma literatura significa dar um passo decisivo para o momento ideal em que todas seriam citadas. E, para as necessidades pedagógicas, alguns textos bem selecionados, examinados de perto, bastam para tratar questões aparentemente tão monumentais quanto a estrutura da tragédia, a técnica da narrativa indireta no romance, as imagens de luz em poesia, a expressão da duração, o estilo escrito e o estilo falado etc. Fazendo variar o autor, a língua e as datas, o estudioso elevar-se-á progressivamente até a filosofia da literatura propriamente dita, com assuntos

# QUE É LITERATURA COMPARADA?

tais como literatura e realidade, poesia e música, biografia e criação. O essencial, em todo caso, é estimular a reflexão do público sobre os dados fundamentais de toda literatura, o que, depois de tudo, deveria ser a finalidade principal e o resultado tangível dos estudos ditos "literários".

## RUMO À TEORIA DA LITERATURA

A pergunta feita por Sartre num longo ensaio, publicado em 1948 – *Que é literatura?* –, não cessou de preocupar os espíritos, desde aquela data. Com efeito, não é seguro que a resposta dada em *Situations II* tenha parecido plenamente satisfatória. E, admitindo que "um escrito seja uma tarefa" e a literatura uma *"praxis"*, resta ainda elaborar a teoria dessa prática. Esta reflexão abstrata sobre os fenômenos literários, sobre os conceitos, as formas, os métodos que eles põem em jogo, Wellek e Warren a conduziram na sua *Teoria da Literatura*. Nesta não existe ainda solução de continuidade entre literatura comparada e teoria da literatura.

### Teorias a Respeito da Literatura

Uma reflexão sobre a literatura pode muito bem derivar de uma filosofia propriamente dita. Assim, Wilhelm Dilthey, que é talvez o primeiro a ter tentado estabelecer, em 1914, uma teoria sistemática com bases filosóficas, afirmou, alternadamente, em nome de sua "filosofia da vida" (*Lebensphilosophie*), que "a verdadeira poesia é a expressão e a representação da vida" e que "a verdadeira poesia exprime uma concepção do mundo", sendo que as concepções do mundo podem ser reduzidas a três tipos fundamentais: o tipo naturalista (Balzac), o tipo idealista-subjetivo (Schiller) e o tipo idealista-objetivo (Goethe)[1]. Talvez o estilo seja, de fato, uma questão de visão. Proust o tinha sugerido. Talvez o objeto não exista em literatura senão na medida em que ele é o elemento de uma representação: ós romances de Robbe-Grillet, as reações positivas (Barthes) ou negativas (Ernesto Sábato) que eles suscitaram, dariam ênfase à evolução contemporânea em direção de uma fenomenologia literária. Mas essa representação pode ser herdada, parcialmente pelo menos, determinada pelo fato de pertencer a tal civilização ou a tal tradição. A obra de arte não é criada a partir apenas da visão do artista, mas também a partir de outras obras: esta afirmação célebre de Malraux permitiu definir a intertextualidade. E a intertextualidade, quando mistura várias línguas e várias culturas, é o domínio próprio do comparatista.

---

1. *Das literarische Kunstwerk*, 1914, 2ª ed., Tübingen, 1960.

# UMA REFLEXÃO SOBRE A LITERATURA

Convidando a fazer um estudo mais profundo do texto, o formalismo pode parecer como uma vontade de ruptura com a intertextualidade. Os trabalhos dos formalistas russos começaram durante o inverno de 1914-1915, quando alguns estudantes fundaram, sob os auspícios da Academia das Ciências, o Círculo Lingüístico de Moscou, chamado a promover a lingüística e a poética. Tomaram forma sobretudo a partir da constituição, em 1917, da "Sociedade de Estudo da Linguagem Poética" (*Opoiaz*). Numa primeira fase, dominada por Chklóvski, o texto literário é considerado como um dado independente da posição do leitor e isolado do contexto da história literária da qual ele fazia parte[2]. Esta fase termina em 1925, o ano da *Teoria da literatura* de B. V. Tomachévski (1890-1957), título que T. Todorov retomou, voluntariamente, ao publicar sua antologia dos formalistas russos, em 1965[3].

Wellek e Warren conheciam a obra de Tomachévski, quando escreveram sua *Teoria da Literatura*. A ela fazem alusão no prefácio da primeira edição (1942). Quiseram libertar-se da sua marca, renunciando a dar conhecimentos básicos sobre certos assuntos técnicos, como a prosódia. E são antes tributários da concepção do texto-monumento pela qual Dilthey tinha manifestado sua oposição ao historicismo, e que foi retomada pela escola da interpretação imanente, com Emil Staiger à testa. O princípio de Wellek e Warren é que "toda obra literária concerne, ao mesmo tempo, ao geral e ao particular". O esforço dos estudos literários e da história literária para extrair a individualidade de uma obra, de um autor, de um período ou de uma literatura nacional "não pode ser realizado senão em termos universais, sobre a base de uma teoria literária" (p. 22). A literatura é una, como a arte e a humanidade. Constitui um todo (pp. 63-65). Mas que é a literatura? Tudo o que é impresso (p. 27). Seria identificar a literatura com a história da civilização e rejeitar as literaturas orais, que Wellek e Warren situam em bom lugar. A literatura mundial? Seria cair na armadilha "grandiosa" da *Weltliteratur*. Wellek e Warren se limitam, pois, às "obras maiores", esses monumentos que eles gostariam que constituíssem toda a literatura.

## A "Literariedade"

O critério do gosto, que determina a escolha das "obras-primas", foi contestado pelo que se convencionou chamar "a nova crítica", em particular por Roland Barthes, em *Crítica e verdade* (1966). A tarefa

---

2. Para os limites cronológicos e a característica essencial dessa "fase formalista" propriamente dita, seguimos a exposição de Elrud Ibsch e D. W. Fokkema, "La Théorie littéraire au XXe siècle", na obra coletiva dirigida por Aaron Kibédi Varga, *Théorie de la littérature*, A. & J. Picard, 1980, p. 39.

3. *Théorie de la littérature*, Le Seuil, col. "Tel Quel".

# QUE É LITERATURA COMPARADA?

mais importante não seria mais julgar em nome de uma norma, mas descrever o objeto literário, precisar em que ele é literário. A interrogação, que é apenas uma variante da questão fundamental, "Que é literatura?", ocupa um lugar importante na obra de Roman Jakobson. Continuador do formalismo russo no seio do "Círculo de Praga" (1926-1948) Jakobson procurou definir a especificidade da literatura, sua "literariedade" (*literaturnost*). No *post-scriptum* composto para suas *Questions de poétique*, ele precisa o sentido de seu método:

A "literariedade", ou dita de outra maneira, a transformação da palavra numa obra poética, e o sistema dos procedimentos que efetuam essa transformação, é o tema que o lingüista desenvolve na sua análise dos poemas. De maneira oposta às invectivas provocadas pela crítica literária, o método em questão nos leva para uma especificação dos "códigos literários" submetidos ao exame e, ao mesmo tempo, abre o caminho para generalizações que se impõem por si mesmas.

Essa pesquisa, que é a mesma da teoria da literatura, não exclui de nenhum modo a contribuição do comparatismo. Heinrich F. Plett pôde apelar para "uma crítica histórica e comparada de literatura, que tem (tivesse) por objeto de análise todos os códigos que participam do processo literário, assim como suas relações recíprocas, suas causas e seus efeitos"[4]. O "Círculo Lingüístico de Praga" contou aliás com um comparatista autêntico entre seus membros: Jan Mukarovski, que coloca o texto literário no contexto da história literária e de todo o sistema cultural. Enfim, Teun A. van Dijk reconhece a existência de um "contexto cultural" e de um "fator de variação cultural" que uma análise antropológica ou etnográfica de textos e de formas de comunicação pode fazer aparecer:

Uma tal análise nos ensina quais tipos de textos podem ser utilizados em situações sociais determinadas e quais são as propriedades específicas desses textos, por exemplo, com a finalidade de compará-los aos utilizados em situações comparáveis em outras culturas[5].

Concebida como uma pesquisa sobre a "literariedade", a teoria da literatura dá, em todo caso, lugar à comparação. Procura de fato precisar "o hiato possível entre a linguagem real (a do poeta) e uma linguagem virtual (aquela que a expressão simples e comum teria empregado)[6]. A retórica antiga estabelecia um sistema de regras para a pro-

---

4. "Rhétorique et stylistique", em *Théorie de la littérature* (dir. Kibédi Varga), p. 173. Do mesmo autor consultar-se-á *Textwissenschaft und Textanalyse.* – *Semiotik, Linguistik, Rhetorik*, Heidelberg, 1975, 2ª ed., Quelle & Meyer, 1979.

5. "Le texte: structures et fonctions", em *Théorie de la littérature* (dir. Kibédi Varga), p. 66. Do mesmo autor ver *Text and Context*, London, Longman, 1977.

6. Gérard Genette, *Figures*, Le Seuil, 1966, p. 207.

UMA REFLEXÃO SOBRE A LITERATURA 99

dução de textos. A *rhetorica nova* se preocupa com analisar os textos para aí delimitar o que Gérard Genette chama "um espaço de figura". O transcendentalismo de Roman Ingarden, para quem a idéia da obra literária consistia na relação essencial entre uma situação representada e uma qualidade metafísica[7], e o imanentismo da *close reading* que, segundo certos adeptos do *New Criticism*, permite ao leitor uma análise poética do que é propriamente literário na obra, são substituídos por uma tentativa de ligar os efeitos textuais inventariados a certas características estruturais do texto, como condições de sua possibilidade de existência. Samuel R. Levin, desejando descobrir exatamente as características estruturais dos objetos literários, estabeleceu os conceitos de coesão, de desvio e de densidade. Retomava assim intuições esparsas em outros teorizadores da literatura.

*Coesão/Desvio/Densidade*

A noção de coesão está implícita na vontade de considerar a literatura como uma estrutura de signos. A teoria da literatura está de fato ligada à semiótica literária. Nisso ainda, o Círculo Lingüístico de Praga representou um papel de pioneiro. Mas, por um caminho diferente, o *New Criticism* chegou a intuições análogas. I. A. Richards, um de seus antepassados (*Principles of Literary Criticism*, 1924), já convidava a considerar o texto como uma unidade coerente. Seus sucessores estudaram como os elementos constitutivos de um texto literário se relacionam uns com os outros de uma forma particular e se modificam mutuamente: é o conceito de ironia[8]. Na França, Barthes, em sua brilhante análise de *Sarrasine*, esforçando-se por mostrar que um texto é um conjunto complexo mas coerente de códigos, fez do sistema um sistema aberto, flexível: em última análise, um texto literário poderia ser definido por sua disponibilidade.

A noção de desvio (*Abweichung deviation*) fixa uma intuição de Iuri Tinianov, quando, na segunda fase do formalismo russo (1925-1930), insistia na qualidade diferencial. É encontrada em Mukarovski[9], em Siegfried J. Schmidt[10]. Resulta de uma tomada de consciência da diferença entre a linguagem de todos os dias e a linguagem literária. "São palavras de todos os dias e, entretanto, não são as mesmas", exclamava Claudel nas *Cinq Grandes Odes*. A estilística do desvio suscitou reações às vezes bastante vivas: onde se situa exatamente a

7. Roman Ingarden, *Das literarische Kunstwerk*, Halle, 1931, reed. 1960.

8. Ver Cleanth Brooks, *The Well-Wrought Urn: Studies in the Structure of Poetry*, London, Methuen, 1947, reed. 1968.

9. Ver "Standard Language and Poetic Language", em L. Garvin, *A Prague School Reader on Esthetics, Literary Structure and Style*, Washington, Georgetown University Press, 1964, pp. 17-30.

10. "Alltagssprache und Gedichtssprache", em *Poética*, 1968, pp. 285-303.

100     QUE É LITERATURA COMPARADA?

norma? Não pode haver desvios sem efeitos de estilo, e efeitos de estilo sem desvio? Raymond Queneau, durante a sua viagem à Grécia, em 1932, descobria que a língua demótica é a da rua e dos poetas; a outra não é senão a dos funcionários.

A noção de densidade pertence particularmente a S. R. Levin. Ele afirma que os objetos literários "contêm, numa proporção superior à média, transformações de apagamento que não se podem reconstruir"[11]. A parte da elipse, do subentendido, da sugestão seria mais importante no texto literário que na simples mensagem verbal. Certas declarações de Mallarmé iam exatamente neste sentido.

Todas essas preocupações não podem deixar o comparatista indiferente, sobretudo se ele se interessar pela poética comparada. Poderá ele, por exemplo, perguntar-se qual é o grau de coerência de uma obra que pratica a colagem de citações estrangeiras (*The Waste Land* de T. S. Eliot). Encontrará o mesmo tipo de desvio nos *portmanteau-words* de Lewis Carrol (*slithy*, condensado de *lithe* e de *slimy*, em *Through the Looking-Glass*) e nas *mots-valises* de Laforgue ("la céleste Éternullité") ou de Boris Vian (o *"pianocktail"*). Comparará a densidade das rupturas sintáticas nos dramas de Shakespeare e nos de Claudel. No entanto, o desvio que mais o sensibilizará será a diferença entre dois textos, ou dois fragmentos de textos, de autores e de línguas diferentes.

## Os "Níveis de Literatura"

O conceito de "nível de língua" é utilizado freqüentemente em lingüística. Poder-se-ia criar o conceito simétrico de "nível de literatura". Quando se transforma em literatura universal, a literatura comparada pode dificilmente deixar de lado o problema da distinção entre "literatura culta" e "literatura popular". Wellek e Warren admitem mesmo que a expressão "literatura comparada" faça referência ao estudo da literatura oral, das peregrinações dos temas dos contos folclóricos, das circunstâncias diversas de sua incorporação na literatura "artística", a "grande" literatura (pp. 62-64).

Ora, essa questão dos "níveis de literatura" requer também o teórico da literatura, uma vez que ela deve permitir precisar ainda muito mais o próprio sentido da expressão. Aberto a todas as formas da paraliteratura, o comparatista não poderia ater-se a uma definição estreita. Sabe que existem elementos que concernem ao romance policial em *Crime e Castigo* de Dostoiévski, ou em *L'emploi du temps* de Butor (há mesmo nesse livro a presença de um romance policial, o *Bleston Murder*, que Revel compra à sua chegada na cidade[12]). Sabe como a ficção

---

11. "Die Analyse des 'Kompromierten' Stils in der Poesie", em *Zeitschrift für Literaturwissenschaft und Linguistik*, 3, 1971, pp. 59-80.

12. Ver o estudo de M. A. Grant, *Butor: L'Emploi du temps*, pp. 22-26.

## UMA REFLEXÃO SOBRE A LITERATURA

científica americana pôde ajudar Ionesco a representar no teatro sonhos e angústias, interrogações sobre o ser e o mundo. Ou ainda como Queneau introduziu nos seus *Exercices de style* exclamações análogas aos balões dos *comics*.

A literatura popular, aliás, não é uma. A. Kibédi Varga lembrou oportunamente que a expressão recobria ao mesmo tempo a literatura folclórica e a literatura de grande consumo. A diferença entre as duas é flagrante: a primeira é "a expressão profunda e autêntica da narrativa popular"; a segunda, "um artigo imposto de fora ao povo, por razões comerciais e ideológicas". Uma é mais antiga, oriunda de uma sociedade rural e pós-feudal; a outra reflete "os sonhos e as necessidades das classes populares numa sociedade industrializada"; mas não existe entre elas um paralelismo, na própria medida em que elas respondem ao apelo de um certo público?[13]

O conceito de literatura oral, enfim, atrai a atenção. Mircea Eliade chama assim "tudo o que foi dito, e em seguida retido pela memória coletiva". Mas, apesar do vínculo que a língua latina estabelece entre *littera* e *litteratura*, e a confusão que a palavra chinesa *wen* mantém entre escrita e literatura, tem-se o direito de falar de literatura oral? Um lingüista, como Barthes, fará observar que o texto (*textum*) pode muito bem não ser, etimologicamente, senão um tecido de palavras[14]. Um comparatista mostrará, com a ajuda de exemplos paralelos, como tradições orais puderam, num dado momento, ter acesso ao escrito (é o caso dos poemas homéricos ou, numa data relativamente recente, de *Kalevala*, epopéia finlandesa). E bem poderia ser, como notava Étiemble, que "a literatura escrita obedece(sse) às mesmas leis que o folclore, e não encontra(sse) seu lugar, sua fórmula, senão a meio caminho do profano impuro e do sagrado puríssimo: laicizada, em relação aos textos dos rituais, sagrada em relação ao acontecimento cotidiano" (*Essais de littérature (vraiment) générale*, p. 73).

Wellek e Warren partem da teoria da literatura em direção da metodologia dos estudos literários. Este caminho é talvez mais filosófico que comparatista. Com efeito, o comparatista, indutivo onde o filósofo é mais habitualmente dedutivo, chega à noção geral após haver explorado o campo dos exemplos. Não cessa de interrogar textos, quando o teorizador da literatura se interroga sobre o texto. Mas está persuadido, como ele, que não se tem o direito de tratar de um objeto sem indagar-se sobre a natureza desse objeto, sobre sua essência, ou, mais modestamente, sobre suas condições de existência.

---

13. A. Kibédi Varga, "La Réception du texte littéraire; les arts et les genres", em *Théorie de la littérature*, pp. 231.

14. Artigo "Texte", na *Encyclopaedia universalis*.

# 6. Temática e Tematologia

A literatura comparada, sobretudo quando evolui para a literatura geral, se compraz em efetuar agrupamentos por temas. "O ponto de partida dessas pesquisas é em primeiro lugar temático, e é nacional só acidentalmente" (Jeune, p. 14). Há nisso algo de sedutor para o espírito e uma forma de passar para além das fronteiras lingüísticas ou culturais. Acrescentemos que a pedagogia se apoderou desse modo de apresentação e acreditou, assim, poder atenuar o que uma explicação muito exclusivamente histórica da literatura tinha de árido para jovens espíritos.

Nestas condições, são surpreendentes as controvérsias suscitadas pelo estudo dos temas, entre os próprios comparatistas. Benedetto Croce via nos temas os "assuntos de predileção da velha crítica"[1]; Paul Hazard, um jogo que permitia, no máximo, chegar "a aproximações curiosas, a diferenças divertidas"[2]. Por pouco, como lembra M.-F. Guyard, este último teria mesmo de bom grado proibido, aos comparatistas, o estudo dos temas, pois não via neles senão a matéria da literatura que começa com sua valorização, graças aos gêneros, à forma, ao estilo.

Portanto, foram necessárias vigorosas manifestações a favor deste tipo de pesquisas, em particular as de Raymund Trousson[3] ou de Harry

---

1. *Prediletti dalla vecchia critica*, resenha por B. Croce da obra de Charles Ricci, *Sophonisbe dans la tragédie classique italienne et française*, em *La Critica*, II, 1904, p. 486.

2. "Les Récents travaux en littérature comparée" em *La Revue universitaire*, XXIII, 1914, p. 220.

3. "Plaidoyer pour la *Stoffgeschichte*" na *Revue de littérature comparée*, XXXVIII, jan.-mar. 1964, pp. 101-104; *Un problème de littérature comparée: les études de thèmes, essai de méthodologie*, Lettres modernes, 1965; *Thèmes et Mythes*, ed. da Université de Bruxelles, 1981.

104      QUE É LITERATURA COMPARADA?

Levin[4]. Elas tendiam a reabilitar um domínio que os alemães haviam explorado com entusiasmo, no começo do século XX, com a revista de Max Koch[5], *Zeitschrift für vergleichende Literaturgeschichte* (1886-1910), a coleção dos *Studien zur vergleichenden Literaturgeschichte* (1901-1909), a série dos dezesseis volumes publicados de 1929 a 1937, por Paul Merker sobre a *Stoff – und Motivgeschichte der deutschen Literatur* e ainda, em 1931, com uma monografia, como a de Kurt Wais sobre *Das Vater-Sohn–Motiv in der Dichtung*.

Esta marca deixada pelos trabalhos germânicos explica o fato de o nome *Stoffgeschichte* permanecer ligado ao estudo dos temas. Os anglo-saxões hesitam entre *thematics* e *thematology* (Prawer, p. 99). Conservaremos o equivalente "tematologia", reservando "temática" para designar um método. O perigo, neste domínio, é talvez o de falar alemão em francês. S. S. Prawer, para ver o assunto mais claro, propunha distinguir entre o estudo da representação literária, os motivos iterativos, as situações, os tipos e os personagens portadores de um nome. Sabemos bem, com Philippe Sollers, que "toda terminologia é uma mitologia", e que, sendo arbitrária, pode sempre ser revista. Mas parece-nos oportuno fazer um novo esforço de clarificação e, pelo menos esperamos, de simplificação.

Se a tematologia é um dos campos de estudos para o comparatista, a temática é um dos métodos aos quais ele pode recorrer.


## O MÉTODO TEMÁTICO

Após haver conhecido sua hora de glória e alimentado a discussão da "nova crítica", entre 1964 e 1967, a temática perde terreno atualmente nos estudos literários. Há muito tempo, Barthes tinha ido além das propostas de método que ele apresentava em seu livro *Michelet par lui-même* (1954). O último livro de Jean-Pierre Richard, *Micro-lectures* (1978), mostra que o autor de *Poésie et Profondeur* evoluiu para a psicanálise e o recurso ao anagrama. A análise temática continua, entretanto, a existir. É, com o a análise retórica e a análise narrativa, um dos grandes tipos de análise do texto mencionados por Ducrot e Todorov[6].


4. "Thematics and Criticism", em *The Disciplines of Criticism*, coletânea em honra de R. Wellek, New Haven, Demetz, Greene & Nelson, 1968.

5. Ver *supra*, p. 21.

6. *Dictionnaire encyclopédique des sciences du langage*, Le Seuil, 1972, p. 376. [Trad. bras.: *Dicionário Enciclopédico das Ciências da Linguagem*, 2ª ed., São Paulo, Perspectiva, 1988.]

## TEMÁTICA E TEMATOLOGIA

*Temática e Tematologia*

A temática pode servir ao estudo dos temas. Mas não permanece confinada nesse domínio. O erro seria ainda mais grave se ela ficasse acantonada num certo setor da literatura.

### a) *Os Métodos da Tematologia*

Quando Raymond Trousson reduz o mito de D. Juan à encarnação do "motivo do sedutor", quando Jean Rousset dele extrai três constantes estruturais (a mobilidade, a multiplicidade das mulheres, o encontro com a morte)[7], quando Clements propõe aos seus estudantes um certo número de *topics* donjuanescos para que fossem aplicados a uma lista que vai de *O Burlador de Sevilha* de Tirso de Molina a *Don Juan oder Die Liebe zur Geometrie* de Max Frisch[8], utilizam ambos o método temático para um assunto de tematologia.

Esse método, totalmente legítimo, comporta seus perigos. O mais grave é o de reduzir a um tema ou a um pequeno número de temas um conjunto muito mais rico. A presença do criado – Catalinón, Sganarelle ou Leporello –, a presença do duplo estudada por Otto Rank, não são de igual maneira indispensáveis à constituição do mito de D. Juan? A significação do objeto de estudo pode se achar limitada ou mesmo falseada: na *comedia* de Tirso de Molina, tratava-se muito menos de "seduzir" (como acreditou o primeiro tradutor francês, Charles Poitvin) do que de "enganar", de "mistificar" (*burlar*) as mulheres, certamente, mas também o Marquês de la Mota, o rei e talvez o próprio Deus. Da mesma forma, não se poderia reduzir Tristão ao "tema cortês do amor recíproco infeliz" ou ao "adultério"[9], ou mesmo ao "amor fatal que varre todas as pressões morais ou sociais, e que finalmente se afirma mais forte que a própria morte"[10]: há uma felicidade de Tristão e Isolda, uma preferência pela morte, essa paixão da noite que encontrou sua expressão mais sublime no drama musical de Wagner. Trata-se, de preferência, de uma pluralidade de temas virtuais que podem revelar-se contraditórios.

Este método, enfim, não é o único. O método histórico conserva todos os seus direitos no domínio da tematologia: as "enumerações inteiras" (M. F. Guyard), das quais é fácil falar com ironia, ou pelo menos uma sólida bibliografia cronológica, são um ponto de partida indis-

---

7. Ver *Le Mythe de Don Juan*, A. Colin, 1978 e *L'Intérieur et l'Extérieur*, J. Corti, 1968, 2ª parte, Cap. I.

8. *Comparative Literature as Academic Discipline*, pp. 174-177.

9. D. de Rougemont, *L'Amour et l'Occident*, 1939, reed. UGE, col. "10/18", 1962, p. 14, 184.

10. S. Jeune, *Littérature générale et Littérature comparée* p. 65.

106 QUE É LITERATURA COMPARADA?

pensável. Donde a utilidade de repertórios como os *Stoffe der Weltlite-ratur* de E. Frenzel. Aliás, mesmo um adepto do método temático como Jean Starobinski reconhecia que

se se quer seguir pormenorizadamente a expansão de um tema [...] nada obriga a conceder aos grandes autores e às grandes obras que tiveram êxito uma situação privilegiada; os *minores* e as minúsculas terão igualmente direito a toda a nossa consideração[11].

Os métodos ditos "estruturais" não serão excluídos mais, ou porque tomam de Lévi-Strauss a noção de "rede de relações", ou porque estabelecem relações entre o tema considerado e aqueles dos quais, na textura do texto, ele é indissociável ou ainda porque procuram definir por um equivalente lingüístico a estrutura do objeto estudado: depois do repertório de R. B. Matzig (*Odysseus, Studie zu antiken Stoffen in der modernen Literatur, besonders in Drama*, 1949), depois da apresentação "clássica" de W. B. Stanford (*The Ulysses Theme. A Study in the Adaptability of a Traditional Hero*, 1954), tem-se o direito de esperar uma obra sobre o mito literário de Ulisses que leve em consideração a estrutura em oxímoros que Roman Jakobson descobriu, apoiando-se no poema de Fernando Pessoa intitulado "Ulisses" (em *Questions de poétique*).

### b) A Aplicação do Método Temático a Outros Domínios

O método temático tem seu campo de aplicação fora da tematologia. Mario Praz, por exemplo, tentou estudar o decadentismo – portanto um movimento, ou o que se poderia talvez considerar como tal –, baseando-se no retorno de certos tipos, de certos temas, de certos mitos. Os títulos dos capítulos de seu livro (I. A Beleza da Medusa; II. As Metamorfoses de Satã; III. A Sombra do "Divino Marquês"; IV. A Bela sem Preocupação; V. Bizâncio) são reveladores a esse respeito. Mas o próprio título do conjunto é temático: *La Carne, la Morte e il Diavolo nella letteratura romantica* (1930). Só a tradução inglesa, *The Romantic Agony*[12], lhe conferirá uma noção de história literária.

O estudo de um gênero, como a comédia barroca, passa também pela temática. Após E. R. Curtius, Ross Chambers mostrou que lugar nela ocupava o *topos do theatrum mundi*. A sentença de Petrônio, "*totus mundus agit histrionem*", foi inscrita em 1599 no frontão do Teatro

---

11. "Les Directions nouvelles de la recherche critique", em *Cahiers de l'Association internationale des Études françaises*, n° 16, 1964, p. 138.

12. A tradução francesa está mais próxima do título italiano: *La Chair, la Mort et le Diable dans la littérature du XIX$^e$ siècle*. – *Le Romantisme noir*. Denoël, 1977; mas o subtítulo é inadequado: incita a pensar no começo do século (em Maturin ou em Ann Radcliffe) mais do que na literatura do fim do século.

TEMÁTICA E TEMATOLOGIA          107

Globo, Londres. O misantropo, de *Como quiserdes*, de Shakespeare, explica que o mundo inteiro é um palco. É "o grande teatro do mundo", título de um auto sacramental de Calderón; é também, na segunda *jornada* ou ato de *A Vida é Sonho*, a consciência que Sigismundo adquire de si mesmo como ator: a vida é um teatro, mas um teatro em que o homem, sem recusar seu papel, sabe que o representa e, de uma certa maneira, bem interior, se olha representá-lo.

O estudo de um estilo está mesmo muito mais ligado à temática do que se disse. Foi sempre a respeito da literatura barroca, da poesia esta vez, que Gérard Genette propôs a noção de "temas-formas" – a vertigem, por exemplo – para bem mostrar que os dois tipos de pesquisas eram indissociáveis[13]. Os quatro critérios fixados por Jean Rousset para definir a obra barroca (a instabilidade, a mobilidade, a metamorfose, a soberania do cenário) recuperam processos estéticos antes de abrirem perspectivas temáticas: aliás, foram extraídos a partir da arquitetura de Bernini e de Borromini, antes de servirem de fundamento a um método que o autor qualifica de "transposição indireta"[14].

### c) Contra a Noção de "Literatura Temática"

Entre os quatro modos da crítica distinguidos por Northrop Frye (crítica histórica, crítica etológica, crítica dos arquétipos, crítica retórica) não se encontra a crítica temática. É que a temática constitui, para Frye, um domínio reservado da literatura: o qualificativo se aplica, para ele, "a obras literárias em que nenhum personagem aparece distinto da personalidade do autor colocado em face de seu público". Seria o caso das obras líricas, dos ensaios, "ou ainda de obras literárias em que o comportamento dos personagens é função de uma concepção teórica defendida pelo autor, como no caso da parábola ou da alegoria"[15].

Uma obra seria temática a partir do momento em que o interesse não tivesse mais centralizado no que Aristóteles, na *Poética*, chamava *mythos* (a fabulação) mas sim no "pensamento inspirador" ou *dianoia*. É esse último termo que Frye propõe traduzir por "tema". Mas ele faz também do termo um equivalente de "sentido", porque quando se formula a pergunta "Que é que significa essa história?", ela se aproxima da *dianoia* e "indica que é possível encontrar nos temas, tanto como na intriga, elementos de revelação"[16].

---

13. Ver "Raisons de la critique pure" nas Atas de Colóquio de Cerisy-la-Salle, *Chemins actuels de la critique*, UGE, col. "10/18", 1967.

14. *La Littérature de l'âge baroque en France. – Circé et le paon*, p. 182.

15. *Anatomy of Criticism*, Princeton University Press, 1957, trad. G. Durand, *Anatomie de la critique*, Gallimard, 1969, p. 436.

16. *Idem*, "Les modes thématiques", pp. 70-88.

108 QUE É LITERATURA COMPARADA?

Como admitir que a tragédia grega não permite a focalização temática, ou que a única maneira de tratar da literatura "temática" é fechá-la num esquema diacrônico (primeiro tempo, mitológico: o *vates* e a poesia oracular; segundo tempo, *mimesis* superior: a poesia encomendada, o poeta cortesão; terceiro tempo, *mimesis* inferior: o romantismo; quarto tempo, o "período irônico": o artista puro e a teoria da "máscara poética" em Yeats)?

## Especificidade da Análise Temática

O específico de toda análise é separar. Mario Praz adverte lealmente seu leitor sobre isso: "Este estudo deve ser considerado como uma monografia, não como uma síntese". Aí falta essa visão global do texto com a qual sonham vários teóricos da literatura. Aí falta mesmo uma visão global da temática decadentista, porque o autor escolheu privilegiar o erotismo. Separado da ideologia, separado da poética, um tal estudo temático não acabaria por ficar separado da própria temática?

### a) Temática e Ideologia

Entre as críticas que foram feitas a Mario Praz, a mais grave é talvez a de Benedetto Croce[17]: ter feito da decadência um simples avatar do romantismo, considerando o romantismo só como uma nova sensibilidade, sem interrogar-se sobre seus fundamentos ideológicos e sem ver a diferença que existe entre os fundamentos ideológicos do romantismo e os fundamentos ideológicos do decadentismo. Para tomar o exemplo mais simples: uma ideologia do progresso no romantismo ("Pleine Mer – Plein Ciel" em *A Legenda dos Séculos* de Victor Hugo); uma ideologia da decadência no decadentismo (a certeza, em Barbey d'Aurevilly, de ser "uma raça na sua última hora"; a visão de Schopenhauer completada pela de Hartmann).

Realmente, a temática é aqui indissociável da história das idéias. Pierre Macherey, estudando o "tema revelador" da ilha em Jules Verne, mostrou muito bem que era também um tema "demonstrador", exibindo um "motivo ideológico" constituído desde o século XVIII[18]. Não é menos verdade, e Macherey o reconhece, que o tema é de alguma forma o grau zero da idéia, e que a idéia vem revesti-lo: "O tema, na sua relação com a obra ideológica ou representativa, tem a mesma consistência que o conceito em relação à obra teórica" (p. 230 n.). Sobre o tema neutro da decadência (ou do que Montaigne chamava a decrepitude) é possível constituir uma ideologia do progresso (que nega a de-

17. Em *La Critica*, vol. XXIX, nº 2, 20 mar. 1931, pp. 133-134.
18. *Pour une théorie de la production littéraire*, Maspéro, 1971, p. 229; em nossa terminologia, a ilha será antes um motivo.

## TEMÁTICA E TEMATOLOGIA

cadência e se lhe opõe) ou uma ideologia da decadência (que afirma a decadência e a favorece). Essas ideologias, Nietzsche pôde rejeitá-las sem distinção, vilipendiando a ideologia "plebéia" do progresso e censurando a ideologia decadentista de sagrar o nada, e de tentar, portanto, matar a vontade de vida.

A obra literária exprime raramente a ideologia pura. É, como sugeriu Mikhail Bakhtin, mais "dialógica" que "monológica"[19]. Em *O Retrato de Dorian Gray*, a Duquesa de Monmouth toma o partido do progresso e Lord Henry, o da decadência. Em *Il Piacere*, Sperelli crê revelar o imutável a Schifanoia, mas encontra em Roma a "lei" da "mutabilidade". O novo hedonismo ao qual dava adesão Walter Pater, na conclusão de seus *Etudes sur la Renaissance*, não poderia ser senão uma etapa na carreira do personagem romanesco. O estudo temático comparado será então o estudo de uma atitude cambiante, viva pois, a respeito da idéia.

### b) *Temática e Poética*

Há uma outra crítica, e mesmo uma dupla crítica, que é feita à análise temática: prestigiar os "temas" às expensas dos "procedimentos" e, de qualquer maneira, separar o fundo da forma, o significado do significante. Henri Meschonnic, muito judiciosamente, recusou, sem distinção, os excessos da estilística (monografias dos procedimentos) e os da temática (monografias dos temas) que conduzem, nos dois casos, "a uma cegueira parcial sobre o próprio objeto da pesquisa e sobre o todo da obra"[20].

A crítica é, evidentemente, fundada, e constitui para os comparatistas um alerta necessário, visto que são tentados a passar do particular ao geral. É necessário evitar, por exemplo, nivelar sob a palavra "tédio" o sentimento que Baudelaire chamava *spleen* (no sentido próprio, uma crise de humor negro; e os quatro poemas das *Flores do Mal* que se intitulam "Spleen" correspondem a quatro momentos de crise em dias chuvosos) e o *taedium vitae* do fim do século[21]; "o verme secreto das existências plenas", segundo Paul Bourget (*Essais de psychologie contemporaine*), o tédio "que assalta aqueles a quem a vida nada recusa", segundo Oscar Wilde que o atribui ao imperador Domiciano errando numa galeria de espelhos de mármore (o "livrinho amarelo" em *O Retrato de Dorian Gray*). A orientação no espaço e no tempo é diferente; a situação no século é bem precisa, e cada palavra faz ouvir uma nota musical diversa.

19. *Problemy poetiki Dostoievskovo*, 1929, 2ª ed., 1963; trad. I. Kolitcheff, *La Poétique de Dostoievski*, Le Seuil, 1970.

20. *Pour la Poétique I*, Gallimard, 1970, pp. 14-15.

21. Charles Dédéyan pratica a assimilação, abusivamente, em *Le Nouveau Mal du Siècle de Baudelaire à nos jours*, SEDES, 1968, t.I, p. 97.

110 QUE É LITERATURA COMPARADA?

Da maneira geral, "a forma é o jorrar das profundezas", como escrevia Jean Rousset[22]. Estaríamos tentados a dizer, jogando com as palavras: jorrar do fundo. Não existe temática a não ser expressa por uma poética, e toda temática é portadora de uma poética virtual. A imaginação, "a rainha das faculdades" segundo Baudelaire, não traz um material temático neutro, mas um material já ordenado conforme os esquemas estruturais que lhe são próprios[23].

## c) Os Complexos Temáticos

Numa obra tomada isoladamente, um tema não está jamais isolado; interfere em outros, e seria mais justo falar de complexos temáticos. Donde a noção de rede, proposta por Charles Mauron[24], ou as cadeias de motivos postas em relevo por Jean-Pierre Giusto na obra de Rimbaud[25]. Além disso, numa mesma obra, um tema pode ser encontrado de maneira diversa: a "tez florida" de Jupien não permite anexá-lo ao grupo das "moças em flor"...

Poder-se-ia censurar, no estudo comparatista, o fato de proceder a mutilações, tão deploráveis quanto a separação da temática e da ideologia, ou quanto a separação da temática e da poética. Para encontrar o mesmo tema em várias obras (a noite em Novalis e em Musset, por exemplo), destaca-se esse tema dos complexos onde ele aparece, e simplifica-se, reduzindo-o a um ou a outro de seus aspectos. Mas uma semelhante concepção procede de um comparatismo simplista e caricatural. É necessário lembrar, com S. Jeune, que a explicação de textos conserva, em literatura comparada, todas as suas exigências: não se deve reduzir nem falsear o sentido.

Uma explicação comparatista procurará até ser mais completa: à rede temática na obra, acrescentará uma rede intertextual que ultrapassa a obra, o autor e o domínio lingüístico estudados. Nos dois primeiros versos do poema de Rilke, "Don Juans Kindheit" ("A Infância de D. Juan"), das *Neue Gedichte,*

*In seiner Schlankheit war, schon fast entscheidend,*
*Der Bogen, der an Frauen nicht zerbricht*

(Na sua esbelteza havia, na sua forma já quase definitiva,
O arco que não se quebra ao contato das mulheres.)

22. *Forme et Signification*, José Corti, 1964, p. XI.
23. Ver Jacques Derrida, *L'Ecriture et la Différence*, Le Seuil, 1967, p. 15. [Trad. bras.: *A Escritura e a Diferença*, São Paulo, Perspectiva, 19..., col. Debates 49.]
24. *Des métaphores obsédantes au mythe personnel – Introduction à la mythocritique*, J. Corti, 1962.
25. *Rimbaud créateur*, PUF, 1980.

# TEMÁTICA E TEMATOLOGIA

reconhecer-se-á um motivo rilkiano, presente na primeira das *Elegias de Duíno*,

> Não é tempo, para nós que amamos, de nos libertar do objeto amado, vencedores frementes: como o dardo vence a corda para ser, concentrado no salto, mais que ele próprio? Porque não existe parada em nenhuma parte,

mas também um conjunto de imagens mitológicas complexo (o arco de Eros, o arco de Héracles – presente nos *Cahiers de Malte Laurids Brigge* –, o arco de Ulisses, no qual Gabriel Fauré vai logo inspirar-se, compondo sua ópera *Penélope*). É a esplêndida curvatura do corpo adolescente prestes a lançar a arma de amor, o emblema de uma difícil liberdade, a epifania do que pertence a um ser e só a ele.

O que é verdade de um estudo de um ponto o é da mesma forma de um estudo de conjunto. Não ocorreria ao espírito tratar do tema do amor no teatro de Corneille, sem estudar suas múltiplas combinações com o tema da honra. Não se poderia abster-se tampouco de fazer referência à doutrina jesuítica do livre arbítrio, a essa *concordia liberi arbitrii cum Gratiae donis* da qual tratava Molina e que bem poderia ser um *topos* comum a Corneille e a Calderón.

## Modalidades do Estudo Temático

A temática não poderia contentar-se com alguns temas envelhecidos. Sabe, sem dúvida, que o tema é um dado, um depósito, se se quiser: a palavra "tema", cujo equivalente em grego não é atestado, se prende à raiz do verbo *tithemi*, que significa "posar". Mas esse depósito é vivo, irrigado. Indagar-se sobre as fontes dessa vida é ir à procura das modalidades do estudo temático.

No seu artigo sobre "La Création littéraire et le Rêve éveillé", Freud estabelecia uma distinção frágil entre "os autores que, tais os antigos poetas épicos e trágicos, recebem seus temas já feitos e os que parecem criá-los espontaneamente"[26]. Mas os temas já feitos e os temas pessoais coexistem na obra de um mesmo autor. Rodríguez Monegal[27] bem mostra, por exemplo, a propósito de Borges, que a mitos universais (o mito do eterno retorno, o de Édipo, o do labirinto cretense) vêm anexar-se na obra do escritor argentino "mitos locais" (digamos antes um conjunto de imagens históricas e topográficas comuns a todos os argentinos de seu tempo) e símbolos que lhe são próprios (como o do espelho, da ampulheta ou do tigre). Sistematizando, po-

---

26. Artigo publicado primeiro na *Neue Revue*, em 1908; retomado nos textos que constituem a segunda série da *Sammlung kleiner Schriften zur Neurosenlehre* e, em tradução francesa, nos *Essais de psychologie appliquée*, col. "Idées", nº 243, Gallimard, p. 76.

27. *Borges par lui-même*, Le Seuil, 1970, p. 28.

# 112 QUE É LITERATURA COMPARADA?

der-se-ia dizer que o estudo temático destacará vários estratos: uma temática pessoal, uma temática de época, uma temática ancestral, e talvez eterna.

## a) Uma Temática Pessoal

Confissão aberta ou criptograma, a obra literária é tecida com fios de uma temática pessoal que Barthes define como "a estrutura de uma existência" (e toma cuidado de precisar "eu não digo de uma vida"), "uma rede organizada de obsessões"[28]. A vida de um escritor é sua biografia, artificialmente recomposta, inevitavelmente lacunar. Sua existência é sua emergência no instante: a página que escreve é inseparável do instante que ele vive, mas também de um passado no qual ele mergulha suas raizes. Para Baudelaire, o relógio é ao mesmo tempo a alegoria do seu tempo que se gasta,

> Chaque instant te dévore un morceau de délice
> A chaque homme accordé pour toute sa saison
>
> (Cada instante te devora um pouco de delícia
> Que a cada homem se deu para toda a estação)

e o signo de um convite ao remorso:

> Trois mille six cents fois par heure, la Seconde
> Chuchote: Souviens-toi.
> (Três mil seiscentas vezes por hora, o Segundo
> Te murmura: Recorda!)

Dissociar seu *eu*, deslocar seu passado, são jogos que ilustram uma concepção lúdica da escritura. Mas Freud bem mostrou que a criação literária, como o brinquedo da criança, é um "sonho desperto": o escritor "se cria fantasmas". A tarefa do estudo temático não será apenas procurar as impressões atuais e as recordações de infância. Terá de fazer aparecer processos inconscientes. O próprio Freud, após haver analisado um caso, o de Norbert Hanolt, o herói de *Gradiva* de Jensen, teve a idéia, no apêndice da segunda edição de seu comentário (1912), de proceder a aproximações com outros textos do mesmo autor para tornar visíveis as constantes e entre elas a obsessão, ligada aos anos de infância, da irmã querida. Era inaugurar uma psicocrítica que, sem desagradar Charles Mauron, não está separada da temática[29].

Mas Freud, no texto acima citado, falava menos de temas pessoais que de temas que *parecem* pessoais. A obsessão da irmã querida aparece em Byron, em Chateaubriand, em *O Homem sem Qualidades* de Musil. O tigre não é um motivo exclusivo de Borges: é encontrado em William

---

28. *Michelet par lui-même*, Le Seuil, 1954, p. 5.
29. *Des métaphores obsédantes au mythe personnel*, p. 26 e s.

# TEMÁTICA E TEMATOLOGIA

Blake, em Rilke. Seria, pois, preferível, na maioria dos casos, falar do emprego pessoal de um tema.

## b) Uma Temática de Época

Intitulando seu livro *Miroirs du sujet*, Catherine Clément justificava muito bem o emprego do plural pela escolha voluntária de um título ambíguo. Dizia ela: "não se sabe se o assunto aí se reflete ou se se reflete para ele outra coisa mas não ele próprio"[30]. Sua obsessão pode ser a obsessão de seus contemporâneos, ou pelo menos de vários dentre eles: a bomba atômica para a literatura posterior a Hiroshima... Georges Poulet, que fixava como tarefa da crítica temática, a de "extrai(r) e de revela(r) certas obsessões pessoais, ponto de partida de mil idéias ou imagens irradiando a partir de um centro de pensamento individual", esforçou-se entretanto por mostrar, em diversos escritores românticos, o retorno de obsessões piranesianas*.

Essa temática poderá ser constituída pela atualidade política, social, mas também literária e artística. Que se pense, por exemplo, no que foi a morte de Wagner para Verlaine, para D'Annunzio (*Il Fuoco*), ou para Thomas Mann que se lembra dela em *A Morte em Veneza*. Reflete os ideais de uma época, suas quimeras às vezes (a caridade romântica da qual se encontra a marca até na obra de Dostoiévski). Revela suas mentiras.

Os temas de época podem ser expressos com o auxílio de imagens que estão na moda: a tempestade para os românticos (desde as "tempestades desejadas" de *René* de Chateaubriand até a que Lizt fez estourar em seus *Anos de Peregrinação*); os personagens da comédia italiana do fim do século (o *Pierrô Enforcado* de Morgenstern, os Pierrôs da Laforgue, o *Pierrô Lunar* de Schoenberg). Mas é surpreendente verificar que esse conjunto de imagens é emprestado: os Pierrôs vêm da *commedia dell'arte*; a tempestade é tão velha quanto o mundo...

## c) Uma Temática Eterna

Segundo Baudelaire, Constantin Guys, o "pintor da vida moderna", se dedica menos a pintar a mulher moderna do que "a fêmea do homem" ou, melhor ainda, "uma divindade, um astro que preside a todas as concepções do cérebro masculino". Não é a literatura comparada que generaliza; é a própria literatura e a arte.

---

30. UGE, 1975, col."10/18", nº 1004, p. 17.

* No original, lemos "obsessions piranésiennes", isto é, de Piranesi, arquiteto e gravador italiano (1720-1778), cujas obras se caracterizam pelos meandros escuros e misteriosos, pelo ar romântico. (N. da T.)

114  QUE É LITERATURA COMPARADA?

Mitológica, a literatura de uma determinada época pode sê-lo mais visivelmente do que a de outra. Mas ela o é sempre, e mesmo na época moderna talvez, como o sugeria Nietzsche, porque "o homem desprovido de mitos, eternamente esfomeado, escava todas as épocas passadas para desenterrar raízes, mesmo que tenha de escavar até as antiguidades mais distantes" (*Nascimento da Tragédia*). Em pleno século XX, Yeats, Daumal ou Hermann Hesse se voltam para os livros sagrados da Índia, e a *Epopée de Gilgamesh*, penosamente decifrada no fim do século XIX, se torna, no fim do século XX, um espetáculo teatral para o público do Palais de Chaillot, em Paris.

Se é assim, é porque os temas mais antigos têm ressonâncias atuais. É por isso que Borges pôde emitir a idéia, que não é apenas um paradoxo, de uma história do espírito na medida em que ele produz ou consome a literatura, "e essa história poderia mesmo ser feita sem que o nome do escritor aí fosse pronunciado"[31]. Toda a literatura seria um único palimpsesto raspado sem cessar e reescrito sem cessar.

Prestigiar a temática pessoal é talvez exagerar a sua originalidade. Insistir na temática de época é, ao contrário, condenar a literatura ao estereótipo. Descobrir a temática mais antiga é fazer com que a literatura se submeta a um tratamento de juventude, fazer com que ela reencontre o que Freud chamava "os sonhos seculares da jovem humanidade"[32].

## O ESTUDO DOS MITOS LITERÁRIOS

Se o comparatista se sente completamente em casa (*very much at home*) no domínio da tematologia (Prawer, p. 99), ocorre o mesmo quando ele se encontra entre os mitos. O retorno dessa imagem tranqüilizadora tenta conjurar um mal-estar que tentaremos dissipar formulando algumas perguntas prévias.

Qual é a diferença entre o tema e o mito? A pergunta é inquietante, posto que os dois termos são freqüentemente confundidos nos manuais (Simon Jeune, capítulo VI; Raymond Trousson, *Les Études de thèmes, passim*) e que os clássicos desse tipo de estudos podem intitular-se *Le Thème de Faust dans la littérature européenne* (Charles Dédéyan, 1954-1965) ou *Le Thème de Prométhée dans la littérature européenne* (Raymond Trousson, 1964, reed. 1979). Por uma questão de clareza, definiremos o tema como um assunto de preocupação ou de interesse geral para o homem: a idéia será uma tomada de posição intelectual em relação ao tema; o sentimento, uma tomada de posição afetiva.

---

31. "La Fleur de Coleridge", em *Otras Inquisiciones* (trad. fr. *Enquêtes*, Gallimard, 1957).

32. *La Création littéraire et le Rêve éveillé*, p. 79.

# TEMÁTICA E TEMATOLOGIA

No seu grau zero ou, se se preferir, no neutro, o tema é um lugar-comum. Chamaremos mito a um conjunto narrativo consagrado pela tradição e que manifestou, pelo menos na origem, a irrupção do sagrado, ou do sobrenatural, no mundo. Ocorre que, num período avançado de seu desenvolvimento, o mito pôde tomar uma significação abstrata: Prometeu se torna o emblema da revolta; Sísifo, o do absurdo. Ele é então a presa de um tema ao qual ele tende a reduzir-se.

É necessário estabelecer uma distinção entre o mito e o mito literário? Pierre Albouy reservou o vocábulo "mito" para o domínio religioso e ritual que foi o seu na origem, ficando "o mito literário" confinado "no tempo e no espaço literários"[33]. O escritor retoma o conjunto narrativo tradicional, mas o trata e o modifica com uma grande liberdade, reservando-se até o direito de acrescentar significações novas. Denis de Rougemont, que sonha com um paraíso perdido do mito, considera que a literatura não é senão o seu espelho deformador, sua imagem confusa. Ela se instala somente com a ajuda de uma primeira profanação, que é uma primeira degradação: "Quando os mitos perdem seu caráter esotérico e sua função sagrada, vão transformar-se em literatura"[34]. Prometeu no seu rochedo se torna Charlus acorrentado no leito de um hotel equívoco e fazendo-se flagelar. Tristão não é mais Tristão; é Romeu, ou Humbert Humbert (em *Lolita* de Nabokov), ou Ulrich (em *O Homem sem Qualidades* de Musil), ou Jivago (no romance de Pasternak)[35]. De fato, duas correções se impõem. Em primeiro lugar, como lembrou Georges Dumézil, a mitologia está na ordem do *logos* e não temos acesso ao mito senão por ele: mesmo se o mito for anterior à sua "carreira literária", mesmo se tiver por função primeira justificar e exprimir a organização social e política, com o ritual, a lei e o costume, ele será percebido através da linguagem, e dispomos sobretudo de "textos mitológicos"[36]. Em seguida, o mito original nada tem de estático nem de unívoco; é uma massa de significados virtuais, uma fonte de variantes ou de prolongações narrativas. É por isso que Claude Lévi-Strauss pôde escrever que um mito é constituído do conjunto de suas variantes[37].

Em que a tarefa do comparatista difere da do mitólogo? Na segunda metade do século XIX, e ainda no começo do XX, chamava-se "comparatista" o erudito especializado no estudo comparado das reli-

---

33. *Mythes et mythologies dans la littérature française*, Armand Colin, col. "U2", 1969.

34. *L'Amour et l'Occident*, p. 203.

35. Para o primeiro exemplo, ver R.Trousson, *Le Thème de Prométhée*; G. Durand, *Figures mythiques et visages de l'oeuvre*, Berg international, 1979. Para a segunda série, D. de Rougemont, *Les Mythes de l'amour*, Albin Michel, 1961, re-ed. col. "Idées", Gallimard, 1972.

36. *Mythe et Epopée – L'Idéologie des trois fonctions dans les épopées des peuples indo-européens*, Gallimard, 1968, p. 10.

37. *Anthropologie structurale*, Plon, 1958.

# 116 QUE É LITERATURA COMPARADA?

giões e dos mitos: um Max Müller, por exemplo, ou um Salomon Reinach. Seria o caso, hoje, de um Mircea Eliade. Uma preocupação de clareza, ainda, mais do que uma reivindicação corporativista qualquer, nos leva a reservar o termo àquele que pratica o estudo comparado das literaturas. Não se tratará, pois, de provar, à maneira de Max Müller, que todos os mitos da família indo-européia são mitos solares ou mitos de tempestade; nem de praticar, à maneira de Lévi-Strauss, a comparação estrutural entre o mito de Édipo e os mitos ameríndios. Serão seguidos, porém, em diversas literaturas, os avatares de um mito ou de uma figura mítica.

Tem-se freqüentemente considerado a história literária de um mito como a história de uma desvalorização: é a irritante comparação entre a *Antígona* de Sófocles e a *Antígona* de Anouilh. Como nota Henri Meschonnic, a palavra "mito", tão aviltada hoje, "está carregada de um conteúdo pejorativo e mesquinho" e tomou o sentido de "mistificação coletiva ou não"[38]. Roland Barthes, com suas *Mitologias*, muito contribuiu para isso, tratando as "representações coletivas como sistemas de signos", a fim de "sair da denúncia piedosa e dar conta, com pormenores, da mistificação que transforma a cultura pequeno-burguesa em natureza universal"[39].

Parece-nos sensato remeter ao domínio da ideologia, e portanto da história das idéias, todas as denúncias "semioclásticas" e seu objeto. As brilhantes demonstrações feitas a propósito de uma luta de *catch*, do rosto de Greta Garbo, dos brinquedos de plástico, do reclame da margarina "Astra"* e da fascinação que, em geral, exercem sobre nós as imagens transmitidas pelas *mass-media*, terão seu lugar num estudo da alienação do homem de hoje ou, por que não, um dia, numa pesquisa propriamente comparatista com os livros que assinalaram essa alienação.

Acontece que, em *Mitologias*, Barthes fala de literatura. Quando, por exemplo, estuda o caso Minou Drouet. Sustentada por uma liga de clássicos não atualizados, de neófitos da poesia irracional e de antigos militantes da poesia infantil, Minou Drouet constitui aparentemente um mito do gênio da infância. Mas este "mito", segundo Barthes, está na realidade constituído por adultos para quem "o tempo é dinheiro", e que julgam admirável o fato de uma criança ter gasto tão pouco tempo para lhes permitir ganhar tanto dinheiro. Minou Drouet não é, pois, senão "a criança mártir do adulto carente de luxo poético; é a

---

38. "Apollinaire illuminé au milieu des ombres", em *Europe*, número especial sobre Apollinaire, nov.-dez. 1966.

39. *Mythologies*, Le Seuil, 1957, reed. col. "Points", p. 7.

* Inicialmente, pensamos mudar a marca francesa da margarina por uma brasileira muito conhecida. (N. da T.)

## TEMÁTICA E TEMATOLOGIA

seqüestrada ou a raptada de uma ordem conformista que reduz·a liberdade ao prodígio". Nisso, ela interessará ao sociólogo das crianças- prodígio ou da máquina capitalista.

Quanto Étiemble dedicou sua tese ao *Mythe de Rimbaud* (1955) e a enriqueceu com a seqüência de diversos complementos, ofereceu ao comparatismo uma contribuição maior e original. Mas não se tratava ainda senão de um mito no sentido pejorativo do termo: não da vida múltipla de um conjunto imaginário, mas das deformações de uma face ideal. Sob cada uma dessas imagens é fácil colocar uma ideologia latente ou confessada. E a obra considera muito bem, à sua maneira, um estudo de fortuna literária.

A fronteira, é preciso confessar, é incerta. Ela o é também para os personagens históricos: Napoleão, sobre quem Jean Tulard pôde escrever um pequeno livro intitulado *Le Mythe de Napoléon* (1971); Lawrence da Arábia, cujo verdadeiro rosto Maurice Larès se esforçou para descobrir, pela análise objetiva de uma enorme documentação. O Júlio César de Shakespeare – revisto por Voltaire –, o Wallenstein de Schiller – remodelado por Benjamim Constant –, o Nero de Alexandre Dumas, de Renan ou de Sienckiewicz não são os homens descritos pelos historiadores. E mesmo se Albert Camus tomou voluntariamente elementos de Suetônio, fez de Calígula o porta-voz de várias de suas obsessões .e o instrumento de uma demonstração filosófica. Como as figuras míticas, as figuras históricas se modificam a partir do momento em que os escritores delas se apoderam. A santa pode tornar-se feiticeira (Joana d'Arc em *Henrique VI* de Shakespeare) ou a pecadora, mártir (como o mostrou Karl Kipka em seu estudo sobre *Marie Stuart im Drama der Weltliteratur*, 1907). Pode mesmo acontecer que a figura histórica se confunda com uma figura mítica: Nero queria ser Orfeu; Napoleão se torna Prometeu.

Mesmo limitando-se o estudo ao mito no sentido restrito do termo, o seu domínio assim definido é imenso. Sem dúvida, não foi ainda bastante explorado. No livro de Simon Jeune, notam-se os nomes de Gendarme de Bévotte, de Leo Weinstein, de Charles Dédéyan, de Friedrich Gundolf, de Maurice Descotes e de Raymond Trousson, para D. Juan, Fausto, César, Napoleão e Prometeu. Mas *La Légende de Don Juan* do primeiro, numa e na outra de suas edições (1906-1911), embora tenha sido recentemente reproduzida por Slatkin, é uma obra envelhecida, que merece ser refeita sistematicamente. Jean Rousset repensou o assunto no seu *Mythe de Don Juan* (1978). Mas, em razão de suas dimensões, este livro não podia mais que as outras obras da coleção (P. Brunel, *Le Mythe d'Électre, Le Mythe de la Métamorphose*; André Dabezies, *Le Mythe de Faust*; Simone Fraisse, *Le Mythe d'Antigone*; Colette Astier, *Le Mythe d'Oedipe*) constituir a suma erudita necessária. Várias teses importantes foram acabadas recentemente ou estão em fase de elaboração. Por exemplo, a de

# 118 QUE É LITERATURA COMPARADA?

Duarte Mimoso Ruiz sobre Medéia[40] e a de Jean-Michel Gliksohn sobre Ifigênia[41] até o fim do século XVIII.

É necessário confessar que há alguma coisa de espantoso, e mesmo de desencorajador para o comparatista, na extensão do domínio que se lhe abre. Quando ele acreditava finalizar seu estudo do "mito de Ariadne", fazendo o percurso pelos grandes textos que o ilustraram na literatura européia, sem esquecer a Antiguidade (*O Epitalâmio de Tétis e de Peleu*, de Catulo), a música (a cantata Ariadne de Haydn, a *Ariadne em Naxos*, de Richard Strauss), e também as belas artes (*Ariadne Coroada por Vênus*, de Tintoretto), se dá conta de que existe uma perturbadora analogia entre um dos elementos constitutivos do mito (o famoso fio) e um elemento dramático freqüente nos *otogi-soshi*, narrativas japonesas do século XVI: assim, em uma versão do *Yokobue no soshi*, a cortesã de Kanzaki, querendo reencontrar o amado desconhecido que conheceu às margens do lago Mizorogaike, espeta na fralda da roupa do rapaz um pequeno novelo e, graças ao fio, ela segue a sua pista[42].

## O ESTUDO DOS MOTIVOS

O fio, de Ariadne ou da cortesã de Kanzaki, pode ser chamado motivo. Conservaremos aqui distância em relação a R. Trousson que, querendo apoiar-se na palavra alemã *motiv*, define o motivo como uma "tela de fundo, um conceito amplo, que designa seja uma certa atitude – por exemplo, a revolta –, seja uma situação de base, impessoal, cujos atores não foram ainda individualizados – por exemplo, as situações do homem entre duas mulheres, da oposição entre dois irmãos, entre um pai e um filho, da mulher abandonada etc." O conceito amplo é, para nós, o tema[43], o qual não é "a expressão particular de um motivo, sua individualização", mas reclama, ao contrário, a sua expressao particular por meio de motivos.

O motivo é, em primeiro lugar, um elemento concreto, que se opõe à abstração e à generalidade do tema. Assim, o pintor Basil Hallward podia apresentar Dorian Gray a Lord Henry como "um motivo artístico" (*an artistic motive*). Dorian Gray vai ser o assunto de

---

40. Uma versão abreviada foi publicada sob o título: *Médée antique et moderne – Aspects rituels et socio-politiques d'un mythe*, Ophrys, 1982.

41. Uma versão abreviada deve aparecer nas Presses Universitaires de France.

42. Ver a edição do *Yokobue no soshi*, preparada e publicada por Jacqueline Pigeot, *Histoire de Yokobue – Étude sur les récits de l'époque Muromachi*, PUF, 1972.

43. O próprio R. Trousson está aliás preocupado com o que ele chama uma "terminologia ambígua".

# TEMÁTICA E TEMATOLOGIA

todas as suas telas, mesmo daquelas em que está aparentemente ausente. Ou antes, estará sempre lá, mesmo quando se trata de representar Hadrien na sua barca no Nilo turvo e esverdeado[44]. Será um ingrediente da obra.

Tomachévski sugeriu que se chamasse "motivo" a menor partícula do material temático[45]: a pedra preciosa, por exemplo, nas *Illuminations* de Rimbaud, ou o sangue, os ferimentos, estudados por Leo Spitzer na obra de Henri Barbusse[46]. Reiterativo na obra de um mesmo autor, pode também ir de um autor para outro: a rosa, cujo perfume, no começo de *O Retrato de Dorian Gray*, contribui para criar uma atmosfera de distensão feliz e discretamente voluptuosa, está presente também, desde o começo de *Il Piacere* de Gabriel D'Annunzio, no apartamento em que Elena Muti encontra Andrea Sperelli. O motivo pode representar na obra o papel de motivo condutor (*motivus*, em latim, já tem esse papel de propulsor). Pode adquirir um sentido alegórico, que lhe dá valor de emblema (a rosa representa "algo de feminino e de carnal" em *Il Piacere*).

Ligado a um mito, o motivo pode, no máximo, representar um papel essencial na sua organização, tais como o filtro ou a vela negra no mito de Tristão. Mas, retirado do contexto propriamente mítico, poderá então assinalar a presença do mito: assim, esse champanhe que é bebido nas mãos da amada (em *L'Initiation sentimentale* de Sâr Péladan, e em *Il Piacere*, inspirado nela muito de perto) é um avatar do filtro de Tristão, que se encontrará ainda em *O Triunfo da Morte*. E se parece vaga a semelhança entre o vinho borbulhante e outro vinho qualquer, pelo menos será possível reconhecer que em todos os casos a função é análoga: é a de um sortilégio de amor.

É por isso que certos teorizadores preferem definir o motivo por sua função. Wellek e Warren (p. 274) lembram que os formalistas russos e os analistas da forma alemães, como Dibelius, empregam o termo "motivo" para designar as unidades elementares de intriga. De fato, Tomachévski chama igualmente "motivo" "a unidade temática que se encontra em diferentes obras (por exemplo, o rapto da noiva, os animais que ajudam o herói a realizar suas tarefas etc.)". É, para Gérard Genot[47], um elemento recorrente, constitutivo do mito; para Lévi-Strauss[48], um elemento variável, não constitutivo.

---

44. Oscar Wilde, *The Picture of Dorian Gray*, Cap. IX.

45. "Thématique", em *Théorie de la littérature*, textos dos formalistas russos recolhidos por T. Todorov, *op. cit.*

46. *Studien zu Henri Barbusse*, Bonn, 1920. Ver Wellek e Warren, p. 252.

47. *Analyse structurale de Pinocchio*, Firenze, *Quaderni della Fondazione Nazionale Carlo Collodi*, 1970.

48. *Anthropologie structurale*, p. 240. Lévi-Strauss prefere a palavra "mitema" para o elemento constitutivo.

# 120 QUE É LITERATURA COMPARADA?

Essas pesquisas são familiares aos especialista do folclore. Em 1910, aparecia um estudo de folclore comparado, intitulado *Le Conte de la chaudière bouillante et de la feinte maladresse dans l'Inde et hors de l'Inde*. E sabe-se que, desde a sua dupla tradução francesa, a *Morfologia do Conto* de Vladimir Propp (1928) tem suscitado muitos epígonos que desejam encontrar suas famosas funções nos contos do folclore russo, e também nos de Chaucer ou de Boccaccio[49].

Impõe-se aqui a maior prudência. Da mesma forma que não se confundem com os trabalhos do mitólogo, os trabalhos do comparatista não devem se confundir com os do etnólogo. Mas o estudo dos motivos impõe transpor os limites entre a literatura oral e a literatura culta: se existe uma analogia entre a floresta, onde se perdem o Pequeno Polegar e seus irmãos, num conto "erudito" de Perrault, e a selva, para onde, em certas narrativas orais recolhidas na África, são conduzidos os meninos a fim de serem iniciados (isto é, para serem mortos e ressuscitados simbolicamente), é sem dúvida porque na origem se encontra um ritual comum[50]. E se, tanto em *Romeu e Julieta* como no conto oriental de *Medjnoun et Leila*, o fato de pertencer a duas famílias inimigas é um obstáculo ao amor que só a morte permite vencer[51], é talvez porque é uma situação-chave da condição humana: última definição que nos propõe Mircea Eliade para o "motivo"[52].

## O ESTUDO DOS TEMAS

Se se adotar esta última definição, o motivo se introduz na generalidade do tema. Esta generalidade, que parece dever fazer do estudo dos temas um cantão privilegiado da literatura geral, pode espantar pelo que ela tem de excessivo. Se é verdade, por exemplo, que a morte, ou a guerra e a paz constituem assuntos de predileção da literatura, e que os índices temáticos registram sua extraordinária freqüência, pode-se dificilmente imaginar que estudos de conjunto nesse domínio, feitos em várias literaturas, possam ser levados a bom termo. Não se considerará, como exemplo do que não se pode fazer, senão esta proposta de uma universidade francesa, no *Bulletin de liaison de la Société française de littérature comparée*, em 1971 (II, 1, p. 22): "A ilha

---

49. Ver Prawer, p. 133, que cita a esse respeito uma pesquisa de Morton Bloomfield (1967) e a aproxima da *Grammaire du Décaméron* de T. Todorov (1971).

50. Étiemble, *Essais de littérature (vraiment) générale*, p. 65.

51. Henry Bordeaux e Barrès, que conheciam sem dúvida este conto oriental, *Le fou de Leila*, pela tradução de Chézy, o aproximaram mais de Tristão e Isolda. Como nas *Folies de Tristan*, de fato, Keis se disfarça e erra através do deserto para encontrar Leila.

52. *Histoire des littératures*, "Encyclopédie de la Pléiade", Gallimard, t. 1, p. 9.

## TEMÁTICA E TEMATOLOGIA

dos bem-aventurados e o convite à viagem: estudo da persistência de um tema lírico através de toda a história literária. Interpretações dessa persistência não-histórica. Articulação com ideologias diversas." Aliás, se o convite à viagem é de fato um tema, a ilha dos bem-aventurados é antes uma imagem mítica (é uma das representações tradicionais do paraíso) que pode se tornar motivo, por exemplo, na *Prose pour des Esseintes* de Mallarmé. Isto quer dizer que o problema terminológico se coloca novamente.

### a) O Tema Concebido como Assunto

Identifica-se freqüentemente o tema de uma obra com seu assunto. Para o autor do rápido verbete sobre o tema, no *Larousse du XXe siècle*, é o "assunto", a "matéria de um discurso, de um desenvolvimento". Já Tomachévski toma cuidado em distinguir o tema do assunto, restringindo o sentido do segundo desses termos (o assunto é a disposição dos elementos temáticos na cronologia da obra); mas contenta-se com ver no tema "aquilo de que se fala". É que para ele, e como ele próprio escreve, "a noção de tema é uma noção sumária que une o material verbal da obra".

Essa redução já apresenta vários inconvenientes quando se trata de uma obra tomada isoladamente: incita à paráfrase, para não dizer à tautologia; além disso, faz esquecer, como o nota Gilles Deleuze a propósito de Proust, que

o verdadeiro tema de uma obra não é o assunto tratado, assunto consciente e desejado que se confunde com o que as palavras designam, mas os temas inconscientes, os arquétipos involuntários em que as palavras, e também as cores e os sons tomam seu sentido e sua vida.

Retomada por comparatistas, essa concepção conduz a vas justaposições de títulos (*À Procura do Tempo Perdido* de Proust e *Years* de Virgínia Woolf), a resumos paralelos (a conduta do ciumento em *Senilidade* de Svevo e na *Sonata à Kreutzer* de Tolstoi) ou a cansativos catálogos. A história dos Pargiter é menos importante, decididamente, que essa história cujo fim Eugênia nunca poderá contar às suas filhas, enquanto *O Tempo Reencontrado* termina com uma espécie de conquista da narrativa. Svevo coloca diante do ciúme banal este sentimento de velhice precoce que ele conhece bem, enquanto Tolstoi faz sentir a irritação que o primeiro *presto* da sonata de Beethoven causa.

Os estudos de conjunto só encontrarão seu ponto de apoio real se o campo de estudo for circunscrito no espaço e no tempo. É assim que a atitude dos escritores diante da guerra de 1914 ou da representação romanesca dessa guerra pôde ser estudada por Charles Dédéyan (*Une guerre dans le mal des hommes*, 1971) ou por León Riegel (*Guerre et Littérature*, 1978). Eles tiveram ainda a sabedoria, o segundo sobretudo, de não querer dizer tudo e de privilegiar certos autores (Ford

122    QUE É LITERATURA COMPARADA?

Maddox Ford, por exemplo). Não considerando senão quatro exemplos (*La Nouvelle Héloïse, Madame Bovary, Ana Karenina* e *Couples*), Tony Tanner, em seu livro sobre o adultério no romance (*Adultery in the Novel: Contract and Transgression*, John Hopkins University Press, 1979), mostrou que a mulher infiel questiona os papéis que a sociedade lhe prescreveu (esposa, mãe e filha), compromete sua identidade e transgride o contrato que assegura a estabilidade da sociedade burguesa. Mas chega a conclusões morais talvez mais que literárias.

### b) O Tema Concebido como Objeto

Existem talvez obras sem tema – queremos dizer sem assunto. Seria o caso dessas obras que Tomachévski diz "transracionais"[53]. Acontece que a crítica dita temática se interessa por elas e vê temas onde, segundo o teorizador russo, não há. Mas o sentido do termo mudou: o tema é agora concebido como objeto ou, se se quiser, como um desses "componentes de essência material" que, segundo Bachelard, toda poética recebe.

O erro seria ceder aqui ao que Deleuze, com razão, chama a ilusão "objetivista", ou conceber o tema como um elemento extraliterário da obra literária. Quando um romancista, seja Dickens, seja Jules Romain, desenvolve o tema da criança pobre, não se contenta com anexar à sua obra a descrição de um comportamento já dotado de sentido em si mesmo e que se poderia encontrar tanto no cruzamento da próxima rua como entre as páginas do livro. O importante é a representação do objeto, que é pessoal e, nisso, incomparável.

Por outro lado, se a crítica temática, aplicando-se a uma obra, pode revelar em toda a sua riqueza a rede das presenças concretas, o que Barthes chama "a organização reticular da obra", se ela pode mostrar o sutil amálgama, em *O Ciúme* de Robbe-Grillet, de um assunto de preocupação e de um objeto material que levam o mesmo nome, já uma temática comparatista, não considerando senão uma dessas presenças para reencontrá-la de obra em obra, procede somente a um vão recenseamento. A menos que ela mostre – e é esta sua razão de ser – que existe como que uma pré-percepção do objeto que en-forma sua representação em obras diferentes: o sol negro em Blake e em Nerval, por exemplo.

Enfim, assim concebido, o tema tende a confundir-se com o que acima chamamos "motivo" (pelo menos na primeira acepção do termo). Quer dizer que ele existe menos em si mesmo do que em composição, quer seja tomado numa associação de motivos, quer uma função lhe seja atribuída, quer ele venha de um contexto maior a partir do

---

53. "Thématique", em *Théorie de la littérature*, p. 263.

# TEMÁTICA E TEMATOLOGIA

qual se pode definir seu sentido. Assim, o cisne na literatura do fim do século XIX está associado à prisão (a gaiola de Baudelaire, o lago duro de Mallarmé), e representa alegoricamente o artista. É inseparável de Platão (o *Fédon*), do mito de Leda (em Yeats, por exemplo), das imagens wagnerianas (*Lohengrin* e *Parsifal*).

## c) O Tema Concebido como Topos: A Tópica

No preâmbulo de seu artigo sobre "Piranèse et les poètes romantiques français", Georges Poulet afirma que

> a crítica temática pode ainda revelar-nos o que se transmite de um pensamento a outros, o que se descobre em diversos pensamentos como sendo seu princípio ou seu fundo. Então, ela tende a confundir-se com essa história das idéias, dos sentimentos, das imaginações, que deveria estar sempre adjacente à história dita literária[54].

Entre o objeto e a consciência do objeto se estabeleceria, pois, uma zona intermediária que seria o verdadeiro domínio da *Stoffgeschichte*, um "discurso difuso", segundo G. Genot,

> no qual entram em diversas proporções os comportamentos característicos dos valores de uma civilização, sua expressão ou sua imagem discursiva, os julgamentos mais ou menos elaborados emitidos tanto sobre os comportamentos como sobre sua imagem.

Seria esse o verdadeiro referente da obra – não o real, mas um conjunto de "temas", isto é, de lugares-comuns que circulam de um autor para outro, de uma época para outra.

Ao tema como lugar-comum dar-se-á o nome de *topos*, e à tematologia assim concebida o nome de "tópica". O clássico desse tipo de estudos é o livro de Ernest Robert Curtius sobre *La Littérature européenne et le Moyen Age latin*[55]. Não se trata apenas das fórmulas retóricas herdadas da Antiguidade – declarações hipócritas de humildade, fórmulas da *captatio benevolentiae*, eufemismos –, que se encontrariam tanto na *Consolation* de Malherbe ao Sr. du Périer, sobre a morte de sua filha, como na acusação lançada por Fedra contra Hipólito, diante de Teseu; trata-se também de temas líricos (o *ubi sunt?*) ou de tipos (o *puer-senex*, a criança que tem todas as qualidades de um velho, como Jesus diante dos doutores da Lei, ou como Joas em *Atália*).

---

54. *Trois Essais de Mythologie romantique*, José Corti, 1971, pp.135-136.

55. *Europäische Literatur und lateinisches Mittelalter*, 1948; trad. fr. por J. Bréjoux, 1956.

# 124 QUE É LITERATURA COMPARADA?

Mais recentemente, Ross Chambers, empreendendo um estudo temático, *La Comédie au château*[56], mostrou como o *topos* do *theatrum mundi*, estudado por Curtius, está na origem de um tema barroco que, passando de *Hamlet* ou do prólogo de *A Megera Domada* para *A Vida é Sonho*, exprime a estranha incerteza dos homens desta época.

A tematologia tende então a tornar-se uma "história da humanidade" mais que uma "história literária", como a criticava E. Sauer[57], em 1928? Não, se é verdade que o tema não existe senão a partir do momento em que ele se exprime (R. Trousson). Não, se "o tema é também uma linguagem, provida de constantes estruturais que preexistem a toda tentativa de expressão individual" (R. Chambers). Isso não significa que a literatura seja só um aglomerado de clichês. *A Divina Comédia* existe por si mesma, apesar dos fragmentos de tratados morais, políticos, históricos ou teológicos que nela entraram. Mas também por causa deles. Porque não há tema sem variações. E quando a tematologia tiver inventariado os temas, restarão as variações que devem ser estudadas. Poderia ser essa a tarefa da literatura comparada.

---

56. José Corti, 1971.

57. "Die Verwertung stoffgeschichtlicher Methoden in der Literaturforschung", em *Euphorion*, XXIX, 1928, p. 223.

# 7. Poética

A poética comparada, como vimos, tem seu lugar entre os estudos da literatura geral. Porém, mais técnica, merece ser considerada à parte, nos seus objetivos e nos seus métodos.

Recentemente, Lucien Dällenbach deu o nome de poética a uma "teoria geral das formas literárias" (*Le Récit spéculaire*, p. 10). A definição é ao mesmo tempo estreita e ampla demais. Com efeito, antes de toda teoria há uma prática. Sabe-se como Paul Valéry, retornando à etimologia, se propôs a exprimir "a noção bem simples de fazer" (*poïein*), e a considerar a poética como "nome de tudo o que é relativo à criação e à composição de obras cuja a linguagem é ao mesmo tempo a substância e o meio". A poética comparada não será, pois, a comparação das artes poéticas (que apresenta aliás muito interesse), mas antes a das práticas literárias, da escritura, no sentido em que se emprega hoje, naturalmente, este termo[1]. O próprio L. Dällenbach o reconhece, visto que dedica a terceira parte de seu estudo à prática da "composição em abismo" no novo romance.

"Fazer um livro é um ofício como fazer um relógio", já dizia La Bruyère. Poucos autores, hoje, convictos de sua originalidade impetuosa, aceitariam dar adesão a esse axioma. Entretanto, artista ambicioso ou honesto artesão de livros, que use da sua matéria, a lingua-

---

1. Entendemos "poética comparada" num sentido mais restrito que Álvaro Manuel Machado e Daniel-Henri Pageaux que, no seu manual *Literatura Portuguesa – Literatura Comparada e Teoria da Literatura* (Lisboa, Edições 70, 1981), agrupam sob este título: "fortuna literária e problemas da recepção", "fontes e influências", "motivos, temas e mitos".

126 QUE É LITERATURA COMPARADA?

gem, como de um utensílio criador ou de um instrumento crítico, o escritor pertence à corporação dos homens de letras, onde convivem mestres e discípulos, estilo pessoal e receitas de escola, livre invenção e técnica aprendida, modas de um dia e necessidades eternas, temperamento individual e tradição recebida. Sob a influência das ciências aplicadas, nosso século, mais prático que especulativo, encontrou o sentido da *technè*, quando o artista era também fabricante.

Estudar a técnica de fabricação é, em primeiro lugar, descrever as formas de composição (líricas, dramáticas, narrativas) ou de elocução (vocabulário, clichês, imagens, tons). Vêm em seguida as categorias individuais da transposição literária: como, não com linhas ou volumes, mas com palavras, pode-se traduzir a natureza (o real), em particular o tempo e o espaço, a vida profunda do eu, a vida de outrem. As estruturas coletivas e os vínculos entre a literatura e a sociedade são o final.

Resta um problema. Qualquer ser humano percebe os sons da música chinesa, as cores da arte pré-colombiana, as formas das máscaras negras, por mais incapaz que seja de compreendê-los e saboreá-los; no entanto, o mais belo poema é letra morta, discurso ininteligível ou cacofonia para qualquer pessoa que ignore sua língua. Como se conseguiu fazer passar o que quer que seja de uma língua para outra, como se traduziu ou se tentou traduzir? Tal é o objeto da estética da tradução, estudo fundamental para o comparatista, distinto da história das próprias traduções.

## MORFOLOGIA LITERÁRIA

### Formas de Composição

Damos à "forma" um sentido quase técnico, como uma fôrma de moldador ou de pedreiro, ao mesmo tempo plano ou esquema em vista da disposição dos materiais, e protótipo de um gênero restrito – invenção do gênio de um grande escritor (mais raramente de um teorizador), pacientemente revista por várias gerações, a fim de guiar e de estruturar, e mesmo de suscitar, uma inspiração evanescente ou invertebrada.

Em poesia, o melhor exemplo é oferecido pelo soneto, rigoroso como um mecanismo de relojoaria, apesar de sutis variantes. Sua história européia está começando a ser escrita.

Nem todas as formas líricas tiveram o mesmo privilégio de fixidez e de universalidade. A despeito de sua prodigiosa variedade, a poesia ocidental, pelo menos até o fim do século passado, herdou do mundo greco-latino o respeito fundamental da noção de estrutura. A carreira está aberta aos pesquisadores. São necessários mais que pacientes enumerações e frias dissecações do canto, do verso ou da es-

## POÉTICA

trofe; mas também o amor da bela linguagem e o sentido da vida interior das obras.

Mais evidentes são as formas dramáticas, pois permanece o teatro sempre tributário das fecundas exigências de um edifício, de uma companhia, de um público, que o autor não pode revirar segundo sua fantasia. Não foi, porém, senão numa data recente que os estudos de técnica teatral, no sentido lato, encontraram um lugar de honra, após as sempiternas análises do caráter das personagens. Já conhecemos muito melhor o quadro material e moral das representações nos diversos países, sem o quê a dramaturgia ocidental, tão diferente da oriental ou da africana, fica uma alma sem corpo.

No interior mesmo da Europa, atores, espectadores e textos têm viajado sem cessar, e, às vezes inconscientemente, transportado germes de renovação. A ignorância das línguas vivas· representa menos que nos outros gêneros. Na Alemanha, por exemplo, só atores ingleses representaram em sua língua até o começo do século XVII, se excetuarmos o teatro latino, o dos jesuítas sobretudo, autenticamente internacional, ainda desconhecido.. Situado no cruzamento de uma tradição semiliterária, semipopular muito concreta, com uma crítica teórica sempre vigilante e com reações imediatas de um público muitas vezes heterogêneo e sempre soberano, o teatro se presta ao comparatismo quase tão espontaneamente quanto a música.

Contar uma história, enfim, tal é uma das funções fundamentais da literatura. Canta-se a história em verso ou em prosa; recita-se de memória; ou então, ela fornece uma leitura de algumas páginas ou de vários volumes. Em todos os casos, se combinam um assunto, um narrador (às vezes o próprio autor) e um auditório. Como todo bom historiador das literaturas nacionais, o comparatista se esforçará por determinar as circunstâncias da narração, as técnicas empregadas, o papel do público. Fazendo isso, porá um pouco de ordem, portanto de luz, no universo espesso dos romances, contos e novelas do mundo inteiro.

A arte do poeta, do dramaturgo, do contista, em resumo, é toda uma *Arte Poética* descritiva e crítica, em lugar de ser normativa, – é como consideramos aqui.

Os gêneros aí encontrarão seu lugar. Inventados por teorizadores submissos a Aristóteles, atacados vivamente pelos românticos e durante muito tempo desconsiderados, os gêneros retomam o vigor por volta de 1900, graças sobretudo a Brunetière, até o ponto perigoso em que preexistiam a toda literatura. Só a literatura comparada, por suas lições de elementos literários, pode tentar sua definição, em algum lugar entre a entidade abstrata e exângüe, e a abundância incoerente das criações individuais.

Respeitando a complexidade dos fatos, uma distinção entre gêneros – real, virtual e útil – pode ajudar a ver claro. Chamamos *real* o gênero historicamente definido e conscientemente praticado, como

128 QUE É LITERATURA COMPARADA?

a tragédia clássica, a balada, a ode, o diálogo dos mortos, todos organismos vivos incontestáveis. Mais indistinto, o gênero *virtual* se define menos por sua estrutura ou sua forma do que por sua função, sua intenção, sua matéria ou seu estilo. Tais são a bucólica e a pastoral, o conto fantástico, a viagem imaginária, a autobiografia, o diário íntimo. Certos gêneros, como a epopéia por volta de 1800, passaram de uma categoria para outra. O gênero *útil*, enfim, "participa" mais da gaveta ou da simples prateleira de biblioteca – classificação grosseira, porém cômoda, apropriada para satisfazer o espírito prático, sem constituir um critério essencial: história, romance, eloqüência, teatro.

Nos dois primeiros casos, para manter a coesão das obras no interior do quadro escolhido, o comparatista levará em conta uma multiplicidade de traços em lugar de prender-se a uma definição rígida demais. Com efeito, quanto mais se sobrepõem as definições nacionais, mais a noção tende para a abstração e se empobrece em lugar de enriquecer-se, à força de eliminar os caracteres puramente locais. O *essay*, isto é, o ensaio, por exemplo, definível, se se quiser, em seu território britânico, vai desintegrar-se no escalão internacional. Medir-se-ão, conseqüentemente, a evolução histórica nacional, a tradição cultural, as necessidades fundamentais do espírito humano, o gênio próprio do autor, os gostos de cada público. A novela francesa dos séculos XVI, XVII ou XX, a *short story*, a *Novelle* alemã, a *novella* italiana, a *novela* espanhola, ora se assemelham, ora divergem umas das outras. Como uma família humana, o gênero, com seus ramos nacionais sedentários, e mesmo estagnados, seus "desenraizados", seus bastardos, seus viajantes e suas descendências extenuadas, se desenvolve aos olhos do comparatista numa série infinita de obras particulares, não absolutamente idênticas, nem totalmente diferentes.

Longe de ser uma invenção escolástica, o gênero, próximo da forma e da estrutura, comanda com freqüência a escolha do assunto, o tom, o estilo. O romance epistolar, ao mesmo tempo que pretende imitar exatamente o livre fluir da vida, impõe freqüentemente um tipo de personagens, de situações, de análises. Os contos fantásticos se deixam muito facilmente catalogar. A autobiografia, de Pepys a J. Green, sob as diversas formas de diário, confissão, transposição disfarçada de experiências vividas ou *Bildungsroman*, não obedece a constantes enquanto seria possível crer que ela é estritamente individual?

Assim, o conflito entre a tirania do gênero reconhecido e a invenção original do autor permite distinguir entre obra-prima e réplica insípida, com toda a gama intermediária. Em literatura, como nas belas-artes, uma descoberta faz escola, se torna estilo, se degrada em imitação e em procedimento, antes de prolongar-se como produto comercial bem além da necessidade que a fez nascer. Mas o comparatista verifica com surpresa que um gênero ou uma forma, degenerados num lugar, suscitam a vida num outro, às vezes após uma longa in-

POÉTICA 129

terrupção, como é o caso da tragédia shakespeariana na Alemanha, e depois na França.

Aos olhos do comparatista, um gênero só se presta à síntese quando exprime um traço profundo da humanidade, em lugar de uma estrutura constante: o trágico, o cômico, o burlesco, o elegíaco, o didático, o bucólico, noções todas a serem estudadas sob seu aspecto mais geral. Tais observações rápidas parecerão quiméricas ou ilegítimas a alguns? Não sejamos enganados pela aritmética, em crítica literária. A verdade não tem fatalmente necessidade de recenseamentos inteiros para revelar-se. É necessário ter lido todas as tragédias para conhecer a tragédia? Alguns exemplos significativos podem fornecer a chave de uma definição correta. Passado um certo limiar de cultura, o comparatista descansará da interpretação difícil dos grandes recenseamentos pela percepção intensa de textos esteticamente muito ricos. *Édipo Rei, Fedra, Hamlet, Adelchi, O Príncipe de Hamburgo* formarão uma base suficiente para um ensaio sobre a tragédia européia.

Para além da massa confusa das obras, prisioneiras de seu criador e das fronteiras nacionais, aparecem funções espirituais vitais, de onde nascem os textos que estudamos. Uma forma, uma estrutura, um gênero não são abstrações. Servem a uma necessidade e se encarnam num lugar, num tempo, numa língua, mas sabem também vagar, encontrando rejeições e incompatibilidades, tanto quanto adesões, que devem ser explicadas num caso como no outro; depois evoluem e morrem. A literatura comparada se esforça por captar a vida das formas, extrai as constantes e as variáveis da morfologia literária, e, sem pretender, como fazia recentemente a crítica, dirigir com confiança excessiva as mutações futuras, tentará pelo menos explicá-las.

## Formas de Elocução

Este domínio atrai pouco a pesquisa. Entre as duas guerras, o formalismo russo, levantado contra uma crítica marxista desdenhosa do valor expressivo, tentou voltar ao estudo das técnicas da escritura, não sem cair mais de uma vez numa retórica factícia. Muito mais acessível e sólida, a *tópica* de Curtius, estudada mais atrás, abre um caminho novo.

Apoiando-se em frases isoladas, às vezes em fragmentos de frases, raramente em parágrafos, esse tipo de estudo deve passar de uma coleção de pormenores curiosos para uma síntese convincente. Quem redigir sua metodologia prestará um grande serviço. Em algumas palavras, deve reunir milhares, não centenas de exemplos; reforçar pela estatística as fraquezas de uma interpretação simbólica demais; substituir o vínculo destruído entre as partes da obra e a obra, entre a obra e seu autor, por uma rede de relações que não sejam fortuitas, e, para isso, não se apressar a saltar por cima das fronteiras e dos séculos, mas começar por colocar o método à prova em pequenas porções cro-

130  QUE É LITERATURA COMPARADA?

nologicamente circunscritas; passar em seguida a mais ousadas sínteses, mostrando que o estilo não é somente o homem, mas a época, a nação, a educação.

Para guiar a pesquisa, definiríamos naturalmente modos da expressão, no sentido em que os gregos falavam de dórico ou de eólico. Os jogos cambiantes do estilo – um tom, um vocabulário, as relações entre a palavra, o pensamento, e o silêncio – aparentam obras, manifestam fenômenos batizados com os nomes de ironia, paródia, burlesco, e, em certas épocas, de grotesco, macarrôneas, *fatrasie\**, *nonsense* ou dadá (o inverso conhece menos variantes: sublime, sério, eloqüência). *O Orlando Furioso*, *The Rape of the Lock*, *La Secchia rapita* e *La Pucelle d'Orléans* entram nesta categoria. A expressão metafórica e seus derivados – a fábula, a parábola, a alegoria, o símbolo – são universais. Escolhem certas construções, preferem certas imagens, conforme o período ou a escola; podem mesmo tornar-se uma doutrina do conhecimento. Enfim, canto épico, *commedia dell'arte*, improviso – aspectos da literatura improvisada, diferente pela sua natureza da literatura impressa. E pode-se estender o estudo aos textos (espetáculos) destinados à leitura numa poltrona, que são seus antípodas (S. Mercier, Musset, Renan, Hugo, na França).

Por que não pensar, sonhadoramente, também numa versificação comparada? Em 1841, no seu *Essai philosophique sur le principe et les formes de la versification*, Edelestand Du Méril declara que

antes de pesquisar sob quais influências literárias cresceu a imaginação de um povo, e qual ação ela exerce por sua vez sobre o desenvolvimento das nações estrangeiras, sente-se [.. ] a necessidade de examinar qual o papel da versificação na história comparada das literaturas.

Quarteto, *terza* rima, dístico, estas combinações tão difundidas; verso livre, verso branco, rima, ritmo, vocabulário prosaico ou poético, problemas de alcance geral – tudo isto só foi explorado raramente. Como a poesia está ligada a certas técnicas, que acabaram por deixar de agradar e de encarná-la? É um bom assunto para um comparatista especializado em Idade Média. Que se entende por poema em prosa, segundo as literaturas? No máximo, até as noções de prosa e de poesia, comparativamente estudadas, permitiriam esclarecer um pouco a noção de literatura.

*Fenomenologia da Transposição Literária*

Dos trabalhos de G. Bachelard, G. Poulet, J. Starobinski, J.-P. Richard, E. Staiger, E. Auerbach, W. Muschg, H. Levin, C. Brooks,

---

\* *Fatrasie* é um poema da Idade Média, de caráter incoerente ou absurdo, formado de ditos e provérbios, que contém alusões satíricas. (N. da T.)

POÉTICA 131

para citar somente certas pesquisas da vanguarda de ontem e de hoje, o comparatista poderá tirar uma lição útil: por exemplos tomados de todas as literaturas, sem distinção de proveniência, procurar como o escritor, espelho vivo do universo visível e invisível, ele próprio teatro de realidades espirituais, se esforça por transcrever o mundo exterior e interior com o auxílio de simples pequenos signos pretos pousados no papel. Entre essas realidades se encontram o tempo e o espaço, assim como o movimento que os combina, todas as sensações, os objetos (sempre o problema da *mimese*), os sentimentos elementares profundos (como o medo e o sentimento trágico da vida), as relações do eu e do outro, do eu e da natureza, os ritmos íntimos etc.

Comparatista ainda pelo espírito é a psicanálise da obra literária, em Jung, Bodkin, Baudouin, Mauron; mas, enquanto os anteriores tratavam a obra como um objeto absoluto que se basta a si mesmo, estes a ligam à personalidade de seu criador. Suas conclusões, quando não provêm da prestidigitação, denunciam o milagre; a solução depende um pouco da habilidade do manipulador e muito de uma escolha feliz do texto analisado. Diferentemente da psicanálise clínica e terapêutica, esta não pode interrogar o paciente, nem verificar pela experiência e pela cura a pertinência de suas hipóteses. Serão, pois, necessários acréscimos de provas e uma grande prudência. Não esqueçamos tampouco que uma obra literária nunca é a transposição mecânica e unívoca de obsessões e de complexos, mas um ato criador tributário de uma língua e de uma tradição. Na medida em que este método de investigação decifra jogos de imagens e de palavras rebeldes à crítica clássica, ele interessa à literatura comparada, pois relaciona textos aparentemente heterogêneos com seu fundo eterno de humanidade.

Quase no oposto exato, notemos as interpretações marxistas, para as quais a literatura é apenas o epifenômeno de uma situação econômica e social. Se nos tivessem lembrado apenas o vínculo estreito entre o escritor e seu meio – a despeito das torres de marfim e das declarações de idealismo desencarnado –, o estudo do marxismo não teria sido inútil. Sabemos agora – o barroco o mostrou – unir a literatura a um contexto coletivo. Sabemos também que, ligada ao progresso das técnicas, a velocidade, passando um certo limiar, determinou, a partir de 1830, aproximadamente, uma nova visão do mundo[2].

Em todos os casos, a literatura comparada deve manter seu caráter humanista e abster-se de subordinar sistematicamente seu objeto a puros mecanismos cerebrais, ao inconsciente ou à matéria. Todas as tendências evocadas nesta seção repousam sobre a crença em uma natureza humana primordial, ainda que diversificada, da qual a litera-

---

2. Claude Pichois, *Littérature et Progrès. – Vitesse et Vision du monde*, Neuchâtel, La Baconnière, 1973.

132 QUE É LITERATURA COMPARADA?

tura é uma manifestação, em vez de remontar escritores e textos a um Homem hipotético e contestável. Como se trata de convicção íntima e de temperamento, mais que de demonstração, seria absurdo censurar o método dedutivo mais do que o método indutivo.

Uma pessoa torna-se comparatista, no sentido do presente capítulo, à força de olhar para além do puramente local, ou é a fé num humanismo eterno que continua sendo o primeiro motor? Cada um seguirá sua inclinação. Não se trata de nenhuma forma, em todo caso, de sentir os textos sem querer compreendê-los, como um leitor ignorante e ingênuo. A história literária ensina a esposar sucessivamente as mentalidades do passado, a matizar indefinidamente o homem ondulante e diverso. Os métodos novos visam, ao contrário, a extrair certas constantes, e mesmo certas leis. A literatura comparada tem tudo a ganhar com sua colaboração equilibrada, tudo a perder com seu conflito.

## Estética da Tradução

Como a obra de arte, o texto literário se torna objeto quando a impressão lhe conferiu sua forma definitiva. Ninguém pretenderá, entretanto, que um livro exista da mesma maneira que um quadro. Único por definição (nossos processos de reprodução nada mudam nele), o quadro, de algum modo, permanece imobilizado na sua matéria, independentemente da percepção de eventuais espectadores, mesmo se eles o vêem, ou crêem vê-lo, de outra maneira. Ao contrário, enterrem um texto num armário. Quando for retirado após vários séculos, estará profundamente alterado, não só em conseqüência de interpretações novas, mas pela evolução da linguagem e dos modos de pensar e de sentir; e, se não deixou de pertencer ao domínio público, pelas paráfrases, imitações e traduções que dele foram feitas.

Entre Shakespeare lido por um inglês do século XX, e o mesmo Shakespeare lido em inglês por Voltaire, não há diferença essencial. Nem um nem outro são Shakespeare. Nos dois casos, trata-se de traduzir um sistema lingüístico, ideológico e estético em termos inteligíveis, a fim de entrar num universo estrangeiro, e mesmo estranho, e de comunicar-se com ele. Toda literatura é, pois, interpretação, no sentido musical do termo; e, em interpretação, há intérprete. Ela traduz primeiro o real, a vida, a natureza, como fazem as outras artes; depois o público a traduz, por sua vez, indefinidamente. É por isso que, entre as inúmeras formas de decalagem, de falta de correspondência entre uma obra e seu leitor, a literatura comparada se prende a essa. Flagrante quando se refere a duas línguas diferentes, e materializada então por uma "tradução" em boa e devida forma, essa decalagem não é menos real e digna de estudo, quando é o simples efeito do tempo transcorrido no interior de uma mesma literatura. Explicar, no

# POÉTICA

sentido universitário da palavra, Rabelais, Montaigne, Racine ou La Bruyère, e, num outro sentido, Mallarmé ou Claudel, é ainda traduzir.

A tradução permite considerar o escritor, a língua e o público sob um ângulo novo: o tradutor, dividido entre a submissão ao texto e seu temperamento, entre a crítica e a criação; o público, cujas exigências devem ser cuidadas mais que de costume, porque, postas à parte as traduções clandestinas executadas a título de exercício de estilo ou de testemunho de amor por uma obra estrangeira, a tradução correspon- de sempre a uma violenta necessidade de publicidade, e, sem escrú- pulos, proclama-se comercial e cosmopolita. Separando a redação da invenção, sobretudo, ela isola, automaticamente, partes que o mais exercitado dos escritores desenreda, exprime em sua própria língua, com dificuldade. Diante de sua primeira tradução inglesa, o princi- piante experimenta autênticas angústias mallarmeanas.

Cavando o abismo no momento de transpô-lo, o tradutor, lúcido e confuso ao mesmo tempo, exterior e interior à sua tarefa, constitui uma espécie de laboratório privilegiado, em que, de maneira mais pura que no escritor original – difícil de ser penetrado apesar dos rascu- nhos e confissões – se destila e se analisa o misterioso elixir da litera- tura.

## Análise Preliminar e Interpretação

Um primeiro trabalho consiste em inventariar, descrever, classi- ficar todas as traduções impressas conhecidas – trabalho imenso e fastidioso, mas capital. Na sua simplicidade, ele já coloca um proble- ma: é necessário ater-se às traduções declaradas e patenteadas? Que fazer dos plágios dissimulados e das adaptações confessadas, mas li- vres? Onde começa a fronteira?

Suponhamos este ponto já resolvido. Em nome da arte absoluta, alguns negarão toda relação significativa entre o número e a variedade das traduções de uma obra, o alcance e o valor intrínseco dessa obra. Ser comparatista é precisamente levar em consideração as traduções, en- tre os critérios que decidem sobre a natureza e sobre o valor de uma obra.

Antes de compor sua lista, o compilador deve saber para onde vai. Uma lista enciclopédica anual, com a da UNESCO, com a qual se sonharia para os séculos passados, parece ideal à primeira vista, por- que lá se encontra tudo. Com efeito, mas como a pepita no filão. O principal é extraí-la.

Na prática, nossas bibliografias são sobretudo binárias, de inte- resse desigual, segundo a importância das línguas tratadas. Uma lista das traduções do espanhol para o tcheco ajudará os tchecos a ler os textos espanhóis, revelará talvez intercâmbios entre as duas nações; mas o proveito corre o risco de ser mínimo, enquanto a simples cole- tânea das traduções do japonês para as línguas ocidentais tem um bem outro alcance e constitui um panorama crítico.

134 QUE É LITERATURA COMPARADA?

Para impor uma ordem inteligível aos títulos uma vez recolhidos, apresentam-se diversas combinações: lista binária, triangular, de circuitos múltiplos (irradiando ao redor de um texto único, ou de uma única língua, se ela foi pouco traduzida); por período, por gênero, por autor, e às vezes por tradutor. Muito cedo, se colocará a questão da obra-prima, do grande clássico, das "grandes" e "pequenas" literaturas.

Se a coleção for longa, abrangendo milhares de títulos, será ainda apenas uma coleção. Como dar-lhe vida? Quando os recenseamentos forem imensos, graças às leis estatísticas, o comparatista, modesto êmulo do lexicógrafo, poderá num futuro próximo contar com o socorro das máquinas. Em alguns casos, a conclusão salta aos olhos dos menos avisados: o êxito contínuo, na França, até Paul Valéry, das *Bucólicas* de Virgílio, oposto às vicissitudes de Homero; a alteração do mercado do romance russo após a obra de Vogüé, coincidindo mais ou menos com o acordo internacional sobre o *copyright*; a interrupção das traduções de Ariosto, após o romantismo.

Mais freqüentemente, a lista não revela seus segredos senão, depois de uma longa análise, cujo método é um dos títulos científicos da literatura comparada. A data, o lugar, o modo de publicação; a tiragem, as vendas, os preços; o número e a qualidade dos leitores, tudo conta, tanto quanto o valor técnico da tradução ou a pessoa do tradutor. Nada mais difícil que manter o equilíbrio entre a quantidade e a qualidade, a riqueza e a sutileza. Essas tarefas exigem mais que ordem e paciência; mobilizam todas as qualidades do pesquisador e do crítico. Entretanto, se os recenseamentos bibliográficos puros são bastante numerosos, o pequeno número de interpretações globais parece denunciar desconfiança ou frieza. É preciso dar relevo a este tipo de trabalhos.

*Um Novo Critério: A Infidelidade Significativa*

Como se mostrou anteriormente, é forçoso admitir que a fidelidade científica nada tem a ver com o mérito literário[3]. Erradamente, aplicamos à estética a noção de progresso técnico. Se as *belles infidèles* de outrora tinham freqüentemente contra si a ignorância ou a inabilidade de seus autores, as de hoje não têm mais, senão raramente, a desculpa da beleza. Singelas ou eruditas, feias ou belas, boas ou más, as traduções pertencem à literatura que as acolhe e se integram no seu patrimônio. Julguemo-las, pois, pela necessidade que as fez nascer,

---

3. Sobre os problemas da tradução literária, ver J. Holmes e J. Lambert, *Literature and Translation*, Louvain, Acco, 1978. Para o problema particular da tradução de Tieck para o francês, consultar o livro de José Lambert, *Ludwig Tieck dans les lettres françaises – Aspects d'une résistance au romantisme allemand*, Didier, 1976.

## POÉTICA                                        135

pelo entusiasmo que as acolheu, por sua popularidade, por sua irradiação e sua influência. Não é proibido ao tradutor – graças a Deus! – conhecer bem a língua; mas o respeito doentio ao texto como objeto sagrado o destina ao malogro ou a uma semi-esterilidade. O motivo de sua ação raramente é traçar um retrato gratuito, mas renovar, sob este pretexto, idéias, imagens, personagens ou palavras. Às vezes, o simples gosto da mudança de país o impeliu. Traduzir por traduzir é ocupação de lingüistas.

Uma tradução é tão pouco feita para ser comparada ao original que seu autor pouco se preocupa com fornecer seu texto, se não para defender-se, se for o caso. Como num concerto, o leitor tem mais a fazer do que verificar a música na partitura, com a condição de que ele sinta prazer, tanto mais que o original, em certas línguas antigas ou orientais, não nos é acessível. Entramos num universo autônomo em que Florio substitui Montaigne; Amyot, Plutarco; Galland, as *Mil e Uma Noites*; Schlegel, Shakespeare; Nerval, Goethe; Valery Larbaud, James Joyce; e Scott-Moncrief, Marcel Proust. Afastemos a tentação fácil de ofuscar o prestígio dessas geniais reproduções e perguntemos antes o como e o porquê de tão curiosos fenômenos.

A idéia de literatura comparada e a de tradução objetiva se desenvolveram paralelamente desde o escocês Tytler, no fim do século XVIII. Essas mudanças estão ligadas a uma revolução na concepção da palavra escrita, que, de coisa pública destacada de seu autor (facilmente esquecida, a palavra é usada sem escrúpulo e seu valor está no uso, não na fonte) se tornou confissão, mensagem, grito jorrado das entranhas, coração posto a nu, carne palpitante do artista. Verbo, enfim. Compreende-se, quando se trata de traduzir palavras tão intimamente unidas ao escritor, que nenhuma transposição poderá ser bastante escrupulosa. O comparatista, uma vez ainda, se choca contra o problema das relações entre a tradução, a imitação e a criação. Boileau é feito de Horácio; Proust, de Ruskin.

Posto que é preciso estudar bem a própria tradução, deve evitar-se vê-la como uma prova de exame. Ligar-se-á a tradução a seu contexto histórico, ideológico e estilístico, quer o estudo se limite a uma única obra (Baudelaire ou Mallarmé para Poe; Rilke para Valéry), quer se siga uma obra no tempo – é um dos melhores métodos (as traduções de *A Divina Comédia*, de *D. Quixote*, de *Hamlet*) –, quer enfim o tradutor sirva de termo de referência (Desfontaines, Prévost, Letourneur). Interessante é a crônica dos avatares de um vocábulo importante: romântico, fantástico, picaresco, imaginação. Acrescentemos a terminologia literária comparada e a história das idéias. Muito significativo, ainda, é ver como certos movimentos (preciosismo, *Sturm und Drang*, simbolismo) foram traduzidos. O que se tomava por uma forma da sensibilidade ou um modo de pensamento se reduz às vezes a uma especial maneira de escrever.

136  QUE É LITERATURA COMPARADA?

Ao lado do texto, não se esquecerão os pintores e os compositores que nele se inspiraram e que puderam difundir seu assunto ainda mais facilmente porque a linguagem das artes ignora as fronteiras: quantos cantarolam a grande ária do toureiro da *Carmen* e que nunca leram nem lerão a novela de Mérimée; e ao mais ignaro dos turistas, a atitude melancólica da Pequena Sereia, no porto de Copenhague, traz a mensagem expressa por Andersen, no seu muito conhecido livro. Graças a estes intérpretes mudos ou melodiosos, o espírito de certas obras é às vezes mais bem expresso que pela tradução: as águas-fortes de Chassériau (1844) são sem dúvida superiores, em fidelidade, às versões francesas de *Otelo*, publicadas até então.

## Tradução e Alquimia do Verbo

Tratemos agora das traduções feitas por grandes escritores para seu próprio uso, muitas vezes na juventude, sem intenção de publicá-las, a título de formação profissional, por assim dizer. La Bruyère, Gray, Chénier, Vigny, Goethe, Shelley, Baudelaire, Rilke, Gide, Valéry, todos pertencem a uma raça particular, a dos poetas, no sentido amplo do termo, curiosos da vida da linguagem de outrem. Mallarmé posto à parte, o único que impeliu a análise dos fenômenos sobre átomos de sentido e de som num ar tão rarefeito que atinge às vezes o vazio absoluto do Verbo puro, eles todos procuram melhor apreender a passagem do nada ao grito, e do grito à frase, passagem que, no seu próprio espírito, se efetua, muito freqüentemente, no seio das decepcionantes trevas do gênio.

Colocado, segundo Valéry, entre seu belo ideal, ainda informulado, e o nada, o poeta é uma espécie de tradutor. A poesia não poderia passar simplesmente por uma prosa sublimada. Está para a prosa como a dança está para o andar, e o canto para a fala, isto é, ritmo e beleza. Traduzida para a prosa, a poesia desaparece. Estas observações esclarecem o trabalho do comparatista. Ligada ao inconsciente longínquo da infância, às associações íntimas mais arbitrárias, uma língua qualquer, para aquele que a fala e a escreve, representa o mesmo papel que a inspiração para o poeta; permanece radicalmente incomunicável.

Mas, de fato, nós nos compreendemos, entre homens de um mesmo grupo pelo menos, graças ao uso e à erosão das palavras. Esse acordo coletivo tácito, normalmente inconsciente, a mais banal das traduções coloca-o de novo em questão. É assim que textos que os aborígenes julgam insípidos e incolores e nem mesmo notam mais, encantam o leitor estrangeiro, tanto mais que o tradutor, para transpôlos a um idioma rebelde, força às vezes sua língua a insólitas proezas. Chega-se a descobrir, com arrebatamento, novidades estrangeiras que já existiam no próprio país, sem jamais terem sido vistas: Du Bellay

POÉTICA 137

tem necessidade da Itália; Voltaire, de Shakespeare; Lessing, de Diderot; T. S. Eliot, de Dante.

Quer decalquem desajeitadamente, quer transplantem com arte, todos os escritores sentem que uma imitação dos textos de sua própria língua cai no pastiche ou no plágio, enquanto a traduçao de uma língua estrangeira tem valor de disciplina e de exploração. A tarefa do comparatista consiste em mostrar que a tradução não é apenas multiplicação aparente do número dos leitores, mas escola de invenção e de descoberta.

*A Tradução Automática*

Substituindo pela máquina o paciente labor do artesão, a tradução automática parece separar o útil e o belo para sempre, e mesmo tornálos incompatíveis. Ela nos dá, no entanto, lições.

Começada com a humilde finalidade de fazer grosseiras transcrições de textos técnicos exploráveis pelos especialistas, a tradução automática acaba por explicar a noção de estilo, e mesmo de estilo literário, na medida em que todos os problemas se encaixam. Juntando seus esforços à experiência bem nova dos técnicos da tradução oral simultânea, trabalhando por seu lado *in vivo*, os informáticos, ajudados pelos lingüistas,· repensam os mecanismos da expressão verbal. A comparação entre as línguas, até então puramente instintiva, histórica ou filosófica, segundo o caso, se aproxima de uma ciência, graças à descrição e à análise metódicas, reduzindo identidades e diferenças até o ponto em que o paralelo termo a termo se torna concebível; a máquina está sempre lá para confirmar por traduções idiomáticas a justeza da teoria.

Para tranqüilizar os guardiães do tesouro literário, deixemos provisoriamente à máquina os textos puramente úteis. Mas os progressos realizados, em vinte anos, foram tais que tarefas mais sutis bem poderiam um dia lhe ser confiadas. Aos olhos do comparatista, o intercâmbio dos valores poéticos e estéticos de uma nação para outra, a comunicação entre as culturas pela linguagem, revestem uma tão grande importância que a ajuda da máquina de traduzir está longe de ser desprezível.

## ESTRUTURAS PERMANENTES E VARIANTES PARTICULARES

Concebido como um fabricante de textos (no sentido etimológico da palavra "poeta"), o escritor não pode produzir o que quer que seja de uma maneira qualquer; mesmo a anarquia tem seu estilo (veja-se *Dadá*). Desde que começa a escrever, encontra estruturas preexistentes, convenções poéticas, gêneros, exigências de sua sensibilidade e de sua percepção, normas impostas pelo público ou pela tradição, categorias gramaticais e recursos estilísticos.

Evitando dar a esses termos um valor histórico, o escritor "clássico" (ou apolíneo) aceita espontaneamente estes quadros já feitos, pode mesmo receber seu impulso e esforça-se por a eles adaptar seu gênio próprio. Em sentido inverso, o "romântico" (ou dionisíaco) os julga como insuportáveis grilhões, luta por quebrá-los, cria outros em caso de necessidade, mas de acordo com sua fantasia, e trabalha para adaptá-los ao seu gênio.

A influência preponderante da herança greco-latina na Europa e numa parte do mundo (com seus substitutos temporários, o italiano no século XVI, o francês nos séculos XVII e XVIII), manteve em vigor durante muito tempo estruturas que os clássicos franceses quiseram confundir com as leis eternas e universais do espírito humano. A inspiração popular, herdada da Idade Média ou pesquisada nos folclores locais, o acesso progressivo dos falares vulgares à "grande" literatura demoliram pouco a pouco esse belo edifício. Por volta dos fins do século XVIII, em parte sob a influência das literaturas de origem germânica, o movimento se acelerou.

À desintegração das belas-letras em múltiplas literaturas nacionais, a literatura comparada opôs seu espírito de síntese internacional, que substitui uma retórica e uma poética simplesmente cosmopolita. Mas ela deve também procurar a unidade comprometida no estudo das estruturas inerentes ao indivíduo ou à coletividade. A infinita diversidade dos fenômenos literários não exclui certos princípios permanentes necessários à sua compreensão.

Para o método, inspirar-se-á nas ciências biológicas e nos estudos sobre a arte. O estruturalismo começa por uma descrição sistemática, observa, e depois define temas, situações, formas, estilos e construções. Sua classificação revela semelhanças entre homens, lugares, épocas, às vezes muito distanciados uns dos outros, ou então põe em evidência filiações e uma evolução, cuja análise depende então do método histórico tradicional.

Vaga na sua formulação abstrata (por exemplo: o ponto de vista do narrador na primeira pessoa), a estrutura não tem interesse senão quando encarnada. Nela se encontram e se combinam a originalidade individual, o espírito coletivo, o estilo da época. Esta noção, ainda perfectível, ajudará cada vez mais o comparatista a completar a gama de suas pesquisas.

# Rumo a uma Definição

Que é literatura comparada? – indagávamos. Estamos em melhor condição de responder agora à pergunta? Os sucessivos dossiês que abrimos puderam dar a impressão de multiplicidade vertiginosa. Para resistir a uma tentação desmedida que se faz sentir – é preciso confessar – no comparatista, gostaríamos de concentrar a literatura comparada ao redor de seu objeto e de seu método.

Seu objeto parece múltiplo como o mundo, e perpetuamente fugidio. De que trata a literatura comparada? Das relações literárias entre dois, três, quatro domínios culturais, entre todas as literaturas do globo? Tal é hoje seu feudo natural, sem nenhuma contestação.

É tudo? Por direito de uso ou de conquista, para preencher lacunas na pesquisa e no ensino, pelo encaminhamento espontâneo de sua dialética, ela trata também da história das idéias, da psicologia comparada, da sociologia literária, da estética, da literatura geral. Uma bibliografia como a de Otto Klapp reflete essa ambigüidade. Da introdução intitulada "Généralités", a maior parte dos comparatistas reivindicaria naturalmente a metade (*Gêneros e Formas, Sociologia da Literatura, Temas e Motivos, Literatura Regional, Traduções, Influências*) e acharia insuficientes poucas páginas do título *Comparatismo*, dedicadas só à teoria. Existe, pois, toda uma gama de estudos entre a interpretação "estreita" (estreita pela simplicidade da definição, não pela amplitude do domínio explorado, porque o estudo das relações literárias internacionais nada tem de estreito!) e a interpretação "ampla".

Na falta de um campo de pesquisas, a literatura comparada possui o monopólio de um método? Método histórico, genético, sociológico,

140       QUE É LITERATURA COMPARADA?

estatístico, estilístico, comparativo, ela usa de cada um, segundo suas necessidades. Em resumo, o método comparativo deveria ser seu forte. Ora, é também o que se aplica pior às relações literárias internacionais, salvo quando se trata de tradução. Não cuidando de aperfeiçoar esse instrumento, os comparatistas mantiveram o equívoco quanto a sua etiqueta e finalmente traíram o espírito de uma especialidade que prometia ser muito mais que um simples ramo da crítica literária. Continuamos persuadidos de que a comparação bem conduzida deve recuperar seus direitos em literatura comparada. Esta afirmação pode parecer tautológica. Ela o é menos, se pensarmos no antigo anátema lançado contra os paralelos. Destinaremos à comparação uma função heurística, cujas modalidades devem ser revistas e adaptadas a cada caso.

No começo existia o espírito do escritor criador, mas ele não se manifesta senão pelos textos que têm também necessidade do leitor para atingir a plenitude de existência. A idéia que serviu de ponto de partida a Hans-Robert Jauss é que uma obra não existe apenas na medida em que é um escrito consignado num texto. Ela é o conjunto de sua recepção; não se deve despojar a literatura da dimensão do efeito produzido (*Wirkung*) por uma obra, e do sentido que lhe atribui o público:

> Na tríade formada pelo autor, pela obra e pelo público, este não é um simples elemento passivo que apenas reagiria em cadeia; ele desenvolve por sua vez uma energia que contribui para fazer a história.

Pode-se ainda considerar o texto, não como um ato vivo, mas como um monumento erigido, às vezes abandonado, *hic et nunc*, espécie de objeto único e fechado, que, por seu estilo, comparado ao estilo de objetos análogos, se transforma em documento, de tal modo que esse Todo se torna Parte, que Um se transforma em Múltiplo, que o Absoluto admite o Relativo. Como os homens, cada texto é único, incomparável, insubstituível, o que não abole as famílias, nem as comunidades, nem as raças.

Posto que uma definição se faz necessária, proporemos esta, que tem a vantagem pedagógica de reunir os diferentes aspectos descritos até aqui, neste livro:

*A literatura comparada é a arte metódica, pela pesquisa de vínculos de analogia, de parentesco e de influência, de aproximar a literatura dos outros domínios da expressão ou do conhecimento, ou, para sermos mais precisos, de aproximar os fatos e os textos literários entre si, distantes ou não no tempo ou no espaço, com a condição de que pertençam a várias línguas ou a várias culturas, façam elas parte de uma mesma tradição, a fim de melhor descrevê-los, compreendê-los e apreciá-los.*

Cada um deve cortar dessa definição apenas o que lhe parecer deslocado ou supérfluo para chegar à sua própria definição. Por

## RUMO A UMA DEFINIÇÃO

exemplo, a supressão do membro de frase "com a condição de que pertençam... a várias culturas", definiria uma posição extrema do comparatismo norte-americano (R. Wellek), para o qual a literatura comparada se pratica também no âmbito de uma literatura nacional, ao passo que os europeus fazem da passagem da fronteira lingüística ou cultural uma condição *sine qua non*.

Mas, em última análise, a única justificação da literatura comparada não seria permitir o estudo da literatura na sua totalidade?

A experiência prova que os comparatistas mais resolvidos a acantonar em tal ou tal setor cederam freqüentemente ao que eles chamavam "tentações", de fato ao apelo imperioso de uma lógica interna. De maneira inversa, os especialistas de uma única literatura nacional inscrevem hoje, no programa de seus colóquios, assuntos que teriam sido outrora remetidos ao comparatista profissional. Quer dizer que a literatura comparada, pouco a pouco diluída na massa dos estudos literários de toda espécie, representa apenas uma etapa dialética e está condenada a desaparecer após ter representado seu papel? Não é impossível, em teoria; mas cremos, antes, na perenidade do comparatista como "especialista" das generalidades.

Para que se realizasse esse aniquilamento por assimilação progressiva, seria necessário que a literatura comparada fosse imutável. Mas, como Popper fez observar, uma disciplina científica é um conglomerado, limitado e reconstruído, de problemas e soluções provisórias. Tudo na literatura comparada indica uma função, no sentido matemático do termo, que subsiste atrás do jogo flutuante das variáveis que a compõem. Aparentemente caduca e transitória hoje, quando forem amanhã preenchidas as condições que a tornariam supérflua, ela já terá operado a metamorfose necessária à sua sobrevivência.

Fazendo agora tábua rasa das múltiplas distinções requeridas por uma definição erudita, podemos ater-nos a dois princípios:

1. A língua na qual uma literatura está escrita ou a unidade espiritual da coletividade da qual ela é a expressão (ligada a fronteiras políticas, a um passado nacional, a uma religião, a um povo, a uma raça, etc.) cortam naturalmente a literatura em células restritas. Colocando-se acima dessas restrições, o comparatista se esforçará para não estudar jamais estas células isoladamente.

2. A literatura é uma das manifestações específicas da atividade espiritual do homem, da mesma forma que a arte, a religião, a ação política ou social etc. Pode-se, pois, estudá-la como função fundamental, sem consideração de tempo ou de lugar.

Isto posto, podemos oferecer uma definição mais lapidar que possa figurar num repertório:

*Literatura comparada: descrição analítica, comparação metódica e diferencial, interpretação sintética dos fenômenos literários interlingüísticos ou interculturais, pela história, pela crítica e pela filosofia,*

# QUE É LITERATURA COMPARADA?

*a fim de melhor compreender a literatura como uma função específica do espírito humano.*

Restaria definir o comparatista.

Como se pode ser comparatista? Certas condições são requeridas e a natureza por ela própria as reúne, às vezes. O conhecimento passivo, e se possível ativo, de mais de uma língua estrangeira é uma dessas condições *sine qua non*. Nossa lista bibliográfica demonstra a necessidade absoluta do inglês. O alemão não é muito menos indispensável para o uso dos dicionários e enciclopédias, e também dos trabalhos sobre a recepção, a estética e a criação literária.

As obras de crítica são raramente traduzidas. O número de traduções em língua francesa dos textos originais, mesmo dos mais famosos, muito importante no século XIX, se empobreceu consideravelmente. As traduções antigas, quando encontráveis, são muito medíocres. Ganha-se, freqüentemente, passando por uma tradução numa terceira língua, no inglês sobretudo. Mas se o estudo dos textos, em tradução, se justifica perfeitamente nos trabalhos sobre a histórias das idéias, por exemplo, torna-se temerário, e mesmo absurdo, quando a "poesia" se sobrepõe à abstração.

Não há comparatista que não seja, pois, também lingüista, princípio bastante fácil de ser aplicado ao pesquisador, mas muito menos ao estudante, tímido, e mesmo timorato, a partir do momento em que o nível de seu conhecimento técnico da língua não vai mais par a par com suas ambições propriamente literárias. Enquanto a prática aprofundada de mais de uma língua, viva ou morta, não tiver entrado em nossos costumes universitários, o ensino da literatura comparada não deverá temer a ruptura com a pedagogia tradicional.

As nações dotadas de uma "grande" literatura estão em pior situação, uma vez que todas as suas forças tendem a concentrar-se nelas mesmas. Nas "pequenas" nações em que, ao contrário, além de seu falar natal, há uma língua de cultura internacional (o italiano perdeu esse título, após tê-lo detido; o russo não o adquiriu ainda), a elite intelectual pratica o comparatismo com menos esforços. Um bilingüismo congênito, estudos realizados no exterior, uma família cosmopolita são excelentes trunfos.

Mas não basta ser poliglota, filólogo ou *globe-trotter* para tornar-se *ipso facto* comparatista. Ao lado daqueles que são predestinados por seus conhecimentos lingüísticos, não esqueçamos os que são atraídos por uma vocação e que se impuseram o estudo de línguas precisamente por causa dela. Freqüentemente, é menos um prurido de curiosidade do que o doloroso sentimento de uma mutilação que incita a forçar o mistério das literaturas estrangeiras.

Os traços dessa indispensável, irresistível *vocação* são às vezes mais morais que intelectuais. Riram da ética, e mesmo da mística dos comparatistas.

# RUMO A UMA DEFINIÇÃO

143

Nascido, por volta de 1800, de um cosmopolitismo ideológico e social; embalado, no curso do século, por generosos sentimentos e ilusões humanitárias sobre a aproximação fraterna dos povos; orgulhoso, na era de Posnett, de pertencer à grande família internacional dos verdadeiros sábios; comungando, enfim, na fé que inspirou sucessivamente a S.D.N. e a O.N.U.; primo da UNESCO e do Conselho Cultural da Europa, nosso comparatista raramente se manteve afastado dos sonhos de solidariedade política e cultural que nos atormentam, com razão, há cento e cinqüenta anos.

Ironicamente associada aos esportes pela analogia de seus ideais, a literatura comparada, nobre ou ingênua, sincera ou premeditada, continua, por sua lei moral implícita, a ser o antídoto bem-vindo do bizantinismo estreito, da arrogância acadêmica, do espírito puramente local e do nacionalismo intelectual exclusivo. Toda cultura literária nacional, certamente, é já uma fase rumo a essa aptidão à compreensão. Pode-se ampliá-la ainda. Como o diplomata, o comparatista experimenta esse desencanto sereno, essa curiosidade tolerante, essa ternura crítica a respeito de tudo o que não é ele, sem nenhuma distinção — sentimentos todos que são conferidos pelas viagens, mesmo ao interior de uma biblioteca, pelas relações com o universo e pelo amor dos homens tanto quanto dos livros.

Ainda que exista entre as "jovens" nações ávidas de secessão (e mesmo de revolta) cultural, uma disposição "primária" encontrável nos pequenos países à procura de alma local, o melhor território continua aquele dos viajantes cosmopolitas, dos exilados e dos refugiados. Portanto, os conflitos e as emigrações, voluntárias ou forçadas, marcam sempre um progresso dos estudos comparatistas, se não da felicidade dos povos, desde a Magna Grécia até os acontecimentos da última guerra, passando pela revogação do Edito de Nantes.

Enquanto o "cadinho" norte-americano favorece o florescimento da literatura comparada, os cidadãos das velhas nações européias, insulares ou provincianas por natureza, sofrem mais por terem de renunciar a seus hábitos e não derrubam senão com pesar as barreiras que os separam. Portanto, os homens das fronteiras, da Lorena ou da Alsácia, os herdeiros de várias famílias espirituais, como os suíços, foram os primeiros a tirar partido dessa superioridade natural para abrirem caminho a outros menos favorecidos.

Na França, o comparatismo se chocou ainda contra uma forma derivada da "Querela dos Antigos e dos Modernos". Durante um certo tempo, ele mostrou desinteresse pela Idade Média e pela Antiguidade. Foi acusado, portanto, de romper com as origens greco-latinas e de negligenciar uma das idades de ouro da cultura internacional. Reparado este erro, graças, em particular, ao desenvolvimento dos estudos de tematologia, os comparatistas de hoje têm plena consciência da continuidade da tradição. "Moderno" qualifica a partir de agora o espírito de seus trabalhos, não o período estudado.

144     QUE É LITERATURA COMPARADA?

Grande seria o erro de julgar a literatura comparada pelos inevitáveis defeitos práticos de seu ensino. Que ocupe ou não uma cátedra especializada, traga ou não a etiqueta oficial, o homem do qual falamos desempenha uma função de *ligação* indispensável, da qual o ensino não é senão um aspecto convencional. O simples trabalho de pesquisar, classificar, distribuir documentos relativos a mais de uma disciplina, não é aqui uma tarefa subalterna, mas sim o próprio fundamento. Os holandeses bem o compreenderam em Utrecht; os norte-americanos, sob uma outra forma, em Indiana. Seria bom que fossem criados, em outros países, outros institutos análogos, a serviço da pesquisa literária geral.

Restam ainda ao comparatista outros deveres: unir as línguas modernas entre si, e depois os Modernos com os Antigos; manter-se informado sobre filosofia, belas-artes, história e política; e dotar-se de mobilidade no tempo e no espaço. Será telefonista de um posto central ou diplomata, mestre Jacques* ou agente de ligação – metáforas todas mais ou menos lisonjeiras a traduzirem sua função. Como o garção de café do *Prometeu* de Gide, o comparatista vive na relação e pela relação e, naturalmente anônimo, acaba por dissolver-se. Como se pode existir, e ser comparatista? Eis a indagação final. Sejamos, pois, primeiro, o especialista firmemente enraizado num território nacional; o resto virá por acréscimo. A torre-biblioteca de Montaigne enterra sólidos alicerces no coração dos vinhedos de Bordéus**; mas do fundo de sua biblioteca, aquele viajante, de retorno a casa, mantinha relações com toda a humanidade.

---

\* Mestre Jacques é um personagem da peça *O Avaro* de Molière; exerce as funções de cozinheiro e de cocheiro, na casa do avaro Harpagão, seu amo. Também o comparatista deve desdobrar suas atividades. (N. da T.)

\*\* Montaigne (Michel Eyquem de), autor dos famosos *Ensaios*, considerava que "a arte de viver" deve fundar-se numa sabedoria prudente, inspirada pelo bom senso e pelo espírito de tolerância. Apesar de algumas viagens (Suíça, Alemanha, Tirol, Itália), passou a maior parte de sua vida no castelo de Montaigne, na solidão, rodeado de milhares de livros. (N. da T.)

# Elementos de Bibliografia

A Bibliografia comparatista é imensa, visto que ela é, por definição, internacional e pluridisciplinar. Procuramos indicar os instrumentos fundamentais de trabalho. Para os estudos propriamente ditos, tivemos de resignar-nos a propor apenas exemplos.

## 1. *Bibliografia das bibliografias*

Toda pesquisa bibliográfica se apoiará nas obras de L.-N. MALCLÈS, claras e precisas: para os professores e pesquisadores, *Les Sources du travail bibliogr.* (Genebra, 3 vol.; considerar os tomos I, 1950 e II, 1952); para os estudantes experimentados, *Cours de bibliogr.* (Genebra, 1954); para todos, *Manuel de Bibliogr.* (3ª ed., Paris, 1976) e *La Bibliographie* ("Que sais-je?", nº 708, 4ª ed., 1976). Utilizar-se-á também PH. GASKELL, *A New Introduction to Bibliography* (Oxford, 1972). Th. BESTERMAN publicou um repertório monumental de todas as bibliografias existentes: *A World Bibliogr. of Bibliographies* (Genebra, 5 vol., 4ª ed., 1965-1966, em dia até 1963) completado por um fichário da "Bibliothèque Nationale".

### *Bibliografias de recapitulação*

*Comparatistas.* O mais antigo é o *Essai bibliogr.* de L. P. BETZ (Strasbourg, 1900), completado primeiro por A. L. Jellinek (*Bibliogr. der vergleich. Literaturgeschichte*, Berlim, 1903), depois reeditado e aumentado por F. BALDENSPERGER (Strasbourg, 1904). É ainda muito útil para toda retrospectiva relativa ao século XIX.

Hoje, nossa Bíblia é a *Bibliography of Comparative Litérature* de F. BALDENSPERGER e W. P. FRIEDERICH (Chapel Hill, 1950). Monumento de 700 páginas, exige uma aprendizagem bastante longa, sobretudo nos capítulos dedicados às influências, cujas rubricas estão agrupadas segundo o *emissor*, mas esparsas no tocante aos *receptores*. Para saber o que Balzac deve ao estrangeiro, por

146     QUE É LITERATURA COMPARADA?

exemplo, é preciso consultar alternadamente cada emissor nacional. Nas *Generalidades*, há a falta de subdivisões. As seções eslavas e orientais são muito sumárias. Em contrapartida, foram incluídos inúmeros trabalhos sintéticos simplesmente nacionais. Muitas obras são citadas de segunda mão, cujo conteúdo não corresponde ao título nem à rubrica. Apesar dessas fraquezas, a obra é insubstituível, e estabelece os fundamentos de toda bibliografia ulterior.

Desde 1952, o *Yearbook of General and Comp. Lit* (Chapel Hill, até 1960; Indiana, depois) completou primeiro o manual primitivo, segundo a mesma tipografia e as mesmas rubricas, mas sem nenhum sistema, misturando os títulos esquecidos, os suplementos extensos e as novas publicações. A partir de 1961 (vol. X), a bibliografia se tornou verdadeiramente periódica e cada volume cobre o ano anterior. Ao mesmo tempo, foi adotada uma classificação muito mais simples, segundo uma única ordem alfabética de assuntos, com repetições e chamadas. A partir do nº 20 (1971), não há mais bibliografia geral, só bibliografias especiais, organizadas por assuntos. Sobre a teoria da Lit. Comp., ver *Yearbook*, VIII (ano de 1959), 27-28, excelente bibliografia de H. R. REMAK.

*Não Especificamente Comparatistas*. Para a França, o *Manuel* de Lanson (última edição útil, 1931, que abrange até 1920), fornece, século por século, dos séculos XVI ao XIX, bons capítulos sobre as traduções, os viajantes, a França e o estrangeiro. JEANNE GIRAUD, que o continua (*Manuel de bibliogr. litt. pour les XVIe, XVIIe e XVIIIe siècles français, 1920-1935*, Paris, 1939; *1936-1945*, Paris, 1956; *1946-1955*, Paris, 1970), insere rubricas *Thèmes et motifs, Rapports intellectuels avec l'étranger, Grands courants e*, nos 2º e 3º suplementos, sinal de progressão da Literatura Comparada na opinião pública, coloca uma seção *Comparatisme* e uma outra, *Histoire des Idées*. – Ver também certos capítulos de A. CIORANESCO, *Bibliogr. de la litt. franç. XVIe siècle* (Paris, 1959), *XVIIe siècle* (Paris, 1965-1966, 3 vol.), *XVIIIe* (Paris, 1969, 3 vol. e sobretudo os capítulos *Background Materials* e *Foreign Influences and Relations* da coleção ao mesmo tempo seletiva e crítica, *A Critical Bibliogr. of French Literature*, criada e dirigida por D. C. CABEEN, e depois por R. Brooks (Syracuse U. P., Idade Média, 1947; século XVI, 1956; século XVII, 1961; Supl., 1983; século XVIII, 1951; século XX, 1980, 3 vol. de D. ALDEN e R. BROOKS). Nada de verdadeiramente específico nas outras bibliografias francesas usuais, salvo raras e curtas rubricas em H. Thieme, *Bibliogr. de la litt. franç. de 1800 à 1930*, no vol. III (Paris, 1933).

– Para a *Grã-Bretanha*, rubricas comparatistas na *Cambridge Bibliogr. of English Lit.* (Cambridge, 1940, 4 vol.; 1 vol. de supl., atualizado até 1955, *ibid.*, 1957 e na *New Cambridge Bibliography of English Literature*, 1972-1974, 4 vol.).

– Para a *Alemanha*, podem prestar serviços R. ARNOLD, *Allgemeine Bücherkunde* (Stras. 1910; 3ª ed., Berlim, 1931), J. *Korner, Handbuch des deutschen Schrifttums* (3ª ed., Berna, 1949) e W. *Kosch, Deutsches Literaturlexikon* (2ª ed., Berna, 1949-1958).

– Para a *Espanha*, diversos capítulos de JOSÉ S. DÍAZ, *Bibliogr. de la lit. hispánica* (Madrid, 1953-1960), vol. I e III e inúmeras páginas esparsas em Homero *Seris*, Manual de bibliogr. de la lit. española *(Syracuse, USA, 1948-1954, em processo de publicação)*.

– Para a *Itália*, excelentes panoramas históricos por país e ensaios bibliográficos correspondentes em *Letterature comparate*, que forma o IV vol. de *Problemi ed orientamenti critici di lingua e di lett. italiana*, editado por A. MOMIGLIANO (Milão, 1948). Algumas indicações úteis em C. CORDIÉ, *Bibliogr. speciale della lett. italiana* (Milão, 1948).

## ELEMENTOS DE BIBLIOGRAFIA

*Bibliografias Periódicas*

J. H. FISHER fez um estudo geral delas em *PMLA*, LXVI (1951), 138-156 (pp. 150-151 para as bibliografias de Literatura Comparada), enquanto que R. P. *Rosenberg* dá uma lista das bibliografias comparatistas publicadas nos Estados Unidos, em *Comp. Lit. II* (1950), 189-190. Os problemas são evocados por M. BATAILLON, *Pour une bibliogr. intern. de L. C.*, em *RLC*, XXX (1956), 136-144.

*Propriamente comparatistas.* À parte um ensaio sem futuro de C. S. NORTHUP (em *Modern Language Notes*, 1905-1906), a mais antiga é a da *RLC* (trimestral, desde 1921), que se tornou muito mais completa e sistemática durante um curto período (1949-1959). Esses dez anos foram recolhidos, mas não refundidos, sob a forma de fascículos publicados cada dois anos (Paris, Didier). A *RLC* cessou a publicação de toda bibliografia, em 1960. Acrescentemos o *Yearbook*, desde 1961 e as fichas bibliográficas *(Comparatistische Bibliografie)*, publicadas pelo Instituto de Utrecht (por volta de 400 por ano, sobre obras em todas as línguas, aparecidas nos Países Baixos e na África do Sul, e sobre obras em neerlandês a afrikander aparecidas em todos os lugares). O *Registro (Regesten)* das aquisições do mesmo Instituto, servindo de resenhas periódicas, cessou em 1962. Para a Bélgica, a revista *Spiegel der Letteren* tem a mesma função.

*Gerais.* Muito notável é a bibliografia anual da *Modern Language Association of America* (a primeira, em 1956, cobre 1955); é uma seção das *PLMA*. Consultar-se-ão as seções dedicadas à Literatura geral, à Estética, à Teoria da Literatura, aos Temas e motivos (essas rubricas são retomadas sob um ponto de vista nacional, no capítulo "English Literature", mas não nas outras literaturas nacionais). As relações entre autores estão sob o nome de cada autor; as outras influências, sob o país influenciado. A rubrica "Comparatism" se limita à teoria. Os panoramas seletivos e críticos de *Year's Work in Modern Language Studies* (Cambridge, anual desde 1938) informaram sobre os trabalhos publicados, cada ano, no mundo, considerando o domínio nacional e o século.

*Nacionais, França*: R. RANCOEUR, *Bibliogr. litt.* (1953-1961; em fascículos anuais, em número de quatro, sem refundi-los), se tornou *Bibliogr. de la litt. fr. mod.*, em 1962 (fascículos aparecidos na *Revue d'hist. litt. de la France* são, a partir de então, refundidas e completadas. A última *Bibliogr.* anual, 1980, foi publicada em 1981).

– O. KLAPP, *Bibliogr. der französischen Literaturwissenschaft*, em Francfort am Main, desde 1960. Inúmeras rubricas comparatistas nestas duas séries. Acrescentemos, anuais desde 1940, para o século XIX, *French VI Bibliogr.* (Stechert and Hafner, NY, até 1954; French Institute, NY, em seguida); para o século XX, *French VII Bibliogr.* (*id.*, até 1948; *id.*, em seguida). – *Alemanha*: H. W. EPPELSHEIMER, *Bibliogr. der deutschen Literaturwissenchaft*, Francfort am Main, 6 vol. aparecidos e que cobrem 1945-1964 (protótipo de *O. Klapp*). – *Grã-Bretanha*: *Annual Bibliogr. of English Language and Lit.*, Cambridge (útil, desde o 2º vol., 1961).

*Sobre as relações entre duas literaturas nacionais. França-Alemanha*: *Deutschland-Frankreich* (Stuttgart, vol. I, 1954; II, 1957; III, 1963, sendo que este último está sem bibliografia). Todas obras, em alemão, sobre a França; em francês, sobre a Alemanha, desde 1953. Período anterior coberto sob o título *Franco-German Studies*, em *Romanic Review* (1945-1946), primeiro; e depois, em *Bull. of. Bibliogr. and dramatic Index* (Boston, 1912-1953). – *França-Itália*: *Bibliogr. italofrançaise*, t. I (1948-1958), 1ª parte (1948-1954), Maison du Livre italien, Paris, 1960. – *França-Espanha*: *Bibliogr. franco-ibérique* (todas obras francesas sobre a Espanha), em *Bull. hispanique*, desde 1947. – *França-Estados Unidos*: *Anglo-French and Franco-American Studies*, anual em *Romanic Review* (1938-1948), depois em *French-American Review* (1949 e 1950) e em *Bull. de l'Inst. fr. de Washington* (1951-1954). – *Grã-Bretanha-Itália*: Bibliogr. anual dos trabalhos em *Italian Stu-*

# 148 QUE É LITERATURA COMPARADA?

*dies* (desde 1937). – Estados Unidos-Itália: Em *Italica* (desde 1924). – *Grã-Breta-nha-Alemanha*: *Anglo-German Lit. Bibliogr.*, anual em *Journal of English and Germanic Philology*, desde 1936. Para a *Espanha*, rubricas comparatistas em *Revista de filología esp.* (desde 1914) e *Revista hispánica moderna* (desde 1934). – Para a *Escandinávia*, *Archiv for nordisk filologi* (desde 1880).

*Sobre os grandes períodos da história literária internacional*. Bibliografia crítica anual em certas revistas: para a Idade Média, *Speculum*; para a Literatura arturiana, *Modern Language Quarterly*; para o Renascimento, *Studies in Philology* (desde 1939) e sobretudo *Bibliographie internationale de l'Humanisque et de la Renaissance* (Genebra, desde 1966); para o Romantismo, *English Literary History* (1936-1948), e depois *Philological Quarterly*; em vol., *The Romantic Movement, a Selective and Critical Bibliography*, D. V. Erdman ed. (Garland, New York e Londres); para a Era Vitoriana, *Modern Philology*.

*Para os estudos Barrocos*, excelente bibliografia cobrindo 1888-1946, por R. Wellek, em *Journal of Aesthetics and Art Criticism*, V (1946), 77-109, continuada por G. ORSINI, *ibid.*, XIII, (1955), 313.

*Sobre o teatro*. *Revue de la Société d'hist. du théâtre (passim*, mas rubrica propriamente comparatista, desde 1949).

*Sobre a tradução*. A UNESCO publica um repertório de todas as traduções aparecidas no mundo (*Index translationum*), num volume anual, desde 1949; retoma uma série por fascículos, cobrindo 1932-1939. Da mesma forma, *Chartotheca translationum*, ed. H. W. Bentz, Francfurt am Main (desde 1956, em fichas). A revista *Babel* dá uma excelente bibliografia crítica de todas as obras sobre a tradução (inclusive os dicionários), desde 1955; o *Yearbook*, uma lista anual das traduções, em inglês, de todas as obras de lit. estrangeira (desde 1960); o *Repertorio bibliogr. della trad.*, traduções do italiano para as línguas européias (2ª ed., Roma, 1960).

*Sobre a estilística*. H. HATZFELD, *Critical Bibliogr. of the New Stylistics* (1953; trad. fr. por Y. *Le Hir*, Paris, 1962).

*Relações entre a Literatura e as outras formas de expressão*. História comp. da filosofia, das ciências e das civilizações, em *Isis* (desde 1913). Relações entre a lit. e as artes, em *Journal of Aesthetics and Art Criticism* (desde 1941), completadas pela seção *Literature and the Arts* da *Modern Language Association*. Religião e literatura, na *Revue d'histoire ecclésiastique* (desde 1910).

## 2. Periódicos Comparatistas

Houve primeiro duas tentativas efêmeras. Depois, as *Acta comparationis litterarum universarum* húngaras apareceram de 1877 a 1888, e a revista de MAX KOCH, *Zeitschrift für vergleich. Literaturgeschichte* se manteve de 1886 a 1910.

Em 1921, FERNAND BALDENSPERGER e PAUL VAN TIEGHEM fundaram a *Revue de Littérature Comparée*, a mais antiga revista comparatista viva. Mais recentemente, nasceram *Comparative Literature* (em Oregon, desde 1949), *Comparative Literature Studies* (Maryland, desde 1964) e *Arcadia* (Berlim, 1966).

A essas revistas trimestrais se acrescentam, anualmente, o *yearbook* (independentemente de sua parte bibliográfica), o *Journal of Comparative Literature* (Jadavpur University, Calcutta, desde 1961), e a revista japonesa *Hikaku Bungaku* (desde 1958).

Mais especial é *Zagadnienia Rodjazow Literackch* (Problemas dos Gêneros Literários) publicada pela Universidade de Lodz, na Polônia, desde 1958.

No passado, houve *Comp. Lit. Studies* (Liverpool, 1942-1946); *Helicon* (Haia, 1938-1944), dedicado aos problemas gerais da literatura; *Erasme* (1946-1947) sobre as relações franco-neerlandesas, e o *Bulletin of the International Committee of Historical Sciences* (1929-1943; retomado em 1953, mas só para a história). Os *Cahiers de LC* tiveram um número, em Budapest, em 1948.

# ELEMENTOS DE BIBLIOGRAFIA 149

Se *Comp. Lit. Newsletter* (duas séries sob o mesmo título: 1940-1947 e 1945-1951) não foi senão um boletim de ligação, outras publicações, de níveis científicos diversos, pertencem à família comparatista: *Europe* (revista francesa, desde 1923; notáveis números especiais); *Journal of the History of Ideas* (desde 1940); a *Revue des Lettres Modernes* (desde 1954); *Diogène*, revista das ciências humanas publicada pela UNESCO, desde 1952; *Babel, revue internationale de la traduction* (desde 1955); *La traduction automatique* (desde 1960).

De tendências comparatistas, encontramos *Symposium* (Syracuse, USA, desde 1947); *Antarès* (revista franco-alemã, 1952-1959); *An English Miscellany* (anual desde 1950, sob o patronato do British Council, em Roma); *Rivista di litterature moderne e comparate* (desde 1955); *Nottingham French Studies* (desde 1962); *Australian Lit. Studies* (desde 1963); *Revue de Philologie* (Belgrado, desde 1963); *Cahiers Pologne-Allemagne* (desde 1961).

*Books Abroad*, nos Estados Unidos (desde 1926), *Critique* na França (desde 1946) e *Erasmus* na Alemanha (desde 1947) publicam resenhas de obras surgidas em todo o mundo.

Enfim, algumas revistas de "cultura comparada" têm um mais amplo desígnio: *Hikaku Bunka* (Japão), *Comprendre* (revista da Soc. Europ. de Cultura, em Veneza, desde 1950) e *Revue de Culture européenne* (desde 1951).

Numa data mais recente, houve na França algumas tentativas interessantes: os *Cahiers d'histoire littéraire comparée*, publicadas desde 1976; os *Cahiers de littérature générale et comparée*, publicadas desde 1977; *Récifs* (Pesquisas e estudos comparatistas ibero-franceses, depois ibero-francófonos da Sorbonne nova), desde 1979.

*L'Information littéraire* deu lugar a estados presentes dos trabalhos de literatura comparada por A.-M. ROUSSEAU, para o período 1949-1969 (nov.-dez. 1969) e por D.-M. PAGEAUX, para o período 1970-1979 (set.-out. 1980). Acha-se também aí, cada ano, uma bibliografia para uso dos estudantes da "agrégation".

## 3. Os Resumos de Literatura Comparada

### Manuais

Na França, o manual de PAUL VAN TIEGHEM, *La Littérature Comparée* (Paris, 1931; reed. 1961) está ultrapassado. Em compensação, o "Que sais-je?" (nº 499) de MARIUS-FRANÇOIS GUYARD (1ª ed., 1951) foi atualizado, com a colaboração de R. LAUVERJAT, para sua 6ª ed. (1978). *La Littérature Comparée* de Cl. PICHOIS e A.-M. ROUSSEAU (1967) marcou uma mudança e foi traduzido para quatro línguas. Como a edição francesa está esgotada, deve-se reportar-se às versões alemã (trad. *a.b.* de PETER A. BLOCH, *Vergleichende Literaturwissenschaft. Eine Einführung in die Geschichte, die Methoden und Probleme der Komparatistik*, Düsseldorf, 1971) e espanhola (trad. Germán Colón, *La Literatura comparada*, Madrid, 1969), que a completavam em cada um desses domínios. O livro de SIMON JEUNE, *Littérature générale et Littérature comparée* (Paris, 1968) constitui uma iniciação de fácil acesso.

O livro famoso de RENÉ WELLEK e AUSTIN WARREN, *Theory of Literature* (1ª ed., New York, 1942, constantemente reeditada desde então) foi traduzido não só para o francês por J. P. Audigier e J. Gattégno, sob o título de *La théorie littéraire* (Paris, 1971), mas também para outras línguas, como o português. Não é um manual de literatura comparada, mas um manual de estudos literários gerais, no qual a literatura comparada tem seu lugar. Nos Estados Unidos apareceram, igualmente, a *Comp. Lit. Methode and Perspective*, coletânea de artigos diversos editada por N. STALLKNECHT e H. FRENZ (Carbondale, 1961), *Introduction to the Comparative Study of Literature* de JAN Brandt *Corstius* (New York, 1968), *The Challenge of Comp. Lit.* de W. P. FRIEDERICH (Chapel Hill, 1970),

# 150 QUE É LITERATURA COMPARADA?

*Comparative Literary Studies*: an *Introduction* de S. S. PRAWER (New York, 1973), *Introduction to Comparative Literature* de FRANÇOIS JOST (Indianapolis, 1974), *Comparative Literature as Academic Discipline* de R. C. CLEMENS (New York, 1978).

Em língua alemã, depois de *Allgemeine Literaturwissenschaft* de MAX WEHRLI (Berna, 1951), vieram; de ULRICH WEISSTEIN, *Einführung in die Vergleichende Literaturwissenschaft* (Stuttgart, 1968); de H. RÜDIGER, G. BAUER, E KOPPEN e M. GSTEIGER, *Zur Theorie der Vergleichenden Literaturwissenschaft* (Berlim, 1971); de HUGO DYSERINCK, *Komparatistik. Eine Einführung* (Bonn, 1977); de MANFRED SCHMELING, *Vergleichende Literatuwissenschaft, Theorie und Praxis* (Wiesbaden, 1981).

Na Itália, *La Lett. comparata* de A. PORTA (Milão, 1964). Na Espanha, *Principios de lit. comp.* de A. Cioranesco, (Tenerife, 1964). Em português, *Literatura Portuguesa, Literatura Comparada* e *Teoria da Literatura* de A. M. MACHADO e D.-H. PAGEAUX (Edições 70, 1981).

Os manuais de A. OCVIRK (Ljubljana, 1936) e I. *Hergesic*, em iugoslavo (o 1º, com resumo em francês); de E. N. TIGERSTEDT, em sueco (Estocolmo, 1959, com resumo em inglês); de J. ABE (Tóquio, 1932-1933) e T. KOBAYASHI (*ibid.*, 1950), em japonês, atestam também a vitalidade da literatura comparada.

## Obras de Reflexão

Acima dos manuais, colocar-se-ão os livros de ÉTIEMBLE, sempre estimulantes para uma reflexão sobre a literatura comparada e abrindo horizontes sempre mais vastos: *Comparaison n'est pas raison* (1963), *Essais de littérature* (*vraiment*) *générale* (1974, 3ª ed., 1975), *Quelques Essais de littérature universelle* (1982).

AUERBACH, E. *Mimesis*: *dargestellte Wirklichkeit in der abendländischer Literature*. Berna, 1948. Trad. fr. *Mimésis*. – *La Représentation de la réalité dans la littérature occidentale*. Paris, 1968. (Obra traduzida também para outras línguas, como a portuguesa.)

BROOKS, Cleanth. *The Well Wrought Urn. Studies in the Structure of Poetry* N. Y., 1947.

BROWN, C. S. *Music and Literature*. Athens, Estados Unidos, 1948.

ESCARPIT, R. *Sociologie de la littérature*. Paris, 1958.

GUTTENBERG, A. C. *La Manifestation de l'Occident*. Montréal, 1952.

HATZFELD, H. *Literature through Art*. Oxford, 1951.

KAYSER, W. *Das sprachliche Kunstwerk*. Berna, 1949.

LUKÁCS, G. *Schriften zur Literatursoziologie*. 2ª ed., Neuwied. 1962.

MUNRO, Th. *The Arts and their Interrelations... an Outline of Comparative Aesthetics*. New York, 1950.

SPITZER, Leo. *A Methode of Interpreting Literature*. Northampton, USA, 1949.

STAIGER, E. *Grundbegriffen der Poetik*. Zurich, 1946.

WELLEK, R. *A History of Modern Criticism,* 1750-1950. Londres, 1955-1966, 4 vol.

## Problemas de História Literária e de periodização

Notáveis em sua época e ainda muito úteis são *Periods of European literature*, ed. G. SAINTSBURY (Edimburgo, 1898-1907, 11 vol.) e J. T. MERZ, *History of European Thought in the XIXth c.* (*ibid.*, 1903-1914, 4 vol.).

Além da *Histoire litt. de l'Europe et de l'Amérique* de PAUL VAN TIEGHEM (3ª ed., Paris, 1951), limitada aos gêneros, será interessante por consultar a *Outline*

## ELEMENTOS DE BIBLIOGRAFIA 151

*of Comp. Lit.* de W. P. FRIEDERICH e D. MALONE (Chapel Hill, 1954), panorama já clássico das literaturas européias comparadas. Será completada pela *Outline of Comp. Slavic Literatures*, de D. CIZEVSKY (1º vol. de *Survey of Slavic Civilization*, Boston, 1952).

Para o estudo dos movimentos, alguns resumos muito bem feitos foram publicados pela P. U. F.: *Qu'est-ce que le romantisme?* (1971) e *Qu'est-ce que le symbolisme?* (1973) de HENRY PEYRE; *Le Naturalisme* de YVES CHEVREL (1982). É preciso aqui acrescentar grandes estudos, como os de E.-R. CURTIUS, *Europäische Literatur und lateinisches Mittelalter* (Berna, 1948; trad. fr., 1956), de G. HIGHET, *The Classical Tradition* (Oxford, 1949), e sob a direção de HANS EICHNER, *"Romantic" and its Cognates/the European History of a Word* (Toronto, 1972; a completar com o artigo de H. EICHNER, "The Rise of Modern Science and the Genesis of Romanticism", em *PMLA*, jan. 1982).

Sob o patrocínio da AILC, aparece em Budapest uma coleção monumental, mas ainda inacabada, da "História comparada das literaturas de línguas européias". Estão já publicados: *Expressionism as an International Literary Phenomenon* (ed. U. Weisstein, 1973), *The Symbolist Movement in the Literature of European Languages* (ed. A. BALAKIAN, 1982), *Le Tournant du siècle des Lumières*, 1760-1820 (ed. G. Vajda, 1982).

Para a história das idéias, os livros de PAUL HAZARD permaneceram clássicos: *La Crise de la conscience européenne* (Paris, 1935, 3 vol.) e *La pensée européenne de Montesquieu à Lessing* (Paris, 1946, 2 vol.). A partir de alguns exemplos maiores (Aristóteles, Maquiavel, Nobbes, Rousseau), P. BRUNEL experimentou um outro método, em *L'Etat et le Souverain* (Paris, 1978).

Boa exposição dos problemas gerais apresentados pela história comparada das literaturas:

BLOCK, H. M. *The Teaching of World Lit.* Chapel Hill, 1960.

BRANDT CORSTIUS, Jan. *Writing History of World Lit., Yearbook.* XII (1963), 5-15.

MILCH, W. *Europäische Literaturgeschichte. Ein Arbeitsprogramm.* Wiesbaden, 1949.

Citemos à parte duas tentativas de síntese que tiveram seguidores:

BRANDES, G. *Hovedstrømninger i det 19 de aarhundredes lit.* (*As grandes corrents da literatura do século XX*). Copenhagne, 1872-1890, 6 vol. (trad. al. 1872-1879).

BABITS, M. *Geschichte der europ. Lit. im 19 u. 20 Jh.* Berna, 1947, trad. alemã de obra surgida em húngaro, em Budapest em 1935.

### 4. Enciclopédias. Dicionários. Repertórios.

São inúmoros, muitas vezes fazem duplo emprego um com os outros, e permanecem muito desiguais por seu valor científico. Nossa relação se limita aos mais úteis:

*Dicionários e enciclopédias das literaturas mundiais*

Indispensáveis são os volumes da série LAFFONT-BOMPIANI, *Dict. des oeuvres de tous les temps et de tous les pays* (Paris, 1952-1954, 5 vol.) reed. por Robert Laffont, na col. "Bouquins"; *Dict. des auteurs* (*ibid.*, 1957, 2 vol.); *Dict. des personnages littéraires* (*ibid.*, 1960), sendo que este último é o único no seu gênero – todos ricamente ilustrados. Mas os que lêem italiano, ganharão com a consulta, para as obras, do *Dizionario letterario Bompiani*, ed. C. CAPESSO (Milão, 1947-1957, 12 vol.), muito mais completo.

Entre os *Dicionários de Literatura Universal* recentemente publicados, alguns admitem termos e noções, ao lado das obras e autores. Os mais completos são os de

152    QUE É LITERATURA COMPARADA?

E. FRAUWALLNER, *Die Weltliteratur* (Viena, 1951-1954, 3 vol.) e de G. VON WILPERT, *Lexikon der Weltlit.*, Stuttgart, 1963. Consultar, também, em diversas línguas:

CASSELL'S. *Encyclopaedia of World Lit.* New York, 1954.

HORNSTEIN, L. *The Reader's Companion to World Lit.* New York, 1956.

OBERHOLZER, O. *Kleines Lexikon der Weltlit.* Berna, 1946.

KINDERMANN-DIETRICH, H. *Lexikon der Weltlit.* 2ª ed., Viena, 1950.

KAYSER, W. *Kleines literarisches Lexikon.* 2ª ed., Berna, 1953.

PONGS, H. *Das kleines Lexikon der Weltlit.* 2ª ed., Stuttgart, 1956.

PERDIGÃO, H. *Dicionário Universal de Literatura.* 2ª ed., Porto, 1940.

Apresentada por zonas geográfico-lingüísticas, a *Histoire des littératures*, da Enciclopédia da Pléiade (Paris, 1955-1958), realizado sob a direção de *Raymond Queneau*, prestará ainda grandes serviços.

Para *a época contemporânea*, ver:

*Lexikon der Weltlit. im 20. Jahrhundert*, editado pelo *Forschungsinstitut für europäische Gegenwartkunde* de Viena, 2ª ed., Fribourg-Brisgau, 1960, 2 vol.

*Dizionario universale della letteratura contemporanea*, Milão, Mondadori, 1961, 4 vol.

BEDÉ, Jean-Albert, e EDGERTON, William B. *Columbia Dictionary of Modern European Literature.* 1980.

Para a *história das idéias*, ver:

WIENER, Philip P. (org.). *Dictionary of the History of Ideas*, New York, 4 vol. + index, 1968-1974.

Enfim, a *Encyclopaedia Universalis* (16 vol. + supl. anuais) apresenta inúmeros artigos que interessam ao comparatista, dentre os quais o excelente artigo de *Étiemble* sobre a literatura comparada.

Para cada uma das grandes literaturas, existem bons *Dicionários das Letras Nacionais*:

GRENTE, M. (org.). *Dictionnaire des lettres françaises.* Paris, 1951-1972, 7 vol., da Idade Média ao fim do século XIX.

HARVEY, Sir P. *Oxford Companion to French Lit.* (inúmeras edições. Sem equivalente em francês).

HARVEY, Sir P. *Oxford Companion to English Lit.* (inúmeras edições).

KOSCH, W. *Deutsches Literaturlexikon.* 2ª ed., Berna, 1949-1958, 4 vol.

MERKER, P. e STAMMLER, W. *Reallexikon der deutschen Literaturgeschichte.* 1ª ed., 1925, e 2ª ed. revista por W. MOHR e W. KOHLSCHMIDT, Berlim, desde 1958.

RENDA, U. *Dizionario storico della lett. italiana.* 3ª ed., Turim, 1951.

BLEIBERG, G. e MARIAS, J. *Dicc. de lit. española.* 2ª ed., Madrid, 1949.

DO PRADO COELHO, J. *Dicionário das Lit. Portuguesa, Galega e Brasileira.* Porto, 1960.

HARKINS, W. E. *Dict. of Russian Lit.* New York, 1956.

HART, James D. *The Oxford Companion to American Lit.* Oxford, 1953.

*Biografia Universal.* Assunto muito amplo. Limitamo-nos a assinalar três instrumentos extensos, mas antigos:

MICHAUD, L. G. *Biogr. univ. ancienne et moderne.* Paris, 1811-1862, 85 vol., 2ª ed., Paris e Leipzig, 1854-1865, 45 vol.

HOEFER, F. *Nlle. biogr. générale.* Paris, 1856-1866, 46 vol.

ROSE, Hugh, J. *A New Gen. Biogr. Dict.* Londres, 1857, 12 vol.

### ELEMENTOS DE BIBLIOGRAFIA 153

*Le Grand Dictionnaire Universel du XIX<sup>e</sup> siècle*, de P. *Larousse*, é muito útil. Mais sumários, porém mais modernos, são: A. M. HYAMSON, *A Dict. of Univ. Biogr.* (2ª ed., Londres, 1951) e P. GRIMAL, *Dict. des biographies* (Paris, 1958, 2 vol.). Mais restrito, o *Biographical Dict. of Foreign Lit.*, da col. "Everyman" (Londres, 1933). A publicação dos fascículos do *Nouveau Dict. des biogr. fr. et étrangères* de D. LABARRE DE RAILLICOURT, começou em 1961.

Indispensáveis são: para os artistas, o de E. BÉNÉZIT, *Dict. critique et docum. des peintres, sculpteurs... de tous les temps et de tous les pays* (Nova ed., Paris, 1976, 10 vol.); e o de U. THIEME e F. BECKER, *Allgemeines Lexikon der bildenden Künstler* (Leipzig, 1907-1950, 37 vol.). Para os músicos, o de GROVE (revisto por ERIC BLOM), *Dict. of Music and Musicians* (Londres, 1954, 9 vol.) e o de F. J. FÉTIS, *Biogr. univ. des musiciens* (Paris, 1866-1868, 8 vol. e 2 vol. de supl., Paris, 1878-1880). Para *os cientistas*, o de J. C. POGGENDORF, *Biogr. lit. Handwörterbuch zur Geschichte der exacten Wissenschaften* (Leipzig, 1863-1956, 13 vol.).

*Cronologia*. Excelente é o *Répertoire chrono. des litt. mod. (1455-1900)*, sob a direção de PAUL VAN TIEGHEM (Paris, 1935). Será completado com:

PETERS, Arno. *Hist. Mondiale Synchronoptique*, (versão fr. sob a direção de R. MINDER, Bâle, 1962. Das origens a 1962).

KELLER, H. R. *The Dict. of dates*, New York, 1934, 2 vol.

SPEMANN, A. *Vergleich. Zeittafel der Weltil*. Stuttgart, 1951. Cobre 1150-1939.

BRETT JAMES, A. *The Triple Stream. Four cent. of English, French and German Lit. (1531-1930)*. Cambridge, 1953.

DELORME, J. *Chronologie des civilisations*. Paris, 1949. *Annals of English Lit.* (2ª ed. Oxford, 1961). Limitados à lit. inglesa. Cobre 1475-1950.

*Terminologia Literária*. A ausência de um dicionário, ao mesmo tempo histórico, crítico e contemporâneo, levou a AILC a começar este empreendimento considerável, colocado sob a responsabilidade de Robert Escarpit. A publicação completa estava sendo esperada para 1970; mas não se concretizou. Por falta dela, ver:

SHIPLEY, J. T. *Dict. of World Lit., Criticism, Forms, Technique*. New York, 1943; 2ª ed., 1953.

*Sainz de Robles* F. C., *Ensayo de un dicc. de la lit.* (vol. I, Términos y conceptos lit. *Madrid, 1949*.

YELLAND, H. L. *A Handbook of lit. Terms*. Londres, 1950.

DUFFY, C. *A Dict. of Lit. Terms*. Denver, 1952.

ABRAMS, M. H. *A Glossary of Lit. Terms*. 3ª ed., New York, 1971.

PEI, M. *Liberal Arts Dict*. New York, 1952; em fr. em ing., e em esp.

PREMINGER, Alex. *Encycl. of Poetry and Poetics*. Princeton, 1965.

*O Dict. de poétique et rhétorique* de H. MORIER (Paris, 1961), original, mas difícil, não será consultado senão após iniciação.

### 5. Grandes Trabalhos

*As Coleções*

A mais notável coleção continua a ser a *Bibliothèque de la Revue de littérature comparée*, que se tornou *Études de littérature étrangère et comparée* (mais de 200 títulos ao todo). As universidades de Harvard (desde 1910), de Columbia e de

# 154 QUE É LITERATURA COMPARADA?

North Carolina (desde 1950) têm, cada uma, seus *Studies in Comp. Lit.*, de desigual extensão.

Notemos ainda: *Forschungsprobleme der vergleich. Literaturgeschichte* (ed. K. WAIS, Tübingen, desde 1951); as *Züricher Beiträge zür vergleich. Literaturgeischichte* (desde 1952); em Utrecht, os *Studia litteraria rhena-traiectina* (desde 1950) e as *Utrechtse Publikaties voor Algemene Literaturwetenschap* (Estudos de Literatura geral: fascículos publicados desde 1962). Em Florença, o Instituto francês patrocina *Essais bibliographiques* dedicados à fortuna, na Itália, dos grandes autores franceses modernos. O Japão possui duas coleções, desde 1954. Os *Archives intern. de l'histoire des idées* nasceram em Amsterdam, em 1963.

Seria desejável que as coleções comparatistas se multiplicassem. Excelente augúrio é a publicação dum primeiro volume, dedicado a Alejo Carpentier (1983), da coleção "Recifs", fundada em Paris por D.-H. PAGEAUX.

Há também grandes coleções de atas: as dos congressos organizados pela Federação Internacional de Línguas e Literaturas Modernas (FILLLM); as dos congressos organizados pela Associação Internacional de Literatura Comparada (AILC); as dos congressos organizados pela Sociedade Francesa de Literatura Comparada (SFLC) que se tornou a Sociedade FDrancesa de Literatura Geral e Comparada (SFLGC). Seria extenso demais apresentar aqui pormenores a respeito.

## As Teses

Sua publicação se tornou mais difícil na França, nos últimos anos, e algumas permanecem, ou datilografadas ou impresss em *off-set* pelo ateliê de reproduções de Lille III. Entre as teses editadas em língua francesa, depois de 1960, citaremos a título de exemplos, as: de EDOUARD GAÈDE, *Nietzsche et Valéry – Essai sur la comédie de l'esprit* (Paris, 1962); de JEAN-RENÉ DERRÉ, *Lamennais, ses Amis et le Mouvement des idées à l'époque romantique* (Paris, 1962); de CLAUDE PICHOIS, *L'Image de Jean-Paul Richter dans les lettres françaises* (Paris, 1963); de HENRI-FRANÇOIS IMBERT, *Les métamorphoses de la liberté ou Stendhal devant la Restauration et le Risorgimento* (Paris, 1967); de MICHEL CADOT, *L'Image de la Russie dans la vie intellectuelle française (1839-1856)* (Paris, 1967); de YVES GIRAUD, *La fable de Daphné* (Genebra, 1968); de NOÉMI HEPP, *Homère en France au XVIIe siècle* (Paris 1968); de JEAN WEISGERBER, *Faulkner et Dostoievski, confluences e influences* (Bruxelas, 1968); de GILBERT GADOFFRE, *Claudel et l'univers chinois* (Paris, 1968); de ANDRÉ KARATSON *Le Symbolisme en Hongrie* (Paris, 1969); de PIERRE BRUNEL, *Claudel et Shakespeare* (Paris, 1971); de JEAN BOISSEL, *Gobineau, l'Orient et l'Iran* (Paris, 1973); de JACQUES BODY, *Giraudoux et l'Allemagne* (Paris, 1975); de JEAN GILLET, *Le "Paradis Perdu" dans les lettres françaises de Voltaire à Chateaubriand* (Paris, 1975); de JACQUES LACANT, *Marivaux en Allemagne I. L'accueil* (Paris, 1975); de ANDRÉ-MICHEL ROUSSEAU, *L'Angleterre et Voltaire 1718-1789* (Oxford, 1976); de JOSÉ LAMBERT, *Ludwig Tieck dans les lettres françaises* (Louvain, 1976); de JULIEN HERVIER, *Deux Individus contre l'Histoire: Drieu La Rochelle, Ernst Jünger* (Paris, 1978); de JACQUES MOUNIER, *La Fortune des écrits de Jean-Jacques Rousseau dans les pays de langue allemande de 1782 à 1813* (Paris, 1980); de PHILIPPE CHARDIN, *Le Roman de la conscience malheureuse* (Genebra, 1982).

## 6. Grandes Orientações

### Viajantes. Imagens de um país

Melhor que consultar o Dr. JOLY, *Note pour un essai de bibliogr. hist. univ. des voyages litt., artistiques*, etc. (Paris, 1925), é consultar E. G. COX, *A Reference*

## ELEMENTOS DE BIBLIOGRAFIA

155

*Guide to the Lit. of Travel* (Seattle, 1935-1938, 2 vol. Todos relatos de viagens, em inglês ou traduzidos para o ingl., até 1800).

Para os relatos de viagens em francês, há importante seção no catálogo da "Bibliothèque Cardinale", com exame bem minucioso dos tomos do *Tour du monde*. Sobre os hugüenotes na Europa, cf. D. AGNEW, *French Protestant Exiles* (Londres, 1886, 3 vol.) e C. WEISS, *Hist. des réfugiés protest. de France* (Paris, 1853, 2 vol.).

*África do Sul*: R. M. COKE, *South Africa as sen by the French (1610-1850), a Bibliogr.* (Cabo, 1957).

*Alemanha*: V. HANTZSCH, *Deutsche Reisende des 16. Jh.*, Leipzig, 1895; cf. *Países Baixos*.

*América Latina*: C. BERMUDEZ PLATA, *Catálogo de pasajeros a Indias durante los siglos XVI, XVII y XVIII* (Sevilha, 2 vol. publicados, 1942-1946).

*Bélgica*: Cl. PICHOIS, *L'Image de la Belgique dans les lettres fr. de 1830 à 1870*, Paris, 1957.

*Bulgária*: M. LEO, *La Bulgarie et son peuple, tels que les ont vus les voyageurs anglo-saxons, 1586-1878*, Sofia, 1949.

*Escócia*: F. MICHEL, *Les Écossais en Fr.; et les Français en Écosse*, Paris, 1862, 2 vol., M. Bain, *Les Voyageurs fr. en Écosse, 1770-1830*, Paris, 1931.

*Egito*: J.-M. CARRÉ, *Voyageurs et écrivains fr. en Égypte*, Cairo, 1956, 2 vol.

*Estados Unidos*: O. HANDLIN, *This was America*, Cambridge, Mass., 1949; F. MONAGHAN, *French Travellers in the USA, 1765-1932, a Bibliogr.*, New York, 1933; M. BERGER, *The British Travellers in America, 1836-1860*, New York, 1943; A. NEVIS, *America through British Eyes, 1789-1946*, New York, 1948; A. J. TORRIELLI, *Italian's Opinions of America as revealed by It. Travellers. 1850-1900*, Cambridge, Mass., 1941; cf. *Itália*.

*Espanha*: R. FOULCHÉ-*Del Bosc, Bibliogr. des voyages en Esp. et en Portugal*, Paris, 1896; A. FARINELLI, *Viajes por España y Portugal desde la Edad Media hasta el siglo XX*, Roma, 1942; H. THOMAE, *Französis. Reisebeschreibungen über Spanien in 17. Jh.*, Bonn, 1961.

*Europa Central*: N. IORGA, *Les voyageurs fr. dans l'Orient européen*, Paris, 1928; N. IORGA, *Une vingtaine de voy. dans l'Orient européen, ibid*, 1928.

*França*: R. C. SCOTT, *American Travellers in Fr. 1830-1860*, Yale, 1940; C. BASTIDE, *Angl. en France au XVIIIe siècle*, Paris, 1912; C. E. MAXWELL, *The Engl. traveller in France, 1698-1715*, Londres, 1932; R. BOUTET DE MONVEL, *Les Anglais à Paris de 1800 à 1850*, Paris, 1911; J. MATHOREZ, *Les Étrangers en Fr. sous l'Ancien Régime*; t. I (único que apareceu): *Orientaux et extra-Européens*, Paris, 1919; cf. *Africa do Sul, Bélgica, Escócia, Egito, Espanha, Estados Unidos, Europa Central, Grã-Bretanha, Grécia, Hungria, Índia, Irlanda, Itália, Marrocos, México, Países-Baixos, Portugal, Rússia, Sicília, Suiça, Iugoslávia.*

*Grã-Bretanha*: H. BALLAM, *The visitor's Book: Engl. and the Engl. as Others have seen Them, 1500-1950*, Londres, 1950; R. BAYNE-POWEL, *Travellers in XVIIIth c. Engl.*, Londres, 1951; J. VALETTE, *Éscrivains et Artistes étrangers en Angl.*, Paris, 1946; F. M. WILSON, *Strange Islands: Britain through Foreign Eyes, 1395-1940*, Londres, 1955; W. L. SACHSE, *The Colonial American in Britain*, Madison, 1956; W. D. ROBSON-SCOTT, *German Travellers in Engl., 1440-1800*, Oxford, 1953; E. JONES, *Les Voy. français en Angl. de 1815 à 1830*, Paris, 1930; R. E. PLAMER. *French Travellers in England, 1600-1900*, Londres, 1960; F. C. ROE, *French travellers in Britain, 1800-1926*, Londres, 1928; J. W. STOYE, *England Travellers Abroad, 1604-1667*, Londres, 1952; R. W. FRANTZ, *The England traveller and the Movement of Ideas, 1660-1732*, Univ. of Nebraska, 1934; cf. *Bulgária, Estados Unidos, França, Itália, Portugal, Rússia, Suiça.*

# QUE É LITERATURA COMPARADA?

156

*Grécia*: P. MORPHOPOULOS, *L'Image de la Grèce chez les voy. franç. du XVIe siècle au début du XVIIIe siècle*, Baltimore, 1947; E. MALAKIS, *French Travellers in Greece, 1770-1820*, Filadélfia, 1925.

*Hungria*: G. BIRKAS, *Francia utazok Magyarorsyagon (Voy. fr. en Hongrie*, Szeged, 1948, com resumo em francês).

*Índia*: Z. BEMBOAT, *Les Voy. français aux Indes au XVIIe et au XVIIIe siècles*, Paris, 1933.

*Irlanda*: C. MAXWELL, *The Stranger in Ireland from the Reign of Elisabeth to the Great Famine, 1580-1842*, Londres, 1954; R. HAYES, *Biogr. Dict. of Irishmen in France*, Dublim, 1945.

*Itália*: J. DUMESNIL, *Voy. fr. en Italie depuis le XVIe siècle jusqu'à nos jours*, Paris, 1865; G. B. PARKS, *The Engl. Traveller to Italy*, vol. I (da Idade Média a 1525), Roma, 1954; L. SCHUDT, *Italienreise im 17. u. 18. Jh.*, Viena, 1959; S. S. LUDOVICI, *Bibliogr. dei viaggiatori stranieri in Italia*, em *Annales Institutorum*, vol. VII-XII, Roma, 1936-1939; G. PODESTÀ, *I viaggiatori stranieri e l'Italia*, Milão, 1963; P. AMAT DI S. FILIPPO, *Biografia dei viagg. ital. colla bibliogr. delle loro opere*, 2ª ed., Roma, 1882; M. CANTARELLA, *Italian Writers in Exile, a Bibliogr.*, em *Books Abroad* (1938); supl. em *Belfagor* (1949); G. PREZZOLINI, *Come gli Americani scoprirono l'Italia, 1750-1850*, Milão, 1933.

*Japão*: D. KEENE, *The Japanese Discovery of Europe, 1720-1798*, New York, 1954

*Marrocos*: R. LEBEL, *Les Voy. français au Maroc*, Paris, 1936.

*México*: A. GENIN, *Les fr. au Mexique du XVIe siècle à nos jours*, Paris, 1935.

*Países-Baixos*: H. VAN DER TUIN, *Voy. fr. aux Pays-Bas dans la 1ère moitié du XIXe s.*, em *Revue d'Hist. de la philosophie* (out. 1935); C. V. BOCK, *Deutsche erfahren Holland, 1725-1925*, Haia, 1956.

*Portugal*: G. LE GENTIL, *Les Français en Portugal, O Instituto*, t. 76, 1928; R. FRANCISQUE-MICHEL, *Les Portugais en France et les Français en Portugal*, Paris, 1882; R. MACAULAY, *They went to Portugal* (Ingleses, do século XII ao XIX), Londres, 1946; cf. *Espanha*.

*Rússia*: M. S. ANDERSON, *Britain's Discovery of Russia, 1553-1815*, Londres, 1958; B. TSITRONE, *Les Voy. fr. en Russie au XIXe siècle* (Tese datilografada, Montpellier, 1961).

*Sicília*: H. TUZET, *La Sicile au XVIIIe siècle, vue par les voy. étrangers*, Estrasburgo, 1955; H. TUZET, *Voy. fr. en Sicile à l'époque romantique, 1818-1848*, Paris, 1945.

*Suíça*: C. BECK, *La Suisse vue par les grands écrivains et les voy. célèbres*, Paris, 1914; G. R. DE BEER, *Travellers in Switzerland*, Londres, 1949; C. GOS, *Voy. illustres en Suisse*, Paris, 1937; CH. GUYOT, *Voy. romantiques en pays neuchâtelois*, Neuchâtel, 1932; C.-E. ENGEL, *La Litt. alpestre en Fr. et en Angl. aux XVIIIe et XIXe s.*, Chambéry, 1930; W. SCHMID, *La Suisse romantique vue par les voy., les écrivains et les peintres*, Lausanne, 1952.

*Iugoslávia*: M. SAMIC, *Les Voy. français en Bosnie à la fin du XVIIIe s. et au début du XIXe*, Paris, 1961.

Concluindo esta seção, citemos *Connaissance de l'étranger. Mélanges offerts à la mémoire de J.-M. Carré*, Paris, 1965, e a obra rica de informações e de reflexões de Rainer Wuthenow, *Die erfahrene Welt* (Frankfurt am Main, 1980).

Não esqueçamos as utopias: ver o livro de RAYMOND TROUSSON, *Voyages aux pays de nulle part. – Histoire littéraire de la pensée utopique* (Bruxelas, 2ª ed., 1979).

## ELEMENTOS DE BIBLIOGRAFIA

*Recepção e influências*

Entre as obras teóricas recentes, são especialmente notáveis: HAROLD BLOOM, *The Anxiety of Influence. – A Theory of Poetry* (Oxford, 1973; reed. 1978); HANS-ROBERT JAUSS, *Pour une esthétique de la réception* (traduzida do alemão, Paris, 1978). E ver, sobre os problemas da recepção, o nº 39 da revista *Poétique* (1979).

## O Estudo dos Gêneros

Seria preciso multiplicar os exemplos aqui. Para ater-nos à *literatura romanesca*, citemos: T. TODOROV, *Introduction à la littérature fantastique* (Paris, 1970); M. ZÉRAFFA, *La Révolution romanesque* (Paris, 1972); MARTHE ROBERT, *Roman des origines et Origines du roman* (Paris, 1972); DIDIER SOUILLER, *Le Roman picaresque* (Paris, 1980); JEAN-YVES TADIÉ, *Le Roman d'aventures* (Paris, 1982). Já antiga, a bibliografia de J. SOUVAGE, em *A Introduction to the Study of the Novel* (Gand, 1965), pode ser útil.

Para o *teatro*, ver PH. HARTNOLL, *The Oxford Companion to the Theatre* (2ª ed., Oxford, 1957) e sobretudo *Enciclopedia dello spettacolo* (Roma, 1954 e s., 9 vol.).

Ao redor de Antonin Artaud, ensaio de estudo comparatista por P. BRUNEL, em *Théâtre et cruauté, ou Dionysos profané* (Paris, 1982).

## Temas, Mitos, Motivos

Para a literatura universal, ELISABETH FRENZEL, *Stoffe der Weltlit.* (2ª ed., Stuttgart, 1963).

A coleção *Stoff- u. Motivgeschichte* (Berlim, ed. P. Merker e G. Lüdtke) trata de um determinado tema da literatura universal. Apareceram *Joana d'Arc e Tristão e Isolda* (1963). Para a literatura alemã só, ver K. BAUERHORST, *Bibliogr der Stoff- u. Motivgeschichte der deutsche Lit.* (Berlim, 1932), completada por F. A. SCHMITT, com o mesmo título (Berlim, 1959). Para a literatura francesa, J. CALVET, *Les Types univ. dans la litt. fr.* (Paris, 1964, 2 vol.).

A reflexão sobre esses problemas foi especialmente conduzida por RAYMOND TROUSSON, *Un Problème de littérature comparée: les études de Thèmes* (Paris, 1965) que foi retomada e modificada em *thèmes et mythes – Questions de méthode* (Bruxelas, 1981). O precioso livro de PIERRE ALBOUY, *Mythes et Mythologies dans la littérature française* (1969, reed. 1980) é também de interesse do comparatista.

Entre os estudos, citaremos, além dos volumes de CHARLES DÉDÉYAN (*Le Thème de Faust dans la littérature européenne*, 6 vol., 1961-1972), os de ANDRÉ DABEZIES (*Visages de Faust au XXe siècle*, Paris, 1967; *Le Mythe de Faust*, 1972); de R. TROUSSON, *Le Thème de Prométhée dans la littérature européenne* (Genebra, 1964, reed. 1980); de P. BRUNEL (*Le Mythe d'Électre*, 1971, reed. *Pour Électre*, 1982; *Le Mythe de la métamorphose*, 1974; *L'évocation des morts et la descente aux Enfers*, 1975); de ROSS CHAMBERS, *La Comédie au château* (Paris, 1971); de JEAN TULARD, *Le mythe de Napoléon* (Paris, 1971); de CLAUDE PICHOIS, *Littérature et Progrès. – Vitesse et vision du monde* (Neuchâtel, 1973); de SIMONE FRAISSE, *Le Mythe d'Antigone* (Paris, 1974); de COLETTE ASTIER, *Le Mythe d'Oedipe* (Paris, 1974); de JEAN PERROT, *Mythe et Littérature sous le signe des jumeaux* (Paris, 1976); de JEAN ROUSSET, *Le Mythe de Don Juan* (Paris, 1978); de ROBERT COUFFIGNAL, *La Paraphrase de la Genèse* (Paris, 1970), *L'Épreuve d'Abraham* (Toulouse, 1976), *La Lutte avec l'ange* (1977), *Le Drame de l'Eden* (1980); de D. MIMOSO

158 QUE É LITERATURA COMPARADA?

RUIZ, *Médée antique et moderne. – Aspects rituels et socio-politiques d'un mythe* (Strasbourg, 1982).

A publicação das Atas do XVI Congresso da SFLGC (de 1977), em 1981, sob o título *Mythes, Images, Représentations*, prova que esses estudos estão em plena expansão.

### Problemas Teóricos da Tradução Literária

Estão no centro do comparatismo atual. Entre os estudos mais ou menos recentes, ler-se-ão, em francês: VALERY LARBAUD, *Sous l'invocation de saint Jérôme* (Paris, 1946); E. CARY, *La Traduction dans le monde moderne* (Genebra, 1956); G. MOUNIN, *Les Belles Infidèles* (Paris, 1955), *Les Problèmes théoriques de la trad.* (Paris, 1963, reed. 1976), *La Machine à traduire* (Aix, 1964); JEAN-RENÉ LADMIRAL, *La traduction* (Paris, 1962); EFIM ETKIND, *Un art en crise. – Essai de poétique de la traduction poétique* (1982). Em inglês: TH. SAVORY, *The Art of Translation* (Londres, 1957); E. JACOBSEN, *Translation: a Traditional Craft* (Copenhague, 1948) e sobretudo GEORGE STEINER, *After Babel* (Londres, 1976; trad. fr. *Après Babel*, Paris, 1978) e GIDEON TOURY, *In Search of a Theory of Translation* (Tel Aviv, 1980). Em espanhol: O. BLIXEN, *La traduc. lit. y sus problemas* (Montevidéu, 1954). Vários volumes de *Mélanges* tratam dessas questões: G. PANNETON, *Traductions* (Montréal, 1952); E. H. ZEYDEL, *On Romanticism and the Art of Transl.* (Princeton, 1956); *La Traduction littéraire, Cah. de litt. comp.*, nº 4, 1977; *Colloque sur la traduction poétique*, prefácio de ÉTIEMBLE (Paris, 1978), *Literature and translation*, ed. por J. S. HOLMES, JOSÉ LAMBERT, R. VAN DEN BROECK (Louvain, 1978).

Deve-se consultar também *On Translation* (coletânea ed. por R. A. BROWER, Harvard, 1959, com uma notável bibliografia crítica das obras sobre a tradução de Cícero aos nossos dias); *Aspects of Translation* (ed. A. D. BOOTH, Londres, 1958); *La trad. etc.* (*Cahiers de l'Association intern. des Études françaises*, nº 8, junho 1956).

Para compreender a revolução em curso, devem ser lidos ainda: J. VINAY, *Stylistique comparée de l'anglais et du français*, Paris, 1958; A. MALBLANC, *Stylistique comparée de l'allemand et du français*, Paris, 1961; G. BARTH, *La fréquence et la valeur des parties du discours en fr., en angl. et en espagnol*, Paris, 1962.

### Teoria da Literatura

Além da bibliografia da obra de WARREN e WELLECK já citada, há boa bibliografia em W. KAYSER, *Das sprachliche Kunstwerk* (Berna, 1951).

Entre as obras teóricas importantes, consultaremos: ANDRÉ JOLLES, *Einfache Formen* (Tübingen, 1930), trad. fr. *Formes simples* (Paris, 1972); NORTHROP FRYE, *Anatomy of Criticism* (Princeton, 1957), trad. fr. *Anatomie de la critique* (Paris, 1969); ROMAN JAKOBSON, *Questions de poétique* (Paris, 1973).

Há um domínio, o dos *estudos de relações binárias e das bibliografias de traduções*, cujos elementos tinham sido recenseados na primeira versão deste livro (CL. PICHOIS e A.-M. ROUSSEAU, 1967), com um desejo de esgotar o tema. Desde então, inúmeras teses e estudos fazem desse desejo um sonho. Limitamonos, pois, a alguns títulos que têm valor de exemplos: primeiro, de relações; depois, de traduções.

*França-Espanha*: a notável *Bibliogr. hispano-fr.* (1477-1700) de R. FOULCHÉ-DELBOSC (New York, 1912-1914, 3 vols.); completada por L. F. STRONG, *Bibliogr. of Franco-Spanish Lit. Relations* (New York, 1930. Vai das origens ao século XIX) e J. C. FRANCA (em sua *Hist. de la lengua y literatura castillana*, t. XIV, Madrid, 1934). Sobre o período 1800-1850, cf. L.-F. HOFFMANN, *Romantique Espagne* (Princeton, 1961).

# ELEMENTOS DE BIBLIOGRAFIA 159

*França-Polônia*: J. LORENTOWICZ, *La Pologne en France*, Paris, 1935-1941, 3 vol. (modelo do gênero).

*Grã-Bretanha-Alemanha*: L. M. PRICE, *English Literature in Germany*, Berkeley, 1929-1953, 3 vol. (trad. al., Berna, 1961); A. SCHLOSSER, *Die engl. lit. im Deutschland*, 1895-1934, Iena, 1937; B. Q. MORGAN, *German Lit. in British Magazines, 1750-1860*, Madison, 1949; P. A. SHELLEY e A. O. LEWIS, ed., *Anglo-American and Anglo-German Crosscurrents*, Chapel Hill, 1962, 2 vol.

*França-Alemanha*: H. FROMM, *Bibliogr. deut. Uebersetz. aus dem Französ.*, *1700-1948*, Baden, 1950-1953, 6 vol. Supl. 1945-1954, Hamburgo, 1957. Monumental modelo do gênero. – Sobre um ponto particular, a França dá o exemplo da perfeição com o *Répertoire bibliogr. des trad. et adapt. françaises du théâtre étranger du XV^e siècle à nos jours, conservés dans les bibliothèques et archives de Paris*, por M. HORN-MONVAL (8 vol., Paris, C.N.R.S., 1958-1967).

Este livro foi impresso na cidade de Cotia,
nas oficinas da Meta Brasil,
para a Editora Perspectiva.